CURSO DE LENGUA

Practicar el español con el teatro

Mercedes Pellitero

Diseño de la portada: Javier Tello Pellitero

Diseño de la contraportada: Chih Yin Li

Maquetación: Andrea Fernández González

A Bruno

ÍNDICE

Prólogo

Es una obviedad que ningún género literario nos acerca tanto como el teatro a la conversación efectiva, al verdadero intercambio comunicativo, al habla viva en cualquier lengua humana. Y es que, como Pasolini hace decir a la Sombra de Sófocles en su obra *Affabulazione,* «en el teatro, se habla igual que en la vida». ¿Habrá entonces repertorio más eficaz para la enseñanza de una lengua extranjera que el cuidadosamente seleccionado con criterios pedagógicos, pero también artísticos, de los textos teatrales escritos y, no lo olvidemos, representados en dicha lengua? Es lo que hace de manera ejemplar Mercedes Pellitero en este libro, fruto de una experiencia dilatada y fecunda como profesora de lengua y cultura española para estudiantes extranjeros.

También parece una evidencia que los textos teatrales resultan idóneos y de gran utilidad para el aprendizaje de una lengua extranjera porque tanto la coherencia de los contenidos como la belleza de la expresión favorecen el ejercicio de la memoria y la interiorización de las formas lingüísticas. En particular, es fácil entender su valor como herramienta didáctica para mejorar la pronunciación, facilitar la comprensión, practicar una comunicación auténtica que busca el equilibrio entre la regla establecida y la naturalidad expresiva, que da toda la prioridad a la comunicación plena, o sea, la que cobra sentido en un contexto y una situación precisos y pone por eso de manifiesto también la realidad social, cultural y hasta histórica que reflejan los textos o en la que se producen. Se trata de una estrategia que aúna el carácter pragmático de los métodos anglosajones de enseñanza de idiomas con la *distinción* literaria de los textos, no menos vivos que las conversaciones *inventadas* en un supermercado, un hotel o un restaurante, pero paradójicamente más naturales y desde luego más memorables.

El empleo del teatro en la enseñanza de lenguas extranjeras presenta tales ventajas que no sorprende que en los congresos de hispanistas se pongan en valor de forma recurrente, que el Consejo de Europa lo aconseje o que el Instituto Cervantes lo incluya entre sus métodos. Lo asombroso es que, tras proclamarse a los cuatro vientos su utilidad, no existan en realidad libros que utilicen para la enseñanza del español tan excelente recurso de manera sistemática. Tal es el vacío que viene a llenar el libro de Mercedes Pellitero con acierto, eficacia y brillantez.

José-Luis García Barrientos
CSIC

Presentación

El curso está formado por doce capítulos correspondientes a doce autores de teatro, ocho pertenecientes al siglo XX: *Jacinto Benavente, José María del Valle-Inclán, Federico García Lorca, Max Aub, Alejandro Casona, Alfonso Sastre, Fernando Arrabal* y *Antonio Buero Vallejo* - y cuatro a los siglos XVI, XVII, XVIII y XIX: *Lope de Vega, Calderón de la Barca, Leandro Fernández de Moratín* y *José Zorrilla.*

Los capítulos contienen los siguientes apartados:

- Breve biografía del autor.
- Características de su obra dramática.
- Presentación de la obra elegida.
- Fragmento antológico precedido de un glosario

y sobre cada uno de dichos apartados se realizan, al final, ejercicios de *comprensión, expresión y elaboración* más o menos del siguiente tipo:

- Contestar a una serie de preguntas sobre la vida y la obra del autor.
- Formular preguntas adecuadas a las respuestas.
- Elegir la respuesta correcta entre varias opciones.
- Sustituir algunas frases con otras equivalentes.
- Completar con preposiciones / conjunciones / adverbios / ...
- Elegir el verbo adecuado al contexto entre los propuestos.
- Ordenar diálogos con coherencia.
- Resumir en pocas palabras determinados fragmentos.
- Deducir el carácter del personaje de sus parlamentos.
- Indicar quién ha dicho determinadas frases y después aclararlas o simplificarlas.
- Comentar, parafrasear, sintetizar juicios críticos, declaraciones...
- Comparar a los dramaturgos entre ellos indicando afinidades y diferencias.

Lope de Vega

...Y cuando he de escribir una comedia
encierro los preceptos con seis llaves...

¿Quién mató al comendador?
Fuente Ovejuna, señor.
¿Y quién es Fuente Ovejuna?
Todos a una.

Brueghel

Parafraseando al histórico del arte Carlo Giulio Argan, se podría decir que la comedia de Lope crea las premisas del drama de Calderón, así como la comedia de Brueghel crea las premisas del drama de Rembrandt.

Lope de Vega

La poesía ha de costar grande trabajo al que la escribiese y poco al que la leyese. Lope

Lope Félix de Vega Carpio, el creador del teatro nacional, conocido con los apelativos de *fénix de los ingenios*[1] *y monstruo de la naturaleza,* nació en Madrid el 25 de noviembre de 1562, un año después de que Felipe II eligiera a esta ciudad para capital de su Imperio. Estudió retórica y gramática primero con los jesuitas y más tarde en las Universidades de Alcalá y Salamanca.

Era de temperamento pasional, alegre y comunicativo, por lo que toda su obra está impregnada de ese juvenil optimismo que tanto escaseaba en la época que le tocó vivir. Amó apasionadamente y volcó en los versos sus amores y sufrimientos, transformando en literatura su vida. Han pasado a la historia, gracias a sus versos, Elena Osorio con el nombre de Filis; Isabel de Urbina, su primera mujer, con el nombre de Belisa; Micaela de Luján con el de Camila Lucinda, y Marta de Nevares con los nombres de Amarilis y Marcia Leonarda.

Fue también hombre de armas: tomó parte en la conquista de la Isla Terceira de las Azores (1583) y participó en la expedición de la Armada Invencible (1588).

A los cincuenta y dos años se ordenó sacerdote y solo dos años después conoció a Marta de Nevares, el último gran amor de su vida. Las desventuras comenzaron a precipitarse sobre Lope a partir de 1628 cuando Marta se volvió loca y tocaron el ápice en 1634 cuando murió ahogado su amado hijo Lope Félix y fue raptada su hija menor, Antonia Clara, de diecisiete años. Un año más tarde, el 27 de agosto de 1635, después de tantos sufrimientos, *el fénix de los ingenios* moría en Madrid, en esa hermosa Babilonia donde había transcurrido los últimos veinte años de su vida.

Toda la ciudad asistió conmovida a los funerales, que se celebraron en la iglesia de San Sebastián, en la misma iglesia que serían bautizados siglos después Moratín (1760) y Benavente (1886).

1. *Fénix de los ingenios:* Fue llamado así por Cervantes que lo comparó con el ave fenix, pájaro mitológico, símbolo de inmortalidad y de renacimiento físico y espiritual.

Obra dramática

...Y cuando he de escribir una comedia
encierro los preceptos con seis llaves,
y escribo por el arte que inventaron
los que el vulgar aplauso pretendieron.
Lope de Vega, *Arte nuevo de hacer comedias.*

Lope llevó al teatro todos los hechos de la vida y de las gentes de su país, elevando y transformando en arte intemporal cualquier anécdota. Ningún tema o suceso, religioso, mitológico, caballeresco, de enredo o de costumbres, del presente o del pasado, propio o ajeno, dejó de ser recogido por él y vertido en sus versos.

Encarnó el sentimiento monárquico, el concepto del honor, el orgullo nacional y un profundo espíritu religioso, sentimientos populares a los que supo dotar en sus comedias de interés, donaire, picardía y acción.

Rechazó las unidades de lugar, tiempo y acción; mezcló lo trágico y lo cómico, que *aquesta variedad deleita mucho;* utilizó numerosas estrofas *(las décimas son buenas para las quejas; el soneto está bien en los que aguardan; son los tercetos para cosas graves, ...);* dividió la obra en tres actos, correspondientes a la exposición, nudo y desenlace, en lugar de los cinco actos de la tragedia clásica; introdujo la figura del gracioso e incluyó elementos líricos -canciones y bailes- que tanto gustaban al público.

Fue extraordinariamente precoz: a los trece años compuso su primera comedia y a los cuarenta ya tenía escritas 230, hasta alcanzar la cifra de mil quinientas comedias, que *más de ciento en horas veinticuatro / pasaron de las musas al teatro,* según nos informa él mismo en la *Égloga a Claudio;* todas ellas *felices y bien razonadas* como diría Cervantes. Son ejemplos significativos *Fuente Ovejuna; El mejor alcalde, el Rey; Peribáñez y el Comendador de Ocaña; El alcalde de Zalamea; El caballero de Olmedo.*

En la época de Lope las comedias se representaban por la tarde en los *corrales de comedias*[2] y terminaban antes de que oscureciese. *Comenzaban* generalmente con una loa para captar la simpatía y la benevolencia del público, como aquella de Luis Quiñones de Benavente que dice:
Sabios y críticos bancos / gradas bien intencionadas,
piadosas barandillas, / doctos desvanes del alma,
...... por la tarde alboreada, a serviros he venido.

A continuación iniciaba la comedia y entre cada uno de los tres actos, había entremeses y bailes, y al final, como despedida, una fiesta llamada *mojiganga.*

---

2. Corrales de comedias: Constaban de un escenario cubierto con un tejadillo para los actores y de un patio al aire libre para el público; el patio a su vez estaba dividido en dos partes por medio de una gruesa viga de madera: en la parte anterior se colocaban los bancos y detrás de ellos había un amplio espacio para los llamados mosqueteros que constituían el público más temido; al final del patio, en la cazuela se ponían las mujeres. **El Corral de la Cruz** fue el primero que se construyó en Madrid, en 1579.

Fuente Ovejuna

Fuente Ovejuna es un drama histórico, de honor y de amor, basado en el levantamiento de un pueblo de Andalucía contra los agravios de su señor, el lujurioso y soberbio Comendador, hecho ocurrido realmente en un pueblo de Andalucía en el siglo XV y recogido en la Crónica de Rades en el siglo XVI.

La obra, escrita entre 1612 y 1614 y publicada en 1619, alcanzó gran notoriedad en el siglo XIX al ser interpretada como el mito de la libertad contra la tiranía; se tradujo al francés, al alemán, al italiano... y se estrenó en Moscú con gran éxito. En la actualidad la obra sigue gozando de estima y admiración debido a que, junto a ese mito de la libertad, en este drama, como afirma López Estrada, *hay armonía, hay acción y hay artificio,* elementos que justifican ampliamente su fortuna.

El argumento es el siguiente: Fernán Gómez, el Comendador de la villa de Fuente Ovejuna, había impuesto su tiranía a los pacíficos habitantes del pequeño pueblo andaluz cometiendo todo tipo de atropellos y de horrores, pero la paciencia de sus habitantes se acabó cuando el Comendador, no habiendo podido conseguir con regalos a la hija del alcalde, ordenó a sus criados que la raptasen para satisfacer su capricho el mismo día que celebraba la boda con Frondoso, su prometido esposo. Ese ultraje desencadenó la ira colectiva, por lo que en poco tiempo se organizaron y amotinaron los hombres y las mujeres de la Villa para ajusticiar al Comendador.

Cuando llegó a oídos de los Reyes la noticia de ese crimen justiciero, el Rey Fernando prometió castigar a los culpables enviando un juez a Fuente Ovejuna que interrogara sobre lo ocurrido, pero a la pregunta *quién mató al Comendador* la respuesta de todo el pueblo era siempre la misma: *Fuente Ovejuna, señor.*

Ayuda para la comprensión del texto antológico:

- ¡Qué porfía!: ¡Qué insistencia!
- ¿Qué reparan en no hacer lo que les digo?: ¿Por qué no hacen lo que les digo?
- Aquesos: esos
- Corcillo: Ciervo pequeño
- De aquesta suerte: De este modo.
- Desdén: Menosprecio, indiferencia.
- Esotra zagala: Esa otra pastora.
- Gama: La hembra del gamo, una especie de ciervo común de menor tamaño y bello manto.
- Mancuerda: Tormento al que se sometía al reo apretándole con fuertes ligaduras.
- Me da asombro: Me inspira respeto
- No hayáis temor: No tengáis miedo.
- Pasad los umbrales: Entrad.
- Quedo, que yo lo diré: Despacio, que yo lo diré.
- Reduzco melindres: No me ando con contemplaciones.
- Son extremadas: Son cabezonas.

Fuente Ovejuna

Acto Primero
Escena I
(Sala en casa del Maestre de Calatrava. El Comendador y sus criados Flores y Ortuño)

***C.** ¿Sabe el Maestre que estoy en la villa?*
***F.** Ya lo sabe*
***O.** Está, con la edad, más grave.*

***C.** ¿Y sabe también que soy*
Fernán Gómez de Guzmán?
***F.** Es muchacho, no te asombre.*

***C.** Cuando no sepa mi nombre,*
¿no le sobra el que me dan
de Comendador Mayor?

***O.** No falta quien le aconseje*
que de ser cortés se aleje.
***C.** Conquistará poco amor.*

Escena VII
(El Comendador y sus criados, Flores y Ortuño, y las aldeanas Laurencia y Pascuala)

***C.** Esperad vosotras dos.*
***L.** ¿Qué manda su señoría?*
***C.** ¿Desdenes el otro día,*
pues, conmigo? ¡Bien por Dios!
***L.** ¿Habla contigo, Pascuala?*
***P.** Conmigo no, ¡tirte ahuera!*
***C.** Con vos hablo, hermosa fiera,*
y con esotra zagala.
¿Mías no sois?
***P.** Sí, señor;*
mas no para cosas tales.
***C.** Entrad, pasad los umbrales;*
hombres hay, no hayáis temor.
***L.** Si los alcaldes entraran,*
que de uno soy hija yo,
bien fuera entrar; mas si no ...
***C.** ¡Flores!*
***F.** Señor ...*

***C.** ¿Qué reparan*
en no hacer lo que les digo?
***F.** Entrá, pues.*
***L.** No nos agarre.*
***F.** Entrad, que sois necias.*
***P.** Harre,*
que echaréis luego el postigo.
***F.** Entrad, que os quiere enseñar*
lo que trae de la guerra.
***C.** (A Ortuño aparte)*
Si entraren , Ortuño, cierra.
***L.** Flores, dejadnos pasar.*
***F.** Basta que son extremadas.*
***L.** ¿No basta a vuestro señor*
tanta carne presentada?
***O.** La vuestra es la que le agrada.*
***L.** ¡Reviente de mal dolor!*

Escena XI
(Sale el Comendador. El Comendador y Laurencia)

***C.** No es malo venir siguiendo*
un corcillo temeroso,
y topar tan bella gama.
***L.** Aquí descansaba un poco*
de haber lavado unos paños.

Y así al arroyo me torno,
si manda su Señoría.
***C.** Aquesos desdenes toscos*
afrentan, bella Laurencia,
las gracias que el poderoso

cielo te dio, de tal suerte
que vienes a ser un monstruo.
Mas si otras veces pudiste
huir mi ruego amoroso,
agora no quiere el campo,
amigo secreto y solo;
que tú sola no has de ser
tan soberbia, que tu rostro
huyas al señor que tienes,
teniéndome a mí en tan poco.

***L.** ... Id con Dios, tras vueso corzo;*
que a no veros con la Cruz,
os tuviera por demonio,
pues tanto me perseguís.
***C.** ¡Qué estilo tan enfadoso!*
Pongo la ballesta en tierra,
y a la práctica de manos
reduzco melindres.
***L.** ¡Cómo! / ¿Eso hacéis?*
¿Estáis en vos?

Escena XII

(Sale Frondoso y toma la ballesta)

***C.** (Creyéndose solo, a Laurencia)*
No te defiendas.
***F.** (Aparte)*
Si tomo la ballesta, ¡vive el cielo
que no la ponga en el hombro...!
***C.** Acaba, ríndete.*
***L.** Cielos, ayudadme agora!*
***C.** Solos estamos; no tengas miedo.*

***F.** (Mostrándose al Comendador)*
Comendador generoso,
dejad la moza o creed
que de mi agravio y enojo
será blanco vuestro pecho,
aunque la Cruz me da asombro.
***C.** ¡Perro villano!*
***F.** No hay perro. ¡Huye, Laurencia!*
***L.** Frondoso, mira lo que haces.*
***F.** Vete.*

Acto Tercero

Escena XIV

(Frondoso (F.) y Laurencia (L.) comentan el interrogatorio que tiene lugar detrás de las quintas entre el juez y unos aldeanos)

***F.** Voces parece que he oído;*
y son, si yo mal no siento,
de alguno que dan tormento.
Oye con atento oído.

(Detrás de las quintas)
***Juez.** Decid la verdad, buen viejo.*

***F.** Un viejo, Laurencia mía,*
atormentan.
***L.** ¡Qué porfía!*

***Esteban.** Déjenme un poco.*
***Juez.** Ya os dejo.*
Decid quién mató a Fernando.
***Esteban.** Fuente Ovejuna lo hizo.*

***L.** Tu nombre, padre, eternizo.*
***F.** ¡Bravo caso!*

Juez. *¡Ese muchacho!*
Aprieta, perro, yo sé
que lo sabes. ¡Di quién fue!
¿Callas? Aprieta, borracho.
Niño. *Fuente Ovejuna, señor.*
Juez. *¡Por vida del Rey, villanos,*
que os ahorque con mis manos!
¿Quién mató al Comendador?

F. *¡Qué a un niño le den tormento,*
y niegue de aquesta suerte!
L. *¡Bravo pueblo!*
F. *Bravo y fuerte.*

Juez. *¡Esa mujer! Al momento*
en ese potro tened.
Dale esa mancuerda luego.

L. *Ya está de cólera ciego.*

Juez. *Que os he de matar,creed,*
en ese potro, villanos.
¿Quién mató al comendador?
Pascuala. *Fuente Ovejuna, señor.*
Juez. *¡Dale!*

F. *Pensamientos vanos.*
L. *Pascuala niega, Frondoso.*
F. *Niegan niños; ¿qué te espantas?*

Juez. *Parece que los encantas.*
¡Aprieta!
(Pascuala) *¡Ay, cielo piadoso!*
Juez. *¡Aprieta, infame, Estás sordo?*
Pascuala. *Fuente Ovejuna lo hizo.*
Juez. *Traedme aquel más rollizo...*
¡ese desnudo, ese gordo!

L. *¡Pobre Mengo! Él es sin duda.*
F. *Temo que ha de confesar.*

Mengo. *¡Ay, ay!*
Juez. *Comienza a apretar.*
Mengo. *¡Ay!*
Juez. *¿Es menester ayuda?*
Mengo. *¡Ay, ay!*
Juez. *¿Quién mató, villano,*
al señor Comendador?
Mengo. *¡Ay, yo lo diré, señor!*
Afloja un poco la mano.

F. *Él confiesa.*

Juez. *Al palo aplica*
la espalda.

Mengo. *Quedo, que yo*
lo diré.
Juez *¿Quién le mató?*
Mengo *Señor, Fuente Ovejunica.*
Juez. *¿Hay tan gran bellaquería?*
Del dolor se están burlando;
en quien estaba esperando,
niega con mayor porfía.
Dejadlos, que estoy cansado.

F. ¡Oh, Mengo, bien te haga Dios!
Temor que tuve de dos,
el tuyo me lo ha quitado.

La obra termina felizmente con el matrimonio de Laurencia y Frondoso y con el perdón real al no poderse descubrir a los culpables:

Pues no puede averiguarse/ el suceso por escrito,
aunque fue grave delito, / por fuerza ha de perdonarse.

Ejercicios

1. Contesta a las siguientes preguntas:

- ¿Dónde nació Lope de Vega?
- ¿Con qué apelativos se le conoce?
- ¿Cuándo se ordenó sacerdote?
- ¿En que año murió y dónde se celebraron los funerales?
- ¿Dónde se representaban las obras de teatro en la época de Lope y cuál fue el primer Corral de Comedias?
- ¿Cuál era la función de la *loa* cuando se recitaba al inicio de las representaciones teatrales?
- ¿Qué temas llevó al teatro Lope de Vega y qué sentimientos han encarnado sus obras?
- ¿En cuanto tiempo era capaz de escribir una comedia?
- ¿Quién es el protagonista de *Fuente Ovejuna?*
- ¿Cuál es el juicio de Cervantes sobre las obras teatrales de Lope?
- ¿Por qué alcanzó tanto éxito *Fuente Ovejuna* en el siglo XIX?

2. Elige los adjetivos que se adaptan mejor al carácter de Lope:

Triste / Alegre
Introvertido / Extrovertido
Pasional / Racional
Pesimista / Optimista

Realista / Idealista
Escéptico / Soñador
Agnóstico / Creyente

3. **Transforma los Pretéritos indefinidos en Presentes de Indicativo y añade un complemento: Ejemplo: Nace en Madrid.**

- nació
- estudió
- volcó
- participó
- murió

4. **Asocia cada palabra y cada frase con su significado:**

1. apelativos	a) sobrenombres
2. desventuras	b) embebida
3. hombre de armas	c) faltaba
4. se ordenó sacerdote	d) vertió
5. tocaron el ápice	e) soldado
6. volcó	f) se hizo cura
7. escaseaba	g) desgracias
8. impregnada	h) alcanzaron la cumbre

5. **Formula las preguntas adecuadas a la hipotética conversación con Lope tratándolo de tú:**

- **P.** ....
- **R.** Me llamo Lope y vivo en Madrid.
- **P.** ....
- **R.** Madrid es una hermosa Babilonia.
- **P.** ....
- **R.** Soy más bien optimista.
- **P.** ....
- **R.** Primero en la Universidad de Alcalá y después en la de Salamanca.
- **P.** ....
- **R.** Elena, Isabel, Micaela y Marta.
- **P.** ....
- **R.** Es un edificio de dos plantas con huertecillo y naranjo en cuyo dintel coloqué la siguiente inscripción: Parva propia magna, magna aliena parva.
- **P.** ....
- **R.** La (casa) pequeña propia es grande; la (casa) grande ajena es pequeña.

6. **Completa las frases con la preposición por o para según convenga:**

- Las obras se representaban .... la tarde.
- Los patios estaban rodeados de casas .... tres de sus lados.
- La *loa* servía .... captar la simpatía y la benevolencia del público.
- Detrás de los bancos había un amplio espacio .... los mosqueteros.

7. Sustituye las expresiones en cursiva con otras equivalentes:

- Cuando he de escribir una comedia *encierro los preceptos con seis llaves.*
- Las décimas, según Lope, son buenas para las *quejas.*
- Las comedias de Lope eran *felices y bien razonadas.*
- Estaban escritas con *donaire y picardía.*
- *No hayáis temor.*
- *Harre, que echaréis luego el postigo.*

8. Elige la forma gramatical adecuada:

- ¿Quién mató **al / el** Comendador?
- ¿En el siglo XIX la obra alcanzó **grande / gran** notoriedad.
- Fuente Ovejuna se representó **en / a** Moscú con **mucho / muy** éxito.
- En la actualidad **continúa a gozar / continúa gozando** de estima y admiración, **porque / por qué** en la obra **hay / está** armonía, acción y artificio.

9. Indica la diferencia entre ser y estar y pon otros ejemplos:

- Estoy en la villa.
- Está más grave.
- Soy Fernán Gómez.
- Es muchacho.

10. Sustituye los infinitivos por los Presentes de Indicativo o de Imperativo según convenga:

- **Esperar** .... vosotras dos.
- ¿Qué **mandar** .... su señoría?
- **¿Hablar** .... contigo, Pascuala?
- Con vos **hablar** ...., hermosa fiera.
- **Entrar ...., pasar ....** los umbrales;
- hombres **haber** .... no hayáis temor.

11. Transforma en interrogativas las siguientes frases:

- Laurencia es hija del alcalde.
- Laurencia no quiere entrar en casa del Comendador porque no se fía de él.
- El Comendador se sorprende de que no le obedezcan las aldeanas.
- Flores dice que las aldeanas son necias.

12. Transforma los imperativos positivos en negativos y viceversa:

- *No te defiendas:* ....
- *Ríndete:* ....

- *Ayudadme: ....*
- *Huye: ....*
- *Vete: ....*

13. Busca en la escena XI los verbos equivalentes:

- Dar con
- Vuelvo al riachuelo
- Ofenden
- No ando con contemplaciones
- Estáis bien de la cabeza

14. Atribuye las siguientes frases al personaje que las ha pronunciado:

- *¡Ay, yo lo diré señor!*
- *Del dolor se están burlando.*
- *¡Qué a un niño le den tormento!*
- *¿Quién mató al Comendador?*
- *Tu nombre padre, eternizo.*

- Frondoso
- Mengo
- Juez
- Laurencia
- Juez

15. Transforma los siguientes imperativos en plural según el modelo:

- *Di la verdad: Decid la verdad*
- *Aprieta:*
- *Dale:*
- *Comienza a apretar:*
- *Afloja un poco:*

16. Asocia cada adjetivo con el correspondiente sustantivo siguiendo el texto de Lope:

- atento
- buen
- bravo
- vanos
- piadoso
- rollizo

- cielo
- villano
- oído
- viejo
- pueblo
- pensamientos

17. Traduce las siguientes interpretaciones de *Fuente Ovejuna:*

- Menéndez Pelayo: *Drama épico, testimonio del sentido democrático y al mismo tiempo monárquico del pueblo español.*
- L. Spitzer: *Obra platónica en la que el amor y la armonía primero se rompen y después se recomponen.*
- K. Vossler: *Drama de defensa y reacción contra la injusticia.*

- J. Herrero: *Representa el triunfo de la monarquía frente a la aristocracia feudal.*
- G. de Torre: *Fuente Ovejuna es el primer drama multitudinario, una verdadera anticipación del teatro de masas.*

Bibliografía

- **Lope de Vega,** Fuente Ovejuna, Castalia Didáctica, 1987, a cargo de María Teresa López García-Berdoy
- **L. Alborg,** Historia de la Literatura Española, vol. II, págs. 196-334.
- **A. Martinengo,** Lope de Vega e il teatro nazionale, in La letteratura spagnola dei secoli d'oro, Sansoni / Accademia, 1973, págs. 455 - 480.
- **C.V. Aubrun,** La comedia española (1600 - 1680), Madrid, Taurus, 1968.

Calderón de la Barca

Calderón: Llevó al teatro el amor, el honor, los celos, la justicia, la libertad, la fe, la razón, la ciencia, la sabiduría...

La vida es sueño, es un drama simbólico, cuyo tema central es la vanidad y caducidad de lo humano. *Acudamos a lo eterrno* –dice Segismundo– *donde ni duermen las dichas / ni las grandezas reposan.*

Prometeo (Ribera)

Segismundo, el protagonista de *La vida es sueño* desafía la ira del rey como *Prometeo* había desafiado la ira de *Zeus.*
De *Prometeo* Esquilo evidencia la fiereza, Cicerón el *sufrimiento,* Shelley la *rebelión,* Leopardi la *desilusión,* Nietzsche la *sabiduría* y estos mismos atributos se pueden atribuir a Segismundo.

Felipe IV le concedió la prestigiosa honoreficencia del *Habito de Santiago* solicitada por el propio Calderón.

Calderón de la Barca

Suplico al señor capellán mayor y capellanes... dispongan mi entierro, llevándome descubierto, por si mereciese satisfacer en parte las públicas vanidades de mi mal gastada vida con públicos desengaños de mi muerte.
(Testamento otorgado por Calderón el 20/5/1681)

Don Pedro Calderón de la Barca nació en Madrid el 17 de enero de 1600 de familia hidalga oriunda de la montaña santanderina: el autor aludirá con orgullo *a sus nobles orígenes.* A los nueve años ingresó en el Colegio Imperial de los jesuitas y más tarde estudió Humanidades en la Universidad de Alcalá y Teología en la de Salamanca: San Agustín, Santo Tomás y el filósofo precristiano Séneca[1] serán los autores que más influyan en su formación teológica, la cual le había de servir - esa era la voluntad de su padre - para ocupar una capellanía de familia.

Sin embargo, a los veinte años, abandonó los estudios teológicos y se trasladó a vivir a Madrid para dedicarse al teatro. Iniciaron entonces los viajes por Italia y por Flandes y en general esa vida agitada y violenta, poco ejemplar, de la cual apenas dejará entrever algún episodio en sus versos. Su primera obra fechada *Amor, honor y poder* es de 1623, pero según Juan de Vera Tassis, editor de sus obras, a los diecinueve años *ya tenía ilustrados los teatros de España con sus ingeniosas comedias* y a los treinta era un comediógrafo famoso que estrenaba casi todas sus obras en el teatro del Palacio Real, convirtiéndose en el dramaturgo oficial de la Corte: Felipe IV le concederá en 1637 la prestigiosa honorificencia del *Hábito de Santiago* solicitada por el propio Calderón en 1636.

Como *caballero de la Orden de Santiago,* al mando del conde-duque de Olivares, participó en la Guerra de Cataluña (1640 - 1641), pero pronto abandonó esa vida poco apta a su temperamento frío y razonador para dedicarse a la cuidadosa elaboración de su obra dramática.

A los cincuenta años se ordenó sacerdote esperando superar con la ayuda de la fe ese pesimismo que lo acompañaba siempre. Siendo ya cura reconoció a su hijo natural Pedro José, el cual murió en 1651, a sólo cuatro años. Su obra *Darlo todo y no dar nada* alude evidentemente a esa gran pérdida. Desengañado y resignado abandonó

---

1. **Séneca** (Córdoba 5 a. C. Roma 65 d. C.) sostiene que es fundamental el ejercicio de la *virtud,* entendida como *victoria de la razón sobre las pasiones.* **San Agustín** (Tagaste 354 - Ippona 430) piensa que *fe y razón,* teniendo ambas como objetivo común la felicidad, convergen; mientras que **Santo Tomás** (Roccasecca, Aquino 1225 - Fossanova, Latina 1274) distingue la *filosofía* de la *fe.* La primera, basada en principios evidentes, conduce a la verdad racional, y ha alcanzado con Aristóteles su cima; mientras que la *verdad revelada* se puede alcanzar sólo con la *fe.* Armonizar *filosofía y fe,* aristotelismo y cristianismo, es la tarea que se propone Santo Tomás.

los *corrales* aunque continuó escribiendo comedias mitológicas y *zarzuelas* para la Corte y *autos sacramentales* para las fiestas del *Corpus Domine.*

En 1653 fue nombrado *Capellán* de los Reyes Nuevos de la Catedral de Toledo por lo que se trasladó a vivir a esa ciudad, pero en 1663 regresó a Madrid como Capellán de honor de Su Majestad el Rey y a partir de entonces vivió aislado en aristocrático retiro, entregado a sus estudios y a sus meditaciones. El 25 de mayo de 1681 murió en Madrid siendo enterrado - como era su voluntad - en la capilla de San José de la iglesia de San Salvador.

Obra dramática

Calderón casó con dulcísimo artificio lo posible con lo fabuloso, lo fingido con lo verdadero, lo grave con lo dulce, lo conceptuoso con lo claro...
(Fray Manuel Guerra y Ribera[2], 1682)

La obra dramática de Calderón representa la cima del teatro barroco. Partiendo de la fórmula teatral teorizada por Lope en *El arte nuevo de hacer comedias,* Calderón dota a la acción de mayor rigor constructivo, al tema de mayor profundidad y a la forma de un estilo más elaborado. Se ha dicho que Calderón es el *ordenador y perfeccionador* del teatro de Lope y así como Lope supo transformar en *comedia* cualquier anécdota, gracias a su capacidad inventiva y a su espíritu creador, Calderón supo transformar en *drama* cualquier concepto gracias a su capacidad reflexiva y a su espíritu razonador.

Llevó al teatro el amor, el honor, los celos, la justicia, la libertad, la fe, la razón, la ciencia, la sabiduría... Sus seres, atormentados por las pasiones, angustiados por las dudas o sacudidos por borrascas interiores, hablan una lengua seductora, llena de metáforas, de hipérboles, de antítesis, de correlaciones, de interrogaciones retóricas y de cuantas figuras puedan contribuir a la sonoridad y belleza de los versos.

Todos los elementos de sus obras están subordinados a un eje central representado casi siempre por un personaje, de grandeza clásica, que destaca fuertemente en el conjunto y reina en ellas el principio de la *justicia poética,* según el cual una culpa conlleva siempre un castigo.

La escenografía cobra cada vez mayor importancia en sus obras hasta convertirse en las comedias mitológicas y en las *zarzuelas*[3] en factor determinante de la representación junto con el acompañamiento musical y con la danza.

Calderón escribió más de 180 obras entre *comedias, dramas y autos sacramentales*[4]. Se suelen distinguir dos épocas o estilos en la elaboración de sus obras: el primero, de orientación realista, comprende las comedias de amor, de honor y de enredo y, en general, las obras dirigidas al público de los corrales. Teniendo en cuenta la escasez de recursos escénicos de esos teatros predomina en las obras la función del texto dramático sobre los otros elementos teatrales. El ejemplo más significativo es *El alcalde de Zalamea* (1642), drama de honor basado en una obra homónima de Lope y fiel reflejo de su experiencia en las campañas militares. El honor calderoniano sintetizando en los famosos versos de Pedro Crespo - *Al rey la hacienda y la vida / se ha de dar, pero el honor / es patrimonio del alma, / y el alma es sólo de Dios* - se transforma de problema

---

2. *Aprobación de la Quinta Parte de Comedias de don Pedro Calderón de la Barca,* citado por M. García Martín, Pág. 214.

3. Zarzuela: Comedia musical, mitad cantada y mitad recitada.

4. Autos sacramentales: dramas referentes al misterio de la Eucaristía, en los que predomina la intención ideológica y doctrinal sobre la acción y las pasiones. Se representaban en los atrios de las iglesias durante las fiestas del *Corpus Domine.*

concreto y específico, cual era en Lope, en abstracto y general, adquiriendo así mayor consistencia dramática y mayor patetismo. Son también dignas de mención dentro del estilo realista la comedia religiosa *La devoción de la cruz* (1625), las comedias de enredo *Casa con dos puertas mala es de guardar y La dama boba* (1629) y la comedia legendaria *El príncipe constante* (1629).

El segundo estilo, más elaborado y abstracto, perteneciente a su época de madurez, comprende los dramas simbólicos, las comedias mitológicas, las comedias fantásticas y los autos sacramentales, obras destinadas en su mayor parte a un público cortesano. *La vida es sueño* (1635), *Eco y Narciso* (1661), La hija del aire (1653) y *El gran teatro del mundo* (1635) son respectivamente los ejemplos más significativos.

Calderón de la Barca

La vida es sueño

...que toda la vida es sueño,
y los sueños sueños son.

La vida es sueño, drama filosófico-simbólico, ambiguo y complejo, con el que Calderón alcaza renombre universal, es la obra maestra del barroco europeo. En ella todo se subordina al tema central de la vanidad y caducidad de lo humano: *Acudamos a lo eterno* - dice Segismundo - *donde ni duermen las dichas / ni las grandezas reposan.* Junto a esa idea de profundo pesimismo, es importante también la afirmación del *libre albedrío* y la tesis de la influencia de la educación y de la voluntad en la vida del hombre.

Su argumento es el siguiente: Segismundo, príncipe de Polonia y heredero legítimo de la Corona, vive encerrado desde su nacimiento en una torre, sin más compañía que la del viejo ayo Clotaldo, por temor a que se convierta en realidad el horóscopo que lo pronosticaba *como el príncipe más cruel y el monarca más impío.*

Un día, el rey Basilio, temeroso de haber cometido una injusticia por haber dado crédito a los hados, decide poner a prueba a su hijo colocándolo en el trono *donde todos rendidos* le juren obediencia... *Si desmiente al hado, siendo prudente, cuerdo y benigno, reinará;* pero *si soberbio, osado, atrevido,* da rienda suelta a sus vicios, volverá a su cadena, *siendo el volverle a la cárcel no crueldad sino castigo.* Para ello ordena que le den un narcótico y lo lleven dormido a Palacio informándole al despertar de quién es.

Cuando Segismundo se ve en palacios suntuosos rodeado de criados y descubre que es el príncipe heredero de Polonia -*¿qué tengo más que saber para mostrar desde hoy mi soberbia y mi poder?*- enseguida da muestras de su inclinación arrojando a un súbdito que le contradecía por la ventana.

Ese comportamiento *bárbaro y atrevido,* le convence al rey de que *cumplió su palabra el cielo,* por lo que lo manda encerrar de nuevo en la torre haciéndole creer que *cuanto vio fue soñado* y nombra herederos del trono a sus dos sobrinos.

Pero el pueblo, informado de la existencia de un heredero legítimo, lo reclama y lo libera. Al principio Segismundo duda -*¿otra vez queréis que sueñe grandezas que ha de deshacer el tiempo?*- pero después se convence de que es justo ir a reinar... *soñemos, alma, soñemos otra vez, pero ha de ser con atención y consejo.*

Termina la obra con el coronamiento de Segismundo y con el perdón, porque la experiencia le ha enseñado que… *sea verdad o sueño, obrar bien es lo que importa, si fuera verdad, por serlo; si no, por ganar amigos para cuando despertemos.*

Ayuda para la comprensión del texto antológico:

- Al cielo y a Dios pluguiera que a dártele no llegara: ¡Ojalá no te hubiera dado la vida!
- A penas llega cuando llega apenas: En el momento que llega comienza a sufrir.
- Corriste parejas con el viento: Corriste como el viento
- Faetonte: Hijo del Sol, que condujo con imprudencia el carro solar, por lo que fue castigado.
- Hipogrifo violento: Caballo desbocado
- Mal, Polonia, recibes a un extranjero…: Mal acoges, Polonia, a un extranjero.
- Oriundo: Proveniente.
- Tirano de mi albedrío: Tirano de mi vida.

La vida es sueño

Jornada Primera

Escena I

(Rosaura, dama, y Clarín, gracioso;)
(En lo alto de un monte aparece Rosaura en hábito de hombre)

Rosaura
Hipogrifo violento,
que corriste parejas con el viento,
¿dónde, rayo sin llama,
pájaro sin matiz, pez sin escama,
y bruto sin instinto
natural, al confuso laberinto
destas desnudas peñas
te desbocas, arrastras y despeñas?

Quédate en este monte,
donde tengan los brutos su Faetonte;
que yo, sin más camino
que el que me dan las leyes del destino,
ciega y desesperada
bajaré la cabeza enmarañada
de este monte eminente
que arruga al sol el ceño de la frente.

Mal Polonia recibes
a un extranjero, pues con sangre escribes
su entrada en tus arenas;
y a penas llega, cuando llega apenas.

Bien mi suerte lo dice;
mas ¿dónde halló piedad un infelice?
..
... si la vista no padece engaños
que hace la fantasía,
a la medrosa luz que aún tiene el día,
me parece que veo
un edificio...

que parece, ...
peñasco que ha rodado de la cumbre.

Clarín
Vámonos acercando;
que éste es mucho mirar, señora, cuando
es mejor que la gente
que habita en ella,
generosamente nos admita.

Rosaura
La puerta
(mejor diré funesta boca) abierta
está, y desde su centro
nace la noche, pues la engendra dentro.

Clarín
¡Qué es lo que escucho cielo!

Rosaura
Inmóvil bulto soy de fuego y yelo.

Escena II

(Se oye la voz de Segismundo)

Segismundo
¡Ay mísero de mí! ¡Y ay infelice!

Rosaura
¡Qué triste voz escucho!
Con nuevas penas y tormentos lucho.

Clarín
Yo con nuevos temores.

Rosaura
Huyamos los rigores
desta encantada torre.

Clarín
Yo aun no tengo
ánimo de huir, aunque a eso vengo.

Rosaura
Pues huir no podemos,
desde aquí sus desdichas escuchemos;
sepamos lo que dice.

Segismundo
(Se ve a Segismundo dentro de la torre encadenado y vestido con pieles)

¡Ay mísero de mí! ¡Y ay infelice!
Apurar cielos pretendo,
ya que me tratáis así,
qué delito cometí
contra vosotros naciendo;
aunque si nací ya entiendo
que delito he cometido.
Bastante causa ha tenido
vuestra justicia y rigor;
pues el delito mayor
del hombre es haber nacido.
Sólo quisiera saber,
para apurar mis desvelos
(dejando a una parte, cielos,
el delito de nacer),
¿qué más os pude ofender,
para castigarme más?
¿No nacieron los demás?
Pues si los demás nacieron,
¿qué privilegios tuvieron
que yo no gocé jamás?

Rosaura
Temor y piedad en mí
sus razones han causado

Segismundo
¿Quién mis voces ha escuchado?

Rosaura
No es sino un triste, ¡ay de mí!,
que en estas bóvedas frías
oyó tus melancolías.

Segismundo (aferrándola con fuerza)
Pues la muerte te daré,
porque no sepas que sé
que sabes flaquezas mías.
Sólo porque me has oído,
entre mis membrudos brazos
te tengo de hacer pedazos.

Rosaura
Si has nacido
humano, baste el postrarme
a tus pies para librarme.

Segismundo
Tu voz pudo enternecerme;
tu presencia suspenderme;
y tu respeto, turbarme.
¿Quién eres? Que aunque yo aquí
tan poco del mundo sé,
que cuna y sepulcro fue
esta torre para mí
......
y aunque nunca vi ni hablé
sino a un hombre solamente
que aquí mis desdichas siente,
.....
tú, sólo tú, has suspendido
la pasión a mis enojos,
la suspensión a mis ojos,
la admiración al oído.

Rosaura
Sólo diré que a esta parte
hoy el cielo me ha guiado
para haberme consolado,
si consuelo puede ser
del que es desdichado, ver
a otro que es más desdichado.

Cuentan de un sabio que un día
tan pobre y mísero estaba,
que sólo se sustentaba
de unas yerbas que cogía.
"¿Habrá otro", entre sí decía,
"más pobre y triste que yo?"

Y cuando el rostro volvió,
halló la respuesta viendo
que iba otro sabio cogiendo
las hojas que él arrojó.

Jornada Segunda
Escena VI
(en el palacio real Basilio y Segismundo)

Basilio
¿Qué ha sido esto?

Segismundo
Nada ha sido.
A un hombre que me ha cansado
de ese balcón he arrojado.

Basilio
¿Tan presto una vida cuesta
tu venida el primer día?

Segismundo
Díjome que no podía
hacerse, y gané la apuesta.

Basilio
Pésame mucho que cuando,
Príncipe, a verte he venido,
pensando hallarte advertido,
de hados y estrellas triunfando,
con tanto rigor te vea,
y que la primera acción
que has hecho en esta ocasión
un grave homicidio sea.
¿Con qué amor llegar podré
a darte agora mis brazos,
si de sus soberbios lazos,
que están enseñados sé
a dar muertes? ...

Segismundo
Sin ellos me podré estar
como me he estado hasta aquí;
que un padre que contra mí
tanto rigor sabe usar,
que con condición ingrata
de su lado me desvía,
como a una fiera me cría,
y como a un monstruo me trata,
y mi muerte solicita,
de poca importancia fue
que los brazos no me dé
cuando el ser de hombre me quita.

Basilio
Al cielo y a Dios pluguiera
que a dártele no llegara;
pues ni tu voz escuchara,
ni tu atrevimiento viera.

Segismundo
Si no me le hubieras dado,
no me quejara de ti;
pero una vez dado, sí,
por habérmelo quitado;

Basilio
¡Bien me agradeces el verte,
de un humilde y pobre preso,
príncipe ya!

Segismundo
Pues en eso,
¿qué tengo que agradecerte?
Tirano de mi albedrío,
si viejo y caduco estás,
muriéndote, ¿qué me das?
¿Dasme más de lo que es mío?
Mi padre eres y mi rey;
luego toda esta grandeza
me da la naturaleza
por derechos de su ley.
Luego, aunque esté en este estado,
obligado no te quedo,
y pedirte cuentas puedo
del tiempo que me has quitado
libertad, vida y honor;
y así, agradéceme a mí

que yo no cobre de ti,
pues eres tú mi deudor.

Basilio
Bárbaro eres y atrevido;
cumplió su palabra el cielo;
y así, para él mismo apelo,
soberbio y desvanecido.
Y aunque sepas ya quién eres,
y desengañado estés,
y aunque en un lugar te ves
donde a todos te prefieres,
mira bien lo que te advierto:
que seas humilde y blando,
porque quizá estás soñando,
aunque ves que estás despierto.

(Se va el rey Basilio)

Segismundo
¿Qué quizá soñando estoy,
aunque despierto me veo?
No sueño, pues toco y creo
lo que he sido y lo que soy.
Y aunque agora te arrepientas,
poco remedio tendrás:
sé quién soy, y no podrás,
aunque suspires y sientas,
quitarme el haber nacido
desta corona heredero;
y si me viste primero
a las prisiones rendido,
fue porque ignoré quién era.
Pero ya informado estoy
de quién soy, y sé quién soy:
un compuesto de hombre y fiera.

Escena XVIII

(Basilio, Clotaldo y Segismundo)
(El Rey y Clotaldo tratan de saber lo que dice en sueños Segismundo)

Clotaldo
Inquieto, señor, está
y hablando.

Basilio
¿Qué soñará
agora. Escuchemos pues.

Segismundo (en sueños)
Piadoso príncipe es
el que castiga tiranos.
Muera Clotaldo a mis manos,
bese mi padre mis pies.

Clotaldo
Con la muerte me amenaza.

Basilio
A mí con rigor y afrenta.

Clotaldo
Quitarme la vida intenta.

Basilio
Rendirme a sus plantas traza.

Segismundo (despertando)
Mas, ¡ay de mí!, ¿dónde estoy?

Clotaldo
Como habíamos hablado,
de aquella águila, dormido,
tu sueño imperios han sido;
mas en sueños fuera bien
entonces honrar a quien
te crió en tantos empeños,
Segismundo; que aun en sueños
no se pierde hacer el bien.

Escena XIX
(en la torre)

Segismundo
Es verdad; pues reprimamos
esta fiera condición,
esta furia, esta ambición,
por si alguna vez soñamos.
Y así haremos, pues estamos
en mundo tan singular,
que el vivir sólo es soñar;
y la experiencia me enseña,
que el hombre que vive sueña
lo que es hasta despertar.

Sueña el rey que es rey, y vive
con este engaño mandando,
disponiendo y gobernando;
y este aplauso, que recibe
prestado, en el viento escribe,
y en cenizas le convierte
la muerte (¡desdicha fuerte!);
¡qué hay quien intente reinar,
viendo que ha de despertar
en el sueño de la muerte!

Sueña el rico en su riqueza
que más cuidados le ofrece;
sueña el pobre que padece
su miseria y su pobreza;
sueña el que a medrar empieza,
sueña el que afana y pretende,
sueña el que agravia y ofende;
y en el mundo en conclusión,
todos sueñan lo que son,
aunque ninguno lo entiende.

Yo sueño que estoy aquí
destas prisiones cargado,
y soñé que en otro estado
más lisonjero me vi.
¿Qué es la vida? Un frenesí.
¿Qué es la vida? Una ilusión,
una sombra, una ficción,
y el mayor bien es pequeño;
que toda la vida es sueño,
y los sueños sueños son.

Jornada Tercera
Escena XIV
(En el campo de batalla)

Basilio
Si a mí buscándome vas,
ya estoy, príncipe, a tus plantas;
sea dellas blanca alfombra
esta nieve de mis canas.
Pisa mi cerviz, y huella
mi corona; postra, arrastra
mi decoro y mi respeto;
toma de mi honor venganza;
sírvete de mí cautivo;
y tras prevenciones tantas,
cumpla el hado su homenaje,
cumpla el cielo su palabra.

Segismundo
Corte ilustre de Polonia,
que de admiraciones tantas
sois testigos, atended,
que vuestro príncipe os habla.
....
Mi padre, que está presente,
por excusarse a la saña

de mi condición, me hizo
un bruto, una fiera humana;
de suerte que, cuando yo
por mi nobleza gallarda,
por mi sangre generosa,
por mi condición bizarra,
hubiera nacido dócil
y humilde, sólo bastara
tal genero de vivir,
tal linaje de crianza,
a hacer fieras mis costumbres.
¡Qué buen modo de estorbarlas!
....
Lo mismo le ha sucedido
que a quien, porque le amenaza
una fiera, la despierta;
que a quien, temiendo una espada,
la desnuda; y que a quien mueve
las ondas de una borrasca;
y cuando fuera, escuchadme,
dormida fiera mi saña,
templada espada mi furia,
mi rigor quieta bonanza,
la fortuna no se vence
con injusticia y venganza,
porque antes se incita más.

Y así, quien vencer aguarda
a su fortuna, ha de ser
con prudencia y con templanza.
....
Sirva de ejemplo este raro
espectáculo, esta extraña
admiración, este horror,
este prodigio; pues nada
es más que llegar a ver,
con prevenciones tan varias,
rendido a mis pies a un padre,
y atropellado a un monarca.

Sentencia del cielo fue;
por más que quiso estorbarla
él no pudo. ¿Y podré yo,
que soy menor en las canas,
en el valor y en la ciencia,
vencerle? - Señor, levanta,
dame tu mano; ...

Basilio
Hijo, que tan noble acción
otra vez en mis entrañas
te engendra, príncipe eres.
A ti el laurel y la palma
se te deben. Tú venciste;
corónente tus hazañas.

Segismundo
Pues ya que vencer aguarda
mi valor grandes victorias,
hoy ha de ser la más alta
vencerme a mí.
....
¿Qué os admira? ¿Qué os espanta,
si fue mi maestro un sueño,
y estoy temiendo en mis ansias
que he de despertar y hallarme
otra vez en mi cerrada
prisión? Y cuando no sea,
el soñarlo sólo basta;
pues así llegué a saber
que toda la dicha humana,
en fin, pasa como un sueño.

Ejercicios

1. Contesta a las siguientes preguntas:

- ¿Dónde nació Calderón de la Barca?
- ¿Quiénes fueron los autores que más influyeron en su formación?
- ¿Qué temperamento tenía?
- ¿En qué consiste el principio de la *justicia poética?*
- ¿Dónde está ambientada la primera escena de *La vida es sueño?*

- ¿Quién acompaña a Rosaura y a qué ciudad van encaminados?
- ¿Qué divisan a lo lejos desde el monte?
- ¿De qué se lamenta Segismundo?
- ¿Quién ha oído sus desdichas y qué efecto le han causado?
- ¿Cuál es la primera reacción de Segismundo cuando se da cuenta de que alguien conoce sus flaquezas?
- ¿Cómo ha conseguido Rosaura enternecerlo?

2. Verdadero o Falso

- Calderón presumía de ser de familia noble.
- Durante su juventud tuvo una vida muy tranquila.
- A los treinta años se fue a vivir a Madrid para dedicarse al teatro.
- Fue el dramaturgo oficial de la corte de Felipe IV.
- A partir de los 63 años vivió aislado en aristocrático retiro.

3. Formula las preguntas adecuadas a las respuestas:
Ejemplo:
- **P: ¿Por qué fue a estudiar Teología a Salamanca?**
- **R: Para poder ocupar una capellanía de familia.**

- **P.** ....
- **R.** Su verdadera vocación era el teatro.
- **P.** ....
- **R.** Porque la vida militar no le era congenial.
- **P.** ....
- **R.** Fue a vivir a Toledo cuando le nombraron Capellán de la Catedral de esa ciudad.
- **P.** ....
- **R.** El 25 de mayo de 1681 murió en Madrid a los 81 años.

4. Sustituye los infinitivos con el tiempo correspondiente.

- A los treinta años (convertirse) .... en el dramaturgo oficial de la Corte.
- Cuando Calderón abandonó los corrales (continuar) .... (escribir) .... comedias mitológicas para la Corte.
- Se hizo cura (esperar) .... superar, con la ayuda de la fe, ese pesimismo que lo acompañaba siempre.

5. Completa las frases con los sustantivos o con los adjetivos adecuados: *perfeccionador, drama, concepto, razonador, acción, tema, forma, subordinados, personaje.*

- Calderón es el ordenador y .... del teatro de Lope.
- Calderón supo transformar en .... cualquier .... gracias a su capacidad reflexiva y a su espíritu ....
- Calderón dota a la .... de mayor rigor constructivo, al .... de mayor profundidad y a la .... de un estilo más elaborado.

- Todos los elementos de sus obras están .... a un eje central representado casi siempre por un .... de grandeza clásica, que destaca fuertemente en el conjunto.

6. Indica la definición adecuada de cada sustantivo.

hidalgo	Persona de clase noble.
zarzuelas	El que celebra la misa en el oratorio de la familia real y asiste a las funciones religiosas.
autos sacramentales	Lugar apartado adecuado para el recogimiento y la meditación.
capellán mayor	Testamentario, es decir, la persona encargada de cumplir la voluntad del testador.
retiro	Dramas referentes al misterio de la Eucaristía que se representaban durante las fiestas del *Corpus Domine.*
albacea	Comedia musical mitad cantada y mitad recitada.

7. Asocia cada palabra con su significado.

Albedrío	Sensato
Ayo	Voluntad
Hados	Delirio
Cuerdo	Estrellas
Frenesí	Preceptor
Bárbaro	Cruel, sanguinario

8. Coloca cada forma en su lugar: *fuera, tiempo, lo que, por, para, si no, la fugacidad, el misterio.*

- El tema central de *La vida es sueño* es .... y el punto de arranque del drama es ....
- *Sea verdad o sueño, obrar bien es .... importa, si .... verdad, ... serlo; .... por ganar amigos .... cuando despertemos.*

9. Imagina el diálogo actualizado entre Basilio y Segismundo:

- **Basilio.-** ¿Qué ha pasado?
- **Segismundo.-** ....
- **Basilio.-** ¿Cómo podré perdonarte y abrazarte sabiendo que eres un asesino?
- **Segismundo.-** ....
- **Basilio.-** ¡Bien me agradeces todo lo que yo he hecho por ti!

- **Segismundo.-** ....
- **Basilio.-** El horóscopo tenía razón.

10. Atribuye los siguientes parlamentos al personaje que los ha pronunciado:

- *Que aun en sueños no se pierde hacer el bien.*
- *Tu sueño imperios han sido.*
- *Rendirme a sus plantas traza.*
- *Sé quién soy y soy un compuesto de hombre y fiera.*
- *La fortuna no se vence con injusticia y venganza, porque antes se incita más.*

11. Relaciona cada verso con una figura retórica:

- Comparación: Intensificación del objeto mediante su comparación con otro.
- Interrogación retórica: Pregunta que no necesita contestación.
- Metáfora: Comparación abreviada.
- Personificación: Atribución de cualidades humanas a seres inanimados
- Calambur: Repetición de homónimos, uno de los cuales resulta de la unión de, al menos, dos palabras distintas.

Ejemplo: *Hipogrifo violento:* Metáfora

- *Que corriste parejas con el viento.*
- *Mal, Polonia, recibes a un extranjero.*
- *A penas llega, cuando llega apenas.*
- *¿Dónde halló piedad un infelice?*

12. Pon los verbos en forma personal:

Contar *.................... de un sabio que un día*
tan pobre y mísero ***estar*** *....................,*
que sólo se ***sustentar*** *....................*
de unas yerbas que ***coger*** *....................*
*"¿****Haber*** *.................... otro", entre sí* ***decir*** *....................,*
"más pobre y triste que yo?"
Y cuando el rostro ***volver*** *....................,*
Hallar *.................... la respuesta viendo*
que ***ir*** *.................... otro sabio cogiendo*
las hojas que él ***arrojar*** *....................*

13. Transforma los infinitivos en presentes de indicativo, de subjuntivo o en gerundio:

Soñar *.................... el rey que es rey, y* ***vivir*** *.................... con este engaño* ***mandar*** *....................* ***disponer*** *.................... y* ***gobernar*** *....................; y este aplauso, que* ***recibir*** *.................... prestado, en el viento* ***escribir,*** *.................... y en cenizas le* ***convertir*** *.................... la muerte (¡desdicha fuerte!); ¡qué* ***haber*** *.................... quien* ***intentar*** *.................... reinar,* ***ver*** *.................... que ha de despertar en el sueño de la muerte!*

14. Indica las afinidades y las diferencias entre Lope de Vega y Calderón de la Barca teniendo en cuenta los siguientes elementos:

- el lugar de nacimiento
- los estudios realizados
- el temperamento
- las obras dramáticas *Fuente Ovejuna* y *La vida es sueño*

15. Sintetiza los juicios sobre *La vida es sueño* de Calderón de la Barca y contesta a las preguntas:

José Valdivielso: *Su ingenio es de primera clase en la novedad de las trazas, en lo ingenioso de los conceptos, en lo culto de las voces y en lo sazonado de los chistes. (Aprobación de la Primera Parte de Comedias de don Pedro Calderón de la Barca,* Madrid, **1636).**

Blas Nasarre: *La ufanía, el punto de honor, la pendencia y bravura, la etiqueta, los ejércitos, los sitios de plazas, ... y todo cuanto ni es verosímil ni pertenece a la comedia lo pone Calderón sobre el teatro. (Prólogo a los Entremeses y Comedias,* **1749).**

Nicolás Fernández de Moratín: *Esto de olvidar la naturaleza, y en vez de retratarla desfigurarla, es muy frecuente en don Pedro Calderón. El principio de La vida es sueño con el* ***hipogrifo violento*** *lo acredita.*
Yo quisiera saber si una mujer que cae despeñada por un monte con un caballo le dice aquellas impropias pedanterías, que las entiende el auditorio como el caballo. (Desengaños al teatro español, Madrid, **1762.)**

Johann Wolfgang Goethe: *Sus obras son teatrales de pies a cabeza; no hay nada en ellas que no esté calculado para producir el efecto que se busca; Calderón es el genio que ha tenido más ingenio. (Conversaciones con Eckermann,* **1826).**

Ivan Turgeniev: *El Segismundo de Calderón es el Hamlet español, con toda la diferencia que hay entre el sur y el norte. Hamlet es más reflexivo, más sutil, más filosófico; el carácter de Segismundo es simple, desnudo y penetrante como una espada. (Carta a la Sra. Viardot,* 25 – XII- **1847).**

José María Valverde: *La vida es sueño estrenada en 1635 da comienzo al racionalismo camino del idealismo romántico: El príncipe Segismundo, como Descartes junto a la estufa, no se cree capaz de resolver si sueña o está despierto, pero mientras el filósofo francés conquista o recupera las certezas necesarias para superar la duda, Segismundo no sale de la duda y sólo encuentra sentido para la vida en la conciencia moral: "Obrar bien es lo que importa". (Introducción a su edición de La vida es sueño,* **1981).**

Paco Rico: *El caballo desbocado, símbolo de las pasiones violentas y el Segismundo encadenado, símbolo de la represión, son los enigmas que constituyen la premisa del drama calderoniano y disponen la mente de los participantes a la admiración. (La vida es sueño,* en Breve biblioteca de autores españoles, Seix Barral, segunda edición, **1991,** Pág. 208).

- **¿Cómo es el carácter de *Segismundo* según Ivan Turgeniev y en qué se diferencia del de *Hamlet?***
- **¿Qué es lo más importante para *Segismundo,* según José María Valverde?**
- **¿Qué representa el caballo desbocado – *hipogrifo violento* – para Paco Rico.**

Bibliografía

- **José María García Martín,** *Calderón de la Barca, La vida es sueño,* Castalia didáctica, tercera edición, 1984.
- **Alborg,** *Historia de la literatura española,* vol. II, págs. 660 - 737.
- **A:A:V:V,** *La letteratura spagnola,* Sansoni /Accademia, 1973, pags. 497 - 513.
- **Goytisolo,** *La vida es sueño,* en <u>Breve biblioteca de autores españoles,</u> edición de **F. Rico,** 1991, Págs. 197-227.
- **G. Barrientos,** *El alcalde de Zalamea,* en <u>Comentarios de textos teatrales,</u> 1997.

Leandro Fernández de Moratín

Moratín pintado por su amigo Goya.

Un carácter necesita unirse a otro que lo apoye, le excite y ponga en movimiento.

Doña Beatriz le dice a su hermano don Roque:
y pues limpio queda tu honor,
déjala vivir en paz
en donde no te aborrezca.

EL VIEJO Y LA NIÑA

La mañana, Hogart (Londres, 1697-1764)

Hogart , al igual que Moratín, critica en sus cuadros el estilo de vida y los gustos de la época, ironizándolo todo con la representación de objetos grotescos.

He pensado siempre - declara Hogart - *que el conocimiento del carácter sea la parte más sublime del arte de la pintura.*

Leandro Fernández de Moratín

Dos beneficios inapreciables he debido al favor de Dios: el primero una salud constante... y el segundo un genio naturalmente dócil y alegre que me ha prestado resignación y consuelo en las mayores tribulaciones.

Leandro Fernández de Moratín, el mejor comediógrafo del siglo XVIII, nació en Madrid el 10 de marzo de 1760, siendo bautizado en la famosa iglesia madrileña de San Sebastián. Tenía cuatro años - cuenta en su autobiografía - cuando las viruelas le pusieron a punto de muerte: *Quedé feo, pelón, colorado, débil, caprichoso, llorón, impaciente, tan distinto del que antes era que no parecía el mismo.* Probablemente a causa de esa enfermedad se volvió taciturno y reservado, por lo que estuvo más en contacto con los adultos que con los niños de su edad.

Siendo todavía muy joven empezó a trabajar en la Joyería Real pero su verdadera vocación eran las letras. En 1792 por mediación de Godoy, el potente valido del rey Carlos IV, obtuvo una conspicua pensión para recorrer Europa: durante cinco años viajó por Francia, Inglaterra, Bélgica, Alemania, Suiza e Italia, *viéndolo todo, sumergiéndose en la vida* cotidiana y *juzgando con humor, con ironía, con admiración o con desdén cuanto veía.* Singular interés tienen las páginas de sus *Apuntaciones sueltas de Inglaterra* y las de *El viaje de Italia* de las que se deduce su inclinación por los pequeños placeres - *mesa sabrosa, paseos solitarios, amistosas tertulias* - y su odio por el fanatismo y los horribles crímenes de la revolución.

A su regreso a España fue nombrado *Miembro de la Junta de Teatros*, cargo que el propio Moratín había solicitado en una carta a Godoy. Fue esa la época mejor de su vida, pero la *Guerra de la Independencia* (1808-1814) dará un cambio brusco a su existencia. Habiendo sido nombrado, durante el reinado de José Bonaparte, *Caballero del Pentágono* y director de la *Biblioteca Real*, cuando los reformistas decretaron la expulsión de los franceses inició esa vida errante y llena de tribulaciones que tanto contrastaba con el carácter comedido y pacifista de Moratín.

En 1814 escribía desde Barcelona: *Sólo pido un puerto seguro donde desarmar la nave y colgar el timón* y diez años después, en un carta desde Burdeos, recordaba: *Se han cumplido 12 años que salí en un carro, a merced de quien tuvo compasión de mí, abandonando mi casa y mis bienes ... y me entregué a la disposición de la fortuna que en cinco años consecutivos me hizo padecer trabajos horribles; y en verdad que no los merecí.*

A pesar de las persecuciones y desaventuras que sufrió en su patria, se preocupó siempre por mejorar la sociedad en la que le tocó vivir, contribuyendo con su teatro a corregir *los vicios y errores comunes de los hombres, conjugando utilidad y deleite.*

Murió en París el 21 de junio de 1828, el mismo año que su amigo y compatriota Goya. Desde 1900 reposa en Madrid en el Panteón de Hombres Ilustres.

Obra dramática

No hay defecto más intolerable en el teatro que la frialdad... Si no se excita la curiosidad del auditorio, si no espera, ni teme, ni duda, luego se distrae, se fastidia, se duerme, se va. (L.F. de Moratín)

Agudo observador y excelente crítico, Moratín da prioridad en su mundo dramático a la sátira, a la reflexión, al desengaño y a la melancolía. El suyo es un teatro realista, fino, discreto, verosímil, que respeta las reglas y anhela la armonía y la perfección.

En su obra de reforma siguió de cerca *L'Art Poétique de Boileau y la Poética de Luzán*, que prescribían para el teatro las unidades de *lugar, tiempo y acción* y exigían, por tanto, en las comedias un solo interés, una sola acción, un solo enredo y un solo desenlace. No era ya soportable, decía Moratín, contemporizar con las libertades de Lope, ni con las marañas de Calderón, pero advertía también que los preceptos deben dirigir al talento no esterilizarlo ni oprimirlo.

Su primera obra *El Viejo y la niña*, escrita entre 1782 y 1783, contiene ya todas las características de su producción futura. Realizada con mínima peripecia argumental y con predominio de los diálogos sobre la acción, es una comedia de carácter que denuncia el casamiento desigual estipulado por los tutores sin el consentimiento de la mujer. El tema ya había sido tratado en numerosas ocasiones, pero Moratín lo desarrolla de forma nueva, sin escenas fantásticas, ni artificios espectaculares. El resto de su producción dramática lo constituyen otras cuatro comedias, de las cuales La mojigata, El Barón y El sí de las niñas sobre el mismo tema, mientras que *La comedia nueva o el café* es una sátira contra los dramaturgos tradicionales que se limitan a representar dramones seudo históricos de estilo recargado y violento.

Leandro Fernández de Moratín

El viejo y la niña o El casamiento desigual

Un carácter necesita unirse a otro que le apoye, le excite y ponga en movimiento, para que muestre toda la expresión que le es propia; ... y esta elección es acaso uno de los más difíciles requisitos de la dramática.

La obra se estrenó en el *Teatro Príncipe* de Madrid el 22 de Mayo de 1790 siete años después de haber sido escrita. Durante esos años Moratín limó y perfeccionó su obra, porque *no el interés, sino el deseo de adquirirse alguna reputación entre los hombres de buen gusto* le movió a escribirla. El público aplaudió mucho la obra y los críticos lo compararon con Terencio y con Moliere y lo consideraron honor de España y triunfo de la racionalidad y del buen gusto.

El argumento es el siguiente: Isabel, una joven de diecinueve años, está casada desde hace un mes con don Roque de Urrutia, setentón enfermizo, avaro y celoso. Una visita de negocios desencadena el drama. Don Juan, sobrino y heredero de don Álvaro y antiguo prometido de Isabel, llega a Cádiz para saldar las cuentas que su tío tenía con don Roque. Allí encuentra a Isabel, la cual le confiesa que ha sido víctima de un engaño, por lo que juntos se lamentan de la suerte adversa. Como el matrimonio entre ellos es imposible, Isabel decide retirarse a vivir en un convento, *si es vida la que me resta,* y doña Beatriz intercede por ella rogándole a su hermano Don Roque que se lo consienta: .. *y pues limpio queda / tu honor, déjala vivir en paz / en donde no te aborrezca.*

Ayuda para la comprensión del texto antológico:

- Ya, pero en ese intermedio: Sí, pero mientras tanto.
- Conque, ¿nada has hecho? : O sea que ¿no has hecho nada?
- Lerdo: Lento.
- Atarugado: Turbado.
- Una especie: Una idea.
- Bicoca: Chollo, ganga.
- Desazones: Disgustos.
- Patullar: Hablar.
- Me sisa: Me roba.
- Tacañuelo: Avaro.
- Que no quiero andar fisgando...: Que no quiero espiar...
- A perro viejo no hay tus tus: Conmigo no valen las mohínas.
- Camueso de mí: Tonto de mí.
- Las mandas: Las órdenes.

El viejo y la niña o El casamiento desigual

Acto segundo

Escena I

Personajes: Don Roque (R) y Muñoz (M)

Página 218

R. *Solos parece que estamos;*
entra, Muñoz.

M. *¿Y qué es ello?*

R. *Nada más que preguntarte*
del encargo que te he hecho,
y qué has podido observar.

M. *¿Qué encargo, lo del ungüento?*

R. *¡Hombre!, ¿al salir no te dije*
que los dos quedaban dentro?

M. *¿Qué dos?*

R. *Don Juan e Isabel;*
Y que vieras...

M. *Ya me acuerdo:*
yo no he visto nada.

R. *¿No?*
Conque ¿don Juan se fue presto?

M. *Un buen ratillo tardó.*

R. *Ya, pero en ese intermedio*
¿no se hablaron?

M. *¡Qué sé yo!*

R. *Pues ¿no te encargué que, luego*
que yo me fuese, estuvieras
escuchando muy atento,
si los dos ...?

M. *En el portal*
me he estado casi durmiendo.

R. *Conque ¿nada has hecho?*

M. *Nada.*

R. *¡Hombre, nada! Pues es cierto*
que se puede descuidar ...
¡Válgame Dios!

M. *Yo me entiendo.*

R. *¿Qué entendiduras, Muñoz,*
son esas, ni qué misterio
puede haber?

M. *Yo lo diré,*
yo lo diré claro y presto.
Que no quiero andar fisgando,
que no quiero llevar cuentos
entre marido y mujer:

Página 224

R. *¡Hombre, por amor de Dios!*

M. *Si digo que yo no puedo,*
no puedo, no hay que cansarse;
ya está dicho. A perro viejo
no hay tus tus.

R. *Mira, Muñoz,*
coge un cordel ...

M. *¿A qué efecto?*

R. *... y ahórcame.*

M. *No necesita*
ni cordeles ni venenos
quien se casa a los setenta
con muchacha de ojos negros.

R. *¡ Dale bola con la edad!*

M. *¡Dale con pedir consejo!*

R. *Tú mismo me aconsejaste,*
no ha mucho, sobre el suceso
de ayer noche, y me dijiste ...

M. *De lo dicho me arrepiento.*

R. *Mira, Muñoz,*
como soy cristiano,
que ya no puedo aguantarte.
¡Qué maldita condición!

M. *Pues yo ¿qué he hecho*
de malo? ¿Hice yo la boda?
¿Di yo mi consentimiento
para que viniera el huésped,
la hermana, ni el tacañuelo
de Ginés, ni la criada
que me sisa los almuerzos?
¿Yo he de pagarlo, sin ser
arte ni parte? ¿Qué es esto?

R. *Hombre, ven acá, ¿quién dice*
que tengas la culpa de ello?
Sólo digo que he sentido
que hayas andado tan lerdo
en hacer lo que te dije.
....

M. *Muy en la memoria tengo*
que no ha diez meses, decíais:
"Muñoz, ya éste es otro tiempo,
ya enviudé; ¡qué bien estoy
sin desazones ni enredos!".

B. *Diez meses ha, no hará más;*
no se me olvidan tan presto
las cosas. Ya estáis casado,
lleno de desasosiegos.
Lo pasado se olvidó;
y atarugado y suspenso
con lo presente: "Muñoz,
¿qué dices?, dame un consejo,
un arbitrio... ¿Para qué?
¿Para deshacer lo hecho?
No hay escape; ¿no os casasteis?
¡El que os ha metido en ello
que os saque!

R. *Yo no te digo,*
Muñoz, que busquemos medios
de descasarme, no tal.

M. *Conque no tal ¿eh? Me alegro.*
Conque el arbitrio mejor
de lograr algún sosiego,
que era separarse de ella ...

R. *¡Ay Muñoz, déjate de eso!*
¿Separarnos? No señor.
................lo que pretendo
es echar de casa a todos
esos huéspedes molestos.
Para conseguirlo, es fuerza
que me ayudes; esto quiero.
....

Pág. 232

Muñoz, por Dios te lo ruego.
Una especie ... por la calle
lo he venido discurriendo,
...

M. *¿Qué es la especie?*

R. *Una bicoca,*
que ha de surtir buen efecto.

M. *Y bien, decid la bicoca.*

R. *¿Cómo?*

M. *Que lo digáis presto.*

R. *No es más sino aparentar*
que los dos nos vamos luego.
Tú recogerás la capa,
y dentro de tu aposento
te has de esconder.
....

Satisfechas allá dentro
de que tú también te has ido,
vendrán aquí sin recelo
a patullar. Isabel
descubrirá sus secretos;
..... y de este modo sabemos
cuanto hay que saber ...
....

Pág. 236

M. .... *Está muy lindo el proyecto*
del escondite; una cosa
solamente echo de menos;
ya se ve, ¡no es esencial!

R. *¿Y qué cosa?*

M. *El agujero,*
el rincón, la gazapera
donde ha de estar encubierto
el centinela.

R. *Es verdad.*
Se me fue del pensamiento...
¡Debajo del canapé,
que es muy fácil!

M. *Ya lo veo.*

(Al decir esto se va Muñoz y vuelve después)

R. *¡Muñoz, Muñoz!¡Hombre, mira!*
¡Muñoz! ¡Pues estamos buenos!
Si no me cuesta la vida
este embrollo, soy eterno.
Muñoz, amigo Muñoz,
por Dios, mira.

M. *¿Qué hay de nuevo?*
¿Otro proyecto mejor?

R. *Que es preciso ...*

M. *Ya lo entiendo;*
es preciso,
....
Yo debo de ser un leño,
un zarandillo, un ...

R. *Muñoz,*
mira Muñoz: ya no quiero
nada de ti. Ya conozco
lo bien que pagas mi afecto.
¡Qué ley, qué ley! Yo creí
que tu aspereza y tu gesto
de vinagre era apariencia
nada más. Y yo, ¡camueso
de mí!, sin quererle echar
por más que me lo dijeron
sus amas... Pero, señor,
¡qué haya de olvidar tan presto...!
¡Qué ingratitud! Cuantas veces
se le ha ofrecido dinero,
sabe que se lo he prestado;
sabe que yo he sido empeño
para todos sus parientes;
sabe que en mi testamento
le dejo cuanto en conciencia
puedo darle.

M. *¿Y yo sé eso?*

R. *¿Pues no sabes las mandas*
que dejo aquí?

M. *No por cierto.*

R. *¡Toma! Un año de salario*
contado desde el momento
en que yo fallezca; mando

que si alguna cuenta tengo
contra ti, se dé por nula;
mando también ...

M. *Yo no debo*
nada a nadie.

R. *¡Hombre, pudiera*
suceder que en aquel tiempo
me lo debieras.

M. *Ya estoy.*

R. *Te mando un vestido nuevo,*
como lo quieras, y todos
los míos; también te dejo
la caja de plata... En suma,
ya lo he dicho: cuanto puedo
dejarte. ¡Y por una cosa tan
fácil como te ruego,
te enfureces como un tigre...!
En fin, se acabó; yo espero
que te ha de pesar bien pronto.
Vete, que yo no te esfuerzo.
¿No quieres hacerlo? ¡Vete!

M. *Yo no he dicho que no quiero.*

R. *Pues, ¿qué has dicho?*

M. *Qué sé yo.*

Los fonemas x, q, z han sido representados con la grafía actual:

- dixe: dije
- quantas: cuantas
- christiano: cristiano
- rezelo: recelo
- caxa: caja
- debaxo: debajo

Ejercicios

1. Contesta a las siguientes preguntas:

- ¿Cuándo y dónde nació Moratín?
- ¿Qué enfermedad tuvo de pequeño y qué le causó?
- ¿Qué ciudades europeas recorrió durante cinco años?
- ¿Cuándo iniciaron sus tribulaciones?
- ¿En que año y en qué ciudad murió y dónde está enterrado actualmente?
- ¿Para qué deben servir los preceptos según Moratín?
- ¿Cuál es el defecto más intolerable en el teatro?
- ¿Cuándo y dónde se estrenó su primera obra *El viejo y la niña*?
- ¿Con quién le compararon los críticos?
- ¿De qué se lamenta Don Roque con Muñoz?
- ¿Quién es don Juan y por qué está en casa de don Roque?
- ¿Qué idea se le ha ocurrido a don Roque para resolver su problema?
- ¿Cómo termina la obra y qué enseñanza se deduce de ella?

2. **Asocia cada adjetivo con su antónimo y cada sustantivo con su sinónimo:**

Adjetivos:	**Antónimos:**
feo	fuerte
pelón	tranquilo
colorado	alegre
débil	obediente
caprichoso	blanco
llorón	guapo
impaciente	peludo

Sustantivos:	**Sinónimos:**
certamen	puesto
accésit	premio
pensión	concurso
cargo	amarguras
tribulaciones	misivas
cartas	renta

3. **Formula las preguntas adecuadas a las respuestas:**

- **P.** ....
- **R.** Moratín es el mejor comediógrafo del siglo XVIII.
- **P.** ....
- **R.** A Moratín le gustaba mucho dar paseos, conversar con los amigos y comer bien.
- **P.** ....
- **R.** *Se han cumplido 12 años que salí* (de Madrid) *en un carro, a merced de quien tuvo compasión de mí.*

4. **Imagina las preguntas que le hacen a Moratín sobre la fuga de Madrid:**

Cuando los reformistas decretaron la expulsión de los franceses en 1812, Moratín tuvo que huir de Madrid, refugiándose primero en Valencia y después en Peñíscola, donde permaneció casi los once meses que duró el asedio. Vivió dos años en Barcelona, del 1814 al 1816, pero ya había determinado ir a Italia, por lo que en espera del permiso real, y con el pretexto de tomar los baños de Aix por motivos de salud, se fue a París con su amigo Melón. Cuando éste regresó a Madrid en 1818, él emprendió su viaje hacia Italia: vivirá en Bolonia hasta 1820. Regresó después a Barcelona, pero una epidemia que de repente se desató en esa ciudad determinó de nuevo su huida a Francia, donde permanecerá hasta el final de sus días, primero en Burdeos y después en París, donde murió.

Ejemplo:
- **P. ¿Cómo ha sido el viaje?**
- **R. Ha sido horrible.**

- **P.** ....
- **R.** A Valencia llegué ayer, pero hoy mismo salgo para Peñíscola.
- **P.** ....
- **R.** Espero estar lo menos posible.
- **P.** ....
- **R.** Pienso ir a Barcelona.
- **P.** ....
- **R.** No, para quedarme no, porque quiero ir a Italia.
- **P.** ....
- **R.** A Bolonia, porque me han dicho que allí se vive muy bien.

5. Sustituye los infinitivos con los presentes de Indicativo:

Si no se **excitar** .... la curiosidad del auditorio, si no **aumentar** ...., si no **esperar** ...., ni **temer** ...., ni **dudar** ...., luego **distraerse** .... **fastidiarse** .... y **dormirse** ....

6. Hipotiza las preguntas adecuadas a las respuestas:

Santos Díez González: *El 29 de Abril de 1790 he visto y examinado una Comedia intitulada El viejo y la niña, en tres actos. La materia es propiamente cómica, la forma es verosímil y muy regular, sin episodios inconexos y largos que quebranten su unidad; su objeto es corregir los casamientos desiguales, que se hacen por avaricia, por eso nos pinta un viejo avaro, celoso y extravagante valiéndose de unos colores tan propios que nos lo representa ridículo de manera que al final de la comedia ningún espectador querrá ser como este viejo. El estilo es el que requiere la comedia, desnudo de metáforas violentas, conceptillos y frases hinchadas, siendo familiar, culto y propio.*

- **P.** ....
- **R.** Es una obra cómica y verosímil.
- **P.** ....
- **R.** Corregir los casamientos que se hacen por avaricia.
- **P.** ....
- **R.** Es un viejo avaro y ridículo.
- **P.** ....
- **R.** Familiar y culto.

7. Elige la forma correcta:

Leandro Fernández de Moratín, nació **en / a** Madrid el 10 de marzo de 1760 y **fue / estuvo** bautizado en la iglesia **maldrileña / madrilena** de San Sebastián. A los diecinueve años participó **en / a** un certamen de la Academia **mereciendo / merecendo** el accésit y a los **veintidós / venti dos** ganó el segundo premio con la sátira *Lección poética.*

Obtuvo **una / un** conspicua pensión **para / por** recorrer Europa. **Durante / por** cinco años viajó **por / para** Francia, Inglaterra, Bélgica, Alemania, Suiza e Italia, viéndolo todo y juzgando con **humor / umor,** con ironía, con admiración o con desdén **cuanto / el que** veía.

A su regreso fue nombrado *Miembro de la Junta de Teatros.* Fue esa la época **mejor / mayor** de su vida, pero la *Guerra de la Independencia* (1808-1814) **dará / daré** un cambio brusco a su existencia.

A pesar de las desaventuras que sufrió, se preocupó siempre **por / en** mejorar la sociedad en la que lo tocó vivir, **contribuyendo / contribuendo** con su teatro a corregir los vicios y **errores / herrores** comunes de los hombres, conjugando utilidad y deleite.

Murió **en / a** París el 21 de junio de 128, **el / lo** mismo año que **el / su** amigo y compatriota Goya. **Desde / de** 1900 reposa en Madrid en el *Panteón de Hombres Ilustres.*

8. Verdadero o Falso

- La elección de los caracteres es un problema relativamente fácil de resolver cuando se escribe una comedia.
- Los preceptos deben de servir de ayuda y no de obstáculo.
- Moratín tardó más de doce años en perfeccionar su obra.

9. ¿Cuál es la forma gramatical correcta?

- A Moratín le movió a perfeccionar la obra no el interés **sino / si no** el deseo adquirir buena reputación.
- **Le / lo** compararon **a / con** Terencio y **le / lo** consideraron ejemplo **de / del** buen gusto.
- Don Juan encuentra **a Isabel / Isabel a / en** casa de Don Roque.
- Déjala vivir en paz **en donde / adonde** no te aborrezca, **le / lo** dice su hermana a don Roque.

10. Responde a las preguntas que le hace don Roque a su criado:

- *¡Muñoz! ¿qué has observado?*
- ....
- *¿Cuánto tiempo estuvieron juntos don Juan e Isabel?*
- ....
- *¿De qué hablaron?*
- ....
- *Entonces, ¿qué has estado haciendo?*
- ....

11. Asocia cada frase con su equivalente:

Don Roque: *¿Qué entendiduras son esas?*
Muñoz: *A perro viejo no hay tus tus.*
Don Roque: *Dale bola con la edad.*
Muñoz: *Dale con pedir consejo.*

- No me des la lata con la edad.
- No me pida consejo.

- No me venga con pamplinas.
- ¿Qué quieres decir?

12. Expresa con otras palabras los mismos conceptos:

Muñoz:
No necesita ni cordeles ni venenos quien se casa a los setenta con muchacha de ojos negros.

....

Don Roque:
Solo digo que he sentido que hayas andado tan lerdo en hacer lo que te dije.

....

Muñoz:
Muy en la memoria tengo que no ha diez meses, decíais: "Muñoz, ya éste es otro tiempo, ya enviudé; ¡qué bien estoy sin desazones ni enredos!".

....

13. Atribuye cada adjetivo al personaje que le corresponde:

Muñoz	Atarugado
Don Roque	Tacañuelo
Ginés	Lerdo
Isabel	Intercesora
Doña Beatriz	Prometido
Don Juan	Joven

14. Asocia cada palabra con su significado:

Embrollo	Preocupaciones
Atarugado	Hablar
Desazones	Problemas
Enredos	Preocupado
Arbitrio	Idea
Sosiego	Solución
Especie	Tranquilidad
Patullar	Sofá
Canapé	Ganga
Bicoca	Lío

15. Elige la forma correcta:

Don Roque: *Muñoz, una especie ...* ***por / para*** *la calle lo he venido discurriendo.*
Muñoz: *¿Qué es la especie?*
Don Roque: *Una bicoca, que* ***ha de surtir / tiene de surtir*** *buen efecto.*
Don Roque: *No es* ***sino / si no*** *aparentar que los dos nos vamos* ***luego / después.***

Muñoz: .... *Está* ***muy / mucho*** *lindo el proyecto del escondite; una cosa solamente* ***echo / hecho*** *de menos; ya se ve,* **¡no es / esencial.**
Don Roque: *¿Y qué cosa?*
Muñoz: *El agujero, el rincón, la gazapera donde* ***ha de estar / ser*** *encubierto el centinela.*
Don Roque: *Es verdad.* ***Se me fue / me se fue*** *del pensamiento.*
Debajo del canapé, que ***es / está*** *muy fácil.*

16. Sintetiza en una frase los siguientes versos:

Mira Muñoz: ya no quiero
nada de ti. Ya conozco
lo bien que pagas mi afecto.
¡Qué ley, qué ley! Y creí
que tu aspereza y tu gesto
de vinagre era apariencia
nada más. Y yo, ¡camueso
de mí!, sin quererle echar
por más que me lo dijeron
sus amas... Pero, señor,
¡qué haya de olvidar tan presto...!
¡Qué ingratitud! Cuantas veces
se le ha ofrecido dinero,
sabe que se lo he prestado;
sabe que yo he sido empeño
para todos sus parientes;
sabe que en mi testamento
le dejo cuanto en conciencia
puedo darle.

- **Don Roque dice que ....**

Bibliografía

- **Leandro Fernández de Moratín,** *Il vecchio e la giovane,* a cura di Belén Tejerina, Liguori, Napoli, 1996
- **Leandro Fernández de Moratín,** *La comedia nueva y El sí de las niñas,* edición de J. Dowling y R. Andioc, Clásicos Castalia, Madrid, 1968.
- **Leandro Fernández de Moratín,** *El sí de las niñas,* edición de José Montero Padilla, Cátedra, Madrid, 1994.
- **J. L. Alborg,** *Historia de la Literatura Española,* Vol. III, págs. 405 - 431
- **Mario Di Pinto,** *La Letteratura Spagnola.* Dal Settecento ad oggi, Parte prima, Sansoni / Accademia, 1974.

José Zorrilla

Venid a mí,
yo canto los amores,
yo soy el trovador de los festines;
yo ciño el arpa con vistosas flores.

Nada teme y sólo fía
en su espada y su valor.
Jose Espronceda

Delacroix. La muerte de Asurbanipal

Fríamente decidido a buscar
los medios de expresar la pasión
de la manera más visible. (Baudelaire)

José Zorrilla

Venid a mí; yo canto los amores;
yo soy el trovador de los festines;
yo ciño el arpa con vistosas flores,
guirnalda que recojo en mil jardines.

José Zorrilla y Moral, *el romántico cantor de las glorias nacionales,* nació en Valladolid el 21 de febrero de 1817. Vivió su infancia en Burgos, Sevilla y Madrid ciudades en las que su padre, el magistrado José Zorrilla Caballero, desempeñó diversos cargos.

Estudió en Madrid en el Real Seminario de los Jesuitas, donde organizaba con frecuencia veladas teatrales y hacía de *galán* en las comedias antiguas refundidas *a lo divino.* En el 1833 se matriculó en la Facultad de Derecho, pero su verdadera vocación, obstaculizada siempre por la familia, era el teatro. Por esa razón decidió escaparse de casa e ir a Madrid, meta de su aspiraciones, donde vivió algunos años entre aventuras y sobresaltos. El 14 de febrero de 1837 tuvo lugar un acontecimiento que inauguró una nueva etapa en su vida: en el cementerio de Fuencarral, ante la tumba de Mariano José de Larra[1] se dio a conocer como poeta, leyendo unos versos suyos en honor del crítico romántico muerto suicida. *El silencio era absoluto; el público, el más a propósito y el mejor preparado; la escena solemne y la ocasión sin par,* comentó el proprio Zorrilla. El periodista José Valverde escribiría en *El Imparcial:* España al perder al más grande de los *críticos, encontró al más popular de los poetas.* A partir de ese momento inició su fama y su gloria como poeta y como dramaturgo.

En 1848, cuando ya había publicado lo mejor de su producción y en la cumbre de su popularidad, fue elegido miembro de la *Real Academia Española,* pero dejó caducar el plazo sin presentarse porque atravesaba entonces una profunda crisis.

Entre 1850 y 1854 viajó por París, Bruselas y Londres y después se fue a México, donde vivió varios años bajo la protección del emperador Maximiliano que lo nombró cronista del Reino y le encargó la dirección del Teatro Nacional y del Teatro de Palacio.

En 1885, propuesto nuevamente como Académico, aceptó el nombramiento, revistiendo el acto gran solemnidad al ser presidido por el mismísimo rey Alfonso XII; pero la apoteosis de sus triunfos fue la coronación como *príncipe de los poetas nacionales* en Granada en 1889, ante la alegría y la admiración de más de 15.000 personas.

El 23 de enero de 1893 murió en Madrid, siendo declarado luto nacional y tres años más tarde, el Ayuntamiento de Valladolid trasladó los restos a su ciudad natal, cumpliendo así la voluntad del poeta.

---

1. Mariano José de Larra (Madrid, 1809-1837): Escritor romántico y periodista satírico.

Obra dramática

Delacroix, La muerte de Asurbanipal[2]

La obra dramática de Zorrilla representa la cima del teatro romántico español. Es un teatro sentimental, patriótico, providencial, lleno de acción y de misterio, en el que predomina la libertad creadora sobre las normas y el sentimiento sobre la razón.

Zorrilla recuperó la fórmula teatral creada por Lope de Vega en *El arte nuevo de hacer comedias* abandonando las reglas de la tres unidades *-de lugar, tiempo y acción-* impuestas por los seguidores de Moratín. Al igual que Lope, se inspiró para sus dramas en la historia y en la leyenda españolas, interpretadas libremente con un profundo conocimiento de la técnica teatral, sin preocuparse mínimamente de la verosimilitud de las situaciones, ni de la coherencia de los personajes, fiel solo a los ideales de patria y religión, ideales que le convirtieron en el poeta más popular de su tiempo.

Los protagonistas de sus dramas son con frecuencia *el rebelde, el pirata, el verdugo, el conspirador, el libertino,* personajes de escasa complejidad psicológica pero ennoblecidos y convertidos con habilidad dramática en ejemplos de sabiduría popular.

Así, por ejemplo, la figura de *Gabriel Espinosa,* el pastelero que se hace pasar por el desaparecido Rey de Portugal en el drama *Traidor inconfeso y mártir* (1849), recuerda en dignidad y grandeza a la figura de *Pedro Crespo* de *El alcalde de Zalamela* de Calderón de la Barca. Además de esa obra, considerada por el propio autor como la mejor de su producción dramática, destacan *Margarita la tornera, A buen juez mejor testigo* y *El capitán Montoya,* leyendas de origen e inspiración popular y embriones del *Don Juan,* y los dramas *El zapatero y el rey* y *Don Juan Tenorio.*

Alma fiera e insolente,
irreligioso y valiente,
altivo y provocador.
Nada teme y solo fía
en su espada y su valor.
(José de Espronceda (1808-1842).

2. Asurbanipal rey legendario de Asiria. Sitiado en Nínive por los medos, pereció con sus mujeres y tesoros en una gran hoguera que mandó encender él mismo. (Diccionario Enciclopédico Vox 1. 2009 Larousse Editorial, S L)

Don Juan Tenorio

El *Don Juan Tenorio* es un drama religioso-fantástico escrito a los 27 años en solo 21 días, inspirándose en *El Burlador de Sevilla*[3]. La diferencia fundamental entre el *Don Juan* y *El Burlador* radica en la salvación del libertino *don Juan* por intercesión de *doña Inés,* ángel de amor que hace posible el milagro. El providencialismo de Zorrilla se sintetiza en los famosos versos pronunciados por don Juan en las dos últimas escenas: *"un punto de contrición da al hombre la salvación"* y *"quede aquí / al universo notorio / que, pues me abre el purgatorio / un punto en penitencia, / es el Dios de la clemencia / el Dios de Don Juan Tenorio".*

La obra está dividida en dos partes: la primera es una *comedia de capa y espada* llena de acción y de violencia que comprende cuatro actos, cuyos títulos efectistas son *Libertinaje y escándalo, Destreza, Profanación y El diablo a las puertas del cielo.* La segunda parte es un drama religioso de ritmo lento y meditabundo, en armonía con los conflictos interiores del héroe, compuesto por tres actos: *La sombra de doña Inés, La estatua de don Gonzalo y Misericordia de Dios y apoteosis del Amor.*

El mayor reproche que se le hace al Don Juan es la falta de unidad: los cuatro primeros actos trascurren en una noche y los tres restantes, cuatro años después, en otra. Pero, a pesar de todo, las réplicas ininterrumpidas hasta nuestros días confirman su popularidad y su perenne actualidad.

Ayuda para la comprensión del texto antológico:

- Hidalgo: Etimológicamente hijo de algo, es decir persona importante.
- Esotra: Forma arcaica: esa otra
- Haré notorio: Haré saber.
- Luego sois... : Por lo tanto sois.
- Pues no hagamos más el coco: Entonces no hagamos más el tonto.
- A antojo tal...: A tal capricho.
- Estamos listos: Estamos preparados.
- Como quien somos cumplimos: Mantenemos nuestra palabra de honor.
- Y siendo contradictorio al vuestro mi parecer: Y siendo mi opinión contraria a la vuestra.
- Quién de ambos: Quien de los dos.
- Juntándonos aquí hoy a probarlo: Encontrándonos aquí hoy para demostrarlo.

3. ***El Burlador de Sevilla* (1630):** Obra de Tirso de Molina (1581-1648), dramaturgo, creador del personaje de don Juan.

PARTE PRIMERA

Acto Primero

Escena XII

La acción transcurre en Sevilla, durante el carnaval, en torno a 1545, cuando reinaba en España el emperador Carlos V.

Versos 381

Don Juan. *Esa silla está comprada, hidalgo.*

Don Luis. *Lo mismo digo, hidalgo;*
para un amigo
tengo yo es otra pagada.*

Don Juan. *Que ésta es mía haré notorio.*

Don Luis. *Y yo también que ésta es mía.*

Don Juan. *Luego, sois don Luis Mejía.*

Don Luis. *Seréis, pues, don Juan Tenorio.*

Don Juan. *Puede ser.*

Don Luis. *Vos lo decís.*

Don Juan. *¿No os fiais?*

Don Luis. *No.*

Don Juan. *Yo tampoco.*

Don Luis. *Pues no hagamos más el coco.*

Don Juan. *(Quitándose la máscara) Yo soy don Juan.*

Don Luis. *Yo don Luis.*

Versos 395

Avellaneda. *Sabíamos vuestra apuesta,*
y hemos acudido a veros.

Don Luis. *Don Juan y yo, tal bondad*
en mucho os agradecemos.

Don Juan. *El tiempo no malgastemos,*

Don Luis. *(A los otros.) Sillas arrimad.*
(A los que están lejos.)
Caballeros, yo supongo
que a ustedes también aquí
les trae la apuesta, y por mí
a antojo tal no me opongo.

(Se sientan todos alrededor de la mesa en que están Don Luis Mejía y Don Juan Tenorio.)

Versos 416

Don Juan. *¿Estamos listos?*

Don Luis. *Estamos*

Don Juan. *Como quien somos cumplimos.*

Don Luis. *Veamos, pues, lo que hicimos.*

Don Luis. *Veamos, pues, lo que hicimos.*

Don Juan. *Bebamos antes.*

Don Luis. *Bebamos.*

Don Juan. *La apuesta fue...*

Don Luis. *Porque un día dije*
que en España entera
no habría nadie que hiciera
lo que hiciera Luis Mejía.

Don Juan. *Y siendo contradictorio*
al vuestro mi parecer,
yo os dije: Nadie ha de hacer
lo que hará don Juan Tenorio.
¿No es así?

Don Luis. *Sin duda alguna:*
y vinimos a apostar
quien de ambos sabría obrar
peor, con mejor fortuna,
en el termino de un año;
juntándonos aquí hoy
a probarlo

Don Juan. *Y aquí estoy.*

Don Luis. *Y yo.*

CENTELLAS ¡Empeño bien extraño,
por vida mía!

Don Juan. *Hablad, pues. Don Luis*

Don Luis. *No, vos debéis empezar.*

Don Juan. *Como gustéis, igual es,*
que nunca me hago esperar.
Pues, señor, yo desde aquí,
buscando mayor espacio
para mis hazañas, di
sobre Italia, porque allí
tiene el placer un palacio.
De la guerra y del amor
antigua y clásica tierra,
.....
díjeme: «¿Dónde mejor?
Donde hay soldados hay juego,
hay pendencias y amoríos.»
Di, pues, sobre Italia luego,
buscando a sangre y a fuego
amores y desafíos.
En Roma, a mi apuesta fiel,
fijé, entre hostil y amatorio,
en mi puerta este cartel:
«Aquí está don Juan Tenorio
para quien quiera algo de él.»

Versos 501

Por donde quiera que fui,
la razón atropellé,
la virtud escarnecí
a la justicia burlé,
y a las mujeres vendí,

Yo a las cabañas bajé,
yo a los palacios subí,
yo los claustros escalé,
y en todas partes dejé
memoria amarga de mí.

Versos 522

y escrito en este papel
está cuanto consiguió:
y lo que él aquí escribió,
mantenido está por él.

Don Luis. *Leed, pues.*

Don Juan. *No; oigamos antes*
vuestros bizarros extremos,
y si traéis terminantes
vuestras notas comprobantes,
lo escrito cotejaremos.

Versos 535

Don Luis. *Allá va.*
Buscando yo, como vos,
a mi aliento empresas grandes,
dije: «¿Dó iré, ¡vive Dios!,
de amor y lides en pos,
que vaya mejor que a Flandes?

Allí, puesto que empeñadas
guerras hay, a mis deseos
habrá al par centuplicadas
ocasiones extremadas
de riñas y galanteos.»

Versos 591

Salté a Francia. ¡Buen país!,
y como en Nápoles vos,
puse un cartel en París
diciendo: «Aquí hay un don Luis
que vale lo menos dos.

Parará aquí algunos meses,
y no trae más intereses
ni se aviene a más empresas,
que a adorar a las francesas y a reñir
con los franceses.»

Esto escribí;
y en medio año que mí presencia gozó
París, no hubo lance extraño,
ni hubo escándalo ni daño
donde no me hallara yo.

Mas, como don Juan, mi historia
también a alargar renuncio;
me basta para mi gloria
la magnífica memoria
que allí dejé con mi anuncio.

Y cual vos, por donde fui
la razón atropellé,
la virtud escarnecí,
a la justicia burlé,
y a las mujeres vendí.

Versos 631

Don Juan. *La historia es tan semejante*
que está en el fiel la balanza,
mas vamos a lo importante,
que es el guarismo a que alcanza
el papel: conque adelante.

Don Luis. *Razón tenéis, en verdad.*

Versos 647

Don Juan. *Contad*

Don Luis. *Contad*

Don Luis. *Pues perdéis*

Don Luis. *Solo una os falta en justicia.*

Versos 667

Don Juan. *¿Me la podéis señalar?*

Don Luis. *Sí, por cierto: una novicia*
que esté para profesar.

Don Juan. *¡Bah! Pues yo os complaceré*
doblemente, porque os digo
que a la novicia uniré
la dama de algún amigo
que para casarse esté.

Versos 681

Don Luis. *¡Por Dios, que sois hombre extraño!*
¿cuantos días empleáis
en cada mujer que amáis?

Versos 686

Don Juan. *Uno para enamorarlas,*
otro para conseguirlas,
otro para abandonarlas,
dos para sustituirlas
y una hora para olvidarlas.

Versos 704

Don Gonzalo. *¡Insensatos! ¡Vive Dios*
que a no temblarme las manos
a palos, como a villanos,
os diera muerte a los dos!

Fragmentos del Don Juan Tenorio de José Zorrilla, Ediciones Cátedra, 1995, *págs. 96-107.*

Ejercicios

1. Contesta a las siguientes preguntas:

- ¿Con qué apelativo se le conoce a José Zorrilla?
- ¿Por qué se escapó de casa y adónde fue?
- ¿Cuándo se dio a conocer cómo poeta?

- ¿En qué ciudades europeas vivió durante los años 1850-1854?
- ¿Qué nombramiento le concedió el emperador Maximiliano cuando fue a Méjico?
- ¿Qué reconocimientos oficiales ha recibido en España?
- ¿Quién presidió su nombramiento de Académico de la RAE?
- ¿Cuál es la diferencia fundamental entre el Don Juan Tenorio de José Zorrilla y El Burlador de Sevilla de Tirso de Molina?
- ¿Qué diferencia existe entre la dos partes en que está dividida la obra el Don Juan?
- ¿Cuáles son sus principales fuentes de inspiración?
- ¿Quiénes son generalmente los protagonistas de sus obras?
- ¿Qué lenguaje utiliza para sus versos?
- ¿Qué ideales encarna su teatro?
- ¿Dónde transcurre la acción del Don Juan Tenorio y durante qué época del año?
- ¿Cuál fue la apuesta que se hicieron don Juan y don Luis?
- ¿Por qué eligió Italia para sus hazañas Don Juan?
- ¿A dónde se dirigió don Luis y cuáles eran sus intenciones?
- ¿Qué le faltaba a don Juan para ganar la apuesta?

2. Asocia cada palabra con su sinónimo y construye una breve frase con cada una:

Infancia	Seductor
Cargos	Suceso
Galán	Única
Acontecimiento	Cima
Sin par	Aclamación
Cumbre	Funciones
Alegría	Niñez

3. Transforma los Pretéritos indefinidos en Presentes de Indicativo y añade un complemento: Ejemplo: Estudia Derecho en Madrid.

- estudió
- vivió
- viajó
- aceptó
- murió

4. Formula las preguntas adecuadas a las respuestas:

- **P.** ....
- **R.** Porque en Valladolid no me permitían dedicarme al teatro.
- **P.** ....
- **R.** En Madrid viví entre aventuras y sobresaltos.
- **P.** ....
- **R.** Porque atravesaba entonces una profunda crisis.
- **P.** ....
- **R.** La coronación como príncipe de los poetas nacionales en Granada.

5. Sustituye las expresiones en cursiva con otras equivalentes:

Yo soy un *hombrecillo macilento,*
de talla escasa, y tan estrecho y magro
que *corto, andando, como naipe el viento,*
y protegido suyo me consagro;
pues *son de delgadez y sutileza*
ambas a dos, mis piernas, un milagro.
Sobre ellas van mi cuerpo y mi cabeza
como el diamante al aire; *y abundosa,*
pelos me prodigó Naturaleza.
(Los Gigantes: José Zorrilla, n° 16, Madrid)

6. Completa:

- José Zorrilla nació ... Valladolid el 21 .... febrero .... 1817.
- Estudió .... el Real Seminario de los Jesuitas.
- Organizaba .... frecuencia veladas teatrales.
- El emperador Maximiliano .... nombró cronista del Reino y .... encargó la dirección del Teatro Nacional y del Teatro de Palacio.
- Murió .... Madrid y tres años más tarde fue llevado .... Valladolid.
- Escribió el *Don Juan Tenorio* .... *los veintisiete* años.

7. Asocia cada vocablo con su correspondiente significado:

1. Luego	a) obligación
2. Bondad	b) capricho
3. Listos	c) riñas
4. Empeño	d) aventuras
5. Hazañas	e) amabilidad
6. Pendencias	f) preparados
7. Antojo	g) por lo tanto

8. Transforma los infinitivos en pretéritos indefinidos:

Por donde quiera que **(ir),**
la razón **(atropellar)**
la virtud **(escarnecer)**
a la justicia **(burlar),**
y a las mujeres **(vender),**
Yo a las cabañas **(bajar),**
yo a los palacios **(subir),**
yo los claustros **(escalar),**
y en todas partes **(dejar)**
memoria amarga de mí.

9. **Elige la preposición correcta:**

- Fui **a / en** Francia
- Puse un cartel **a / por / en** París
- Falta solo una **de / en / por** justicia
- Añadiré una dama que esté **para / por / a** casarse.

10. **Sustituye las expresiones en cursiva con otras equivalentes:**

¿*Dó* iré, ¡vive Dios!, de amor y *lides en pos,* que vaya mejor que a Flandes?
Y *cual vos,* por donde fui la razón atropellé...

La historia es tan semejante que está *en el fiel* la balanza, *mas* vamos a lo importante que es el guarismo a que alcanza el papel: *conque*[4] adelante.

11. **Simplifica el texto utilizando el lenguaje común:**

Zorrilla alcanzó una de las cosas que, según don Quijote, más debe de dar contento a un hombre virtuoso y eminente, o sea la de verse, viviendo, andar con buen nombre por las lenguas de las gentes impreso y en estampa, pues así andaba a pesar de las envidias y tristezas que le afligían.

12. **Compara los juicios y haz un resumen de las virtudes y los defectos del Don Juan:**

- **José Zorrilla:** *El don Juan está lleno de truculencias y de efectismos. En la primera parte su autor abusa constantemente de las situaciones y recursos de las comedias de "capa y espada". La segunda tiene un acusado carácter necrófilo y fantasmagórico... La calidad de los versos es pobre y en ellos todo se sacrifica a la rima cayendo muchas veces en el ripio... A pesar de todo la obra tiene dinamismo en la acción y dramatismo en algunas escenas.*
  (Juicio del propio autor a los sesenta y cuatro años después de haber visto representada su obra ochenta veces. *Recuerdos, I, 148).*

- **Aniano Peña:** El "Don Juan Tenorio" *es un ejemplo de drama efectista realizado con una versificación llena de encabalgamientos, repeticiones y ripios; todo al servicio de un ritmo enfático y rebuscado.*

- **Ramiro de Maeztu:** *La figura del don Juan es más popular que literaria; quien la hizo realmente fue el pueblo, al reconocer en ella la fusión de dos viejas leyendas, la del Burlador y la del Convidado de piedra. Pero el Don Juan de Zorrilla es más humano, más completo y más satisfactorio que el de Tirso de Molina.*

- **Gregorio Marañón:** *Don Juan nació literariamente en España, porque en ningún*

---

4. **Conque:** Conjunción consecutiva átona, equivalente a *"por consiguiente", " así que".*

Con qué: Forma paralela a *por qué.* Ejemplo: ¿Con qué has hecho esto?

Con que: Forma paralela a *por que.* Ejemplo: Este es el bolígrafo *con que / con el que / con el cual* escribo.

otro país de Europa hubiera podido ser un héroe. En la sociedad intelectual y corrompida de la corte de Felipe IV e Isabel de Borbón el don Juan brotó con la naturalidad de una flor y alcanzó prodigioso relieve.

Ejemplo:

- A pesar de sus defectos el *Don Juan* es una obra que tiene dinamismo en la acción y dramatismo en algunas escenas. (Zorrilla).

Bibliografía

- **José Zorrilla,** *Don Juan Tenorio,* Edición de Aniano Peña, Cátedra, Letras Hispánicas, 1995
- **Américo Castro,** *Don Juan en la literatura española,* en *Cinco ensayos sobre Don Juan,* Santiago de Chile: Nueva Época, 1937, 5-28
- **Salvador de Madariaga,** *Don Juan y la donjuanía,* Buenos Aires, 1950
- **Ramiro de Maeztu,** *Don Quijote, Don Juan y la Celestina,* Buenos Aires, 1950
- **Marina Mayoral,** *El concepto de la feminidad en Zorrilla,* Fundación Jorge Guillén, 1995, 125-140

Jacinto Benavente

En mis obras tal vez abusé del sermoneo educativo;
al reflexionar sobre ellas pasado el tiempo, lo deploro.
Mis obras no han ganado mucho con ello
y la educación de mis contemporáneos tampoco.

El título sintetiza el tema central de la obra,
la cual refleja los defectos de los seres humanos
movidos por *los intereses, las pasioncillas,*
los engaños y todas las miserias de su condición.

Raoul Dudy, La recepción oficial, 1942, París.

¡Antes me desprendiera yo de la piel
que de un buen vestido!
Que nada importa tanto como parecer ,
según va el mundo,
y el vestido es lo que antes parece.

Jacinto Benavente

Palacio de la Ilusión. Yo no desearía otro nombre para un teatro en donde todo fuera evasión de la realidad; en donde el espectador, al entrar, como su abrigo en el guardarropa, dejara a la puerta su yo cotidiano para olvidarse de su vida, de sí mismo.
Jacinto Benavente,
Plan de estudios para una escuela de arte escénico.

Jacinto Benavente, el irónico censor de la burguesía madrileña, nació en Madrid el 12 de agosto de 1866 en el seno de una familia burgués[1] culta y aficionada al teatro. Cuenta Benavente en sus memorias como *ya desde niño sus juegos se orientaban hacia la actividad teatral,* aunque nunca había pensado ser autor sino actor, para *vivir muchas vidas y perderse en ellas.* Hizo el bachillerato en el Instituto de San Isidro y después se matriculó en la facultad de Derecho, pero a la muerte de su padre abandonó la Universidad para dedicarse a la literatura y a la vida bohemia.

Espíritu inquieto e independiente, viajó por España y por Europa ampliando su conocimiento del mundo y de las lenguas y a su regreso colaboró en el periódico *El Imparcial* y dirigió la revista *Vida Literaria.* Era conocido en las tertulias[2] por su ingenio y su mordacidad. Él mismo describe así su carácter: *...dentro de mí, tenaz, se agita un diablillo burlón, procaz, impío, que destroza las almas donde habita. Para él, todo ideal es desvarío ...* Físicamente lo pinta Ricardo Baroja como *un caballero pequeño de estatura, de perilla y bigote mefistofélicos, calva incipiente, muy refitolero*[3] en el decir y en sus ademanes.

---

1. Burgués: Adjetivo masculino y femenino, perteneciente a la burguesía.

2. Tertulia: Reunión de amigos con carácter periódico, generalmente en un café, para conversar sobre los más variados temas. Fue famosa la *tertulia del café Pombo* inmortalizada en el cuadro de José G. Solana.

La tertulia del Café Pombo, Solana

3. Refitolero: *Entrometido, amanerado.*

Desde 1894 año de la representación de su primera comedia *El nido ajeno* hasta 1954, año de su muerte, Benavente estrenó casi doscientas comedias, documento precioso de una época, que le valieron el nombramiento de *Académico de la Lengua* en 1912, el *Premio Nóbel* de Literatura en 1922 y numerosos homenajes, además de la prestigiosa condecoración de la *Gran Cruz de Alfonso el Sabio.*

Obra dramática

En las obras dramáticas, como en la Creación, el principio es el verbo, esto es, la palabra. Benavente.

Jacinto Benavente rompió con los convencionalismos del teatro decimonónico, grandilocuente, efectista y anacrónico, convirtiéndose en el maestro indiscutible del drama realista burgués, comedido e ingenioso, en el que predomina la palabra sobre la acción. Su teatro, ambientado generalmente en interiores lujosos - salones, gabinetes, estaciones invernales - encarna *las preocupaciones, los anhelos y las desazones* de la clase acomodada a la cual describe, critica, elogia o ironiza en sus obras.

Son innumerables los temas y géneros que trató. Escribió comedias fantásticas, simbólicas, de costumbres, satíricas, de humor, psicológicas, patrióticas, y todas ellas bien construidas, porque don Jacinto conocía como nadie los *trucos, las martingalas y los tranquillos* del arte escénico.

Benavente no pretendió ser un reformista, pero tampoco renunció a educar con sus obras. Las comedias de su primera época están cerca de la mentalidad noventayochista y en ellas denuncia la moral burgués. En *La comida de las fieras* (1898), por ejemplo, dirá por boca de Teófilo: *...en esta sociedad vieja la posición es todo, el hombre nada.* Pertenecen al mismo período *Gente conocida* (1896), *Lo cursi* (1901), *La noche del sábado* (1903), *Señora ama* (1908), *La malquerida* (1913) y su obra cumbre *Los intereses creados* (1907), la cual sintetiza la visión pesimista y escéptica del autor.

Pero la función innovadora del teatro de su primera época con el tiempo se fue anquilosando y en los años veinte, cuando Valle-Inclán inaugura el esperpento con *Luces de Bohemia* y el joven Federico García Lorca estrena el drama simbólico *El maleficio de la mariposa,* Benavente continúa anclado al naturalismo escénico, al margen de todos los vanguardismos que se suceden en Europa. Muchas de sus obras quedan reducidas a elegantes conversaciones de salón, *sin acción y sin pasión,* donde luce el ingenio del autor dispuesto a sorprender con la frase sagaz o con el comentario malicioso. Ese afán de sorprender y divertir se revela, por tanto, no sólo como una característica importante de su dramaturgia, sino también como su límite.

Los intereses creados

Mundo es éste de toma y daca[4], lonja de contratación, casa de cambio, y antes de pedir, ha de ofrecerse.
Los intereses creados.

Los intereses creados, comedia de polichinelas[5] en dos actos, tres cuadros y un prólogo, es *una farsa guiñolesca, de asunto disparatado, sin realidad alguna,* ambientada en el siglo XVII. Fue estrenada con gran éxito en el teatro Lara de Madrid el 9 de diciembre de 1907 y fue llevada al cine en 1918. En la actualidad continúa suscitando la admiración y el aplauso del público.

La obra recuerda la *commedia dell'arte italiana* y la comedia española del *Siglo de Oro.* Benavente dice en el Prólogo por boca de Crispín: *... son las mismas grotescas máscaras de aquella Comedia del Arte italiana, no tan regocijadas como solían, porque han meditado mucho en tanto tiempo.*

El título sintetiza el tema central de la obra, la cual refleja los defectos de los seres humanos movidos por *los intereses, las pasioncillas, los engaños y todas las miserias de su condición. Los intereses creados* cuenta la historia de dos pícaros *Leandro y Crispín,* los cuales, haciéndose pasar por amo y criado respectivamente, en una ciudad donde nadie los conoce, consiguen resolver sus problemas gracias a la astucia. Sus únicos bienes son unos vestidos elegantes con los cuales Leandro pasa por ser un gran señor acompañado de su criado. Ello facilita el encuentro con Silvia, la hija del rico Polichinela. El amor entre *Leandro y Silvia,* nacido del engaño, encauza una acción en la que Crispín con una habilísima argumentación le convence a Polichinela para que consienta que se celebre el matrimonio. Prácticamente la obra termina con el siguiente parlamento de Crispín: *¿Qué os dije señor? Que entre todos habían de salvarnos... Creedlo. Para salir adelante con todo, mejor que crear afectos es crear intereses.*

Ayuda para la comprensión del texto antológico:

- Harto es haber llegado: Bastante tenemos con haber llegado.
- Correr tierras: Ir de un sitio para otro.
- Reino de la Picardía: Reino de la astucia.
- No hacer asiento en parte alguna: No pararse en ningún lugar.
- Ya que sobre esta ciudad caímos: Ya que hemos llegado a esta ciudad.
- ¡Mal pertrechado ejército venimos!: Llegamos mal armados.
- Le eleve hasta su privanza: Lo eleve a su nivel.
- ¿Qué me queréis? ¿Qué queréis de mí?
- Tú eras ya todo un hombre...: Tú ya eras mayor.
- Un hombre de fortuna: Un embustero.

---

4. Daca: Expresión familiar formada por el imperativo del verbo *dar* y el adverbio *acá,* es decir *da acá.*

5. Polichinelas: Nombre genérico que da el autor a sus personajes, porque *Polichinela* es una de las máscaras más conocidas de la *"commedia dell'arte italiana".*

Los intereses creados

Cuadro Primero

Escena I

Plaza de una ciudad. A la derecha, en primer término, fachada de una hostería con puerta practicable y en ella un aldabón. Encima de la puerta un letrero que diga: "Hostería".

Leandro (L.) y Crispín (C.)

L. *Gran ciudad ha de ser esta, Crispín; en todo se advierte su señorío y riqueza.*

C. *Dos ciudades hay. ¡Quiera el Cielo que en la mejor hayamos dado!*

L. *¿Dos ciudades dices, Crispín? Ya entiendo, antigua y nueva, una de cada parte del río.*

C. *¿Qué importa el río, ni la vejez, ni la novedad? Digo dos ciudades como en toda ciudad del mundo: una para el que llega con dinero, y otra para el que llega como nosotros.*

L. *¡Harto es haber llegado sin tropezar con la Justicia! Y bien quisiera detenerme aquí algún tiempo, que ya me cansa tanto correr tierras.*

C. *A mí no, que es condición de los naturales, como yo, del libre reino de Picardía, no hacer asiento en parte alguna, si no es forzado y en galeras, que es duro asiento. Pero ya que sobre esta ciudad caímos y es plaza fuerte a lo que se descubre, tracemos como prudentes capitanes nuestro plan de batalla si hemos de conquistarla con provecho.*

L. *¡Mal pertrechado ejército venimos!*

C. *Hombres somos, y con hombres hemos de vernos.*

L. *Por todo caudal, nuestra persona. No quisiste que nos desprendiéramos de estos vestidos, que, malvendiéndolos, hubiéramos podido juntar algún dinero.*

C. *¡Antes me desprendiera yo de la piel que de un buen vestido! Que nada importa tanto como parecer, según va el mundo, y el vestido es lo que antes parece.*

L. *¿Qué hemos de hacer, Crispín? Que el hambre y el cansancio me tienen abatido, y mal discurro.*

C. *Aquí no hay sino valerse del ingenio y de la desvergüenza, que sin ella nada vale el ingenio. Lo que he pensado es que tu has de hablar poco y desabrido, para darte aires de persona de calidad; de vez en cuando te permito que descargues algún golpe sobre mis costillas; a cuantos te pregunten, responde misterioso; y cuando hables por tu cuenta, sea con gravedad; como si sentenciaras: Eres joven, de buena presencia; hasta ahora sólo supiste malgastar tus cualidades; ya es hora de aprovecharse de ellas.*

Y ahora llamemos a la hostería, que lo primero es acampar a vista de la plaza.

***L.** ¿A la hostería dices? ¿Y cómo pagaremos?*

***C.** Si por tan poco te acobardas, busquemos un hospital o casa de misericordia, o pidamos limosna, si a lo piadoso nos acogemos; si a lo bravo, volvamos al camino y salteemos al primer viandante; si a la verdad de nuestros recursos nos atenemos, no son otros nuestros recursos.*

***L.** Yo traigo cartas de introducción para personas de valimiento en esta ciudad, que podrán socorrernos.*

***C.** ¡Rompe luego esas cartas, y no pienses en tal bajeza! ¡Presentarnos a nadie como necesitados! ¡Buenas cartas de crédito son esas! Hoy te recibirán con grandes cortesías, te dirán que su casa y su persona son tuyas, y a la segunda vez que llames a su puerta, ya te dirá el criado que su señor no está en casa ni para en ella; y a otra visita ni te abrirán la puerta. Mundo es este de toma y daca, lonja de contratación, casa de cambio y antes de pedir ha de ofrecerse.*

***L.** ¿Y qué podré yo ofrecer si nada tengo?*

***C.** ¡En que poco te estimas! Pues qué, un hombre por sí, ¿nada vale? Un hombre puede ser soldado, y con su valor decidir una batalla; puede ser galán o marido, y con dulce medicina curar a alguna dama de calidad o doncella de buen linaje que se sienta morir de melancolía; puede ser criado de algún señor poderoso que se aficione a él y le eleve hasta su privanza, y tantas cosas más que no he de enumerarte. Para subir cualquier escalón es bueno.*

***L.** ¿Y si aun ese escalón me falta?*

***C.** Yo te ofrezco mis espaldas para encumbrarte. Tú te verás en alto.*

***L.** ¿Y si los dos damos en tierra?*

***C.** Que ella nos sea leve. (Llamando a la hostería con el aldabón) ¡Ah de la hostería! ¡Hola digo! ¡Hostelero o demonio! ¿Nadie responde? ¿Qué casa es ésta?*

***L.** ¿Por qué esas voces si apenas llamaste?*

***C.** ¡Porque es ruindad hacer esperar de ese modo! (Vuelve a llamar más fuerte.) ¡Ah de la gente! ¡Ah de la casa! ¡Ah de todos los diablos!*

Hostelero (Dentro) ¿Quién va? ¿Qué voces y qué modos son éstos? No hará tanto que esperan.

***C.** ¡Ya fue mucho! Y bien nos informaron que es esta muy ruin posada para gente noble.*

Cuadro Primero
Escena VII

Crispín (C.) y Polichinela (P.)

C. *¡Señor Polichinela! Con licencia.*

P. *¿Quién me llama? ¿Qué me queréis?*

C. *¿No (os) recordáis de mí? No es extraño. El tiempo todo lo borra, no deja ni siquiera el borrón como recuerdo, sino que se apresura a pintar sobre él con alegres colores, esos alegres colores con que ocultáis al mundo vuestras jorobas. Señor Polichinela, cuando yo os conocí, apenas las cubrían unos descoloridos andrajos.*

P. *¿Y quién eres tú y dónde pudiste conocerme?*

C. *Yo era un mozuelo, tú eras ya todo un hombre. Pero ¿has olvidado ya tantas gloriosas hazañas por esos mares, tantas victorias ganadas al turco, a que no poco contribuimos con nuestro heroico esfuerzo, unidos los dos al mismo noble remo en la misma gloriosa nave?*

P. *¡Imprudente! ¡Calla o ...!*

C. *¿O harás conmigo como con tu primer amo en Nápoles, y con tu primera mujer en Bolonia, y con aquel mercader judío en Venecia...*

P. *¡Calla! ¿Quién eres tú, que tanto sabes y tanto hablas?*

C. *Soy..., lo que fuiste. Y quien llegará a ser lo que eres..., como tú llegaste. No con tanta violencia como tú, porque los tiempos son otros y ya sólo asesinan los locos y los enamorados, y cuatro pobretes que aún asaltan a mano armada al transeúnte por calles oscuras o caminos solitarios. ¡Carne de horca, despreciable!*

P. *¿Y qué quieres de mí? Dinero, ¿no es eso? Ya nos veremos más despacio. No es éste el lugar...*

C. *No tiembles por tu dinero. Sólo deseo ser tu amigo, tu aliado, como en aquellos tiempos.*

P. *¿Qué puedo hacer por ti?*

C. *No; ahora soy yo quien va a servirte, quien quiere obligarte con una advertencia... (Haciéndole que mire a la derecha) ¿Ves allí a tu hija cómo danza con un joven caballero y cómo sonríe ruborosa al oír sus galanterías? Ese caballero es mi amo.*

P. *¿Tu amo? Será entonces un aventurero, un hombre de fortuna, un bandido como...*

C. ¿Como nosotros..., vas a decir? No; es más peligroso que nosotros, porque, como ves, su figura es bella, y hay en su mirada un misterio de encanto, y en su voz una dulzura que llega al corazón y le conmueve como si contara una historia triste. ¿No es esto bastante para enamorar a cualquier mujer? No dirás que no te he advertido. Corre y separa a tu hija de ese hombre, y no le permitas que baile con él ni que vuelva a escucharle en su vida.

P. ¿Y dices que es tu amo y así le sirves?

C. ¿Lo extrañas? ¿Te olvidas ya de cuándo fuiste criado? Yo aún no pienso asesinarle.

P. Dices bien; un amo es siempre odioso. ¿Y en servirme a mí, qué interés es el tuyo?

C. Llegar a buen puerto, como llegamos tantas veces remando juntos. Entonces, tú me decías alguna vez: "Tú que eres fuerte rema por mí..." En esta galera de ahora eres tú más fuerte que yo; rema por mí, por el fiel amigo de entonces, que la vida es muy pesada galera y yo llevo remado mucho.

Ejercicios

1. Contesta a las siguientes preguntas:

- ¿Dónde y cuando nació Jacinto Benavente?
- ¿Qué estudios realizó?
- ¿Qué temperamento tenía?
- ¿Cómo era conocido en *las tertulias* y dónde tenían lugar éstas?
- ¿Por qué quería ser actor?
- ¿Qué reconocimientos oficiales ha recibido por su labor como dramaturgo?
- ¿Qué nombre hubiera elegido para el teatro y cuál era su mayor afán?
- ¿Dónde están ambientadas la mayor parte de sus obras y qué preocupaciones encarnan?
- ¿A qué hace alusión el título *Los intereses creados*?
- ¿Cuándo se estrenó la obra y cómo fue acogida por el público?
- ¿En qué se diferencian Leandro y Crispín de los arlequines y polichinelas de la commedia dell'arte italiana?
- ¿Cuál es la característica del reino de la Picardía?
- ¿De qué dos ciudades habla Crispín?

2. Busca en el texto sobre la vida de Benavente las palabras equivalentes y construye una breve frase con cada una:

Ejemplo: Benavente era un crítico mordaz.

- Crítico
- Estudió
- Dejó
- Nervioso

- Cooperó
- Agudeza
- Sarcasmo
- Delirio
- Calvicie incipiente
- Amanerado

3. Describe con otras palabras su carácter y su físico:

... dentro de mí, tenaz se agita un diablillo burlón, procaz, impío, que destroza las almas donde habita.

... un caballero pequeño de estatura, de perilla y bigote mefistofélicos, calva incipiente, muy refitolero en el decir y en sus ademanes.

4. Sustituye los adjetivos en subrayados con otros equivalentes e indica como fue cambiando Benavente con el pasar del tiempo:

...Tenía el cuerpo menudito, el ánimo fuerte, el entendimiento múltiple, el ingenio agudo, el corazón ancho y el alma grande. Fue primero un Silvano que tañía su flauta en el solo carrizo de un cigarro puro; fue después, enroscado el mostacho, puntiaguda la barba, de olivo el rostro y de azabache los ojos, un antiguo caballero español sin gola y sin espada; ... fue después, mondada la testa cercada de canas, sin guías el bigote, manso, dulce y seráfico como el Poverello de Asís. (Cuadernos Hispanoamericanos, n. 204, Madrid, diciembre 1966, pág. 525).

5. Transforma en interrogativas indirectas las preguntas de Polichinela y las respuestas de Crispín:

- Polichinela: *¿Quién eres y dónde pudiste conocerme?*
- Crispín: *Yo era un mozuelo y tú eras ya todo un hombre.*
- Polichinela: *¿Qué quieres de mí?*
- Crispín: *Deseo ser tu amigo y aliado.*
- Polichinela: *¿Y en servirme a mí qué interés es el tuyo?*
- Crispín: *Llegar a buen puerto.*

6. Indica la respuesta correcta:

- Benavente ha escrito:
  a) comedias y dramas.
  b) tragedias, comedias y farsas.
  c) una gran variedad de temas y géneros de difícil clasificación.

- El suyo es un teatro:
  a) burgués.
  b) popular.
  c) poético.

- Está ambientado preferentemente en:
  a) los salones.
  b) las plazas públicas.
  c) ambientes mal famados.

- Sus diálogos tienen un antecedente claro en:
  a) Calderón de la Barca.
  b) Zorrilla.
  c) Moratín.

- El lenguaje es:
  a) comedido e ingenioso.
  b) cruel y descarnado.
  c) metafórico y conceptual.

7. Transforma en interrogativas las siguientes declaraciones:

- *Que nada importa tanto como parecer, según va el mundo.*
- *El tiempo todo lo borra.*
- *Sólo asesinan los locos y los enamorados.*
- *Un amo es siempre odioso.*

8. Expresa con palabras más sencillas el mismo concepto:

Gente de toda condición, que en ningún otro lugar se hubiera reunido, comunicábase allí su regocijo, que muchas veces más que de la farsa, reía el grave de ver reír al risueño, y el sabio al bobo, y los pobretes de ver reír a los grandes señores, ceñudos de ordinario, y los grandes de ver reír a los pobretes, tranquilizada su conciencia con pensar: ¡también los pobres ríen! (Prólogo).

9. Sintetiza las virtudes y los defectos del teatro de Benavente después de leer los siguientes juicios críticos:

Andrés González Blanco: *Benavente, analista sutil y descarnado, crítico implacable, satírico que recuerda a Juvenal, conoce los resortes interiores del teatro como pocos: todos los trucos, martingalas y tranquillos escénicos le son familiares: preparar las situaciones, presentar a los personajes y justificar las mutaciones y los cambios de escena....*
(Los dramaturgos españoles contemporáneos, Valencia, Editorial Cervantes, 1917).

Jerónimo Mallo: *Sátira, ingenio, finura, elegancia, fidelidad en los tipos humanos, exactitud en los ambientes, habilidad en la articulación escénica, son las principales características del teatro de Benavente. (La producción teatral de Jacinto Benavente desde 1920, Hispania, XXXIV, 1951, págs. 21-29).*

Melchor Fernández Almagro: *La calidad del diálogo: fluido, natural, elegante; literario con exceso a veces; inclinado a la sentencia o a la digresión; nunca teatral en el senti-*

do peyorativo; mordaz en la crítica y sátira de las costumbres; agudo en la exploración psicológica. (Benavente y algunos aspectos de su teatro, Clavileño, VII, núm. 38, 1956, págs. 1-17).

Ramón Pérez de Ayala: *Es un teatro de términos medios, sin acción y sin pasión, y por ende sin motivación ni caracteres, y lo que es peor, sin realidad verdadera. Lo peor del teatro del señor Benavente no es la falta de inventiva, sino la falta de originalidad; no la aridez de imaginación, sí la aridez de sentimiento. (Las máscaras, Colección Austral, Buenos Aires, primera edición 1917. En la tercera edición de 1948 rectificó su juicio).*

Torrente Ballester: *Benavente sustituye sistemáticamente la acción por la narración o por la alusión, que siempre acontece fuera de escena o entre un acto y otro. (Teatro español contemporáneo, Madrid, Guadarrama, 1957, págs. 41- 42).*

Jean Paul Borel: *Benavente recurre constantemente al relato que es una técnica característica de la novela; más que mostrar, cuenta, hace alusión. El diálogo está a menudo formado por una serie de largas réplicas, de carácter puramente retórico, bien compuestas, sin ninguna tensión dramática. La psicología es a menudo superficial y esquemática. Hay en fin en Benavente una actitud moralizante que es difícil de soportar. (Benavente o la verdad imposible, cap. II, pags. 53 - 83, en Thatrre de l'impossible, Neuchatel, Editions de la Braconniere, 1963.*

10. Completa las frases inacabadas y sustituye los infinitivos con los pretéritos indefinidos:

Jacinto Benavente, el irónico censor de la burguesía ...., **nacer** .... en Madrid el 12 de agosto de 1866 en el seno de una familia .... culta y aficionada al teatro. Cuando **terminar** .... el bachillerato **matricularse** .... en la facultad de .... pero a la muerte de su padre **abandonar** .... la Universidad para dedicarse a la .... y a la vida bohemia.

Espíritu .... e independiente, **viajar** .... **por / para** España y .... Europa. Era conocido en las tertulias por su ingenio y su ....

Él mismo describe así su carácter: *dentro de mí, tenaz, se agita un diablillo ...., procaz, impío, que destroza las almas donde habita. Para él, todo ideal es* ....

Benavente **estrenar** .... casi doscientas comedias, que le **valer** .... el nombramiento de .... en 1912, y el Premio .... de Literatura en 1922.

Benavente **romper** .... con los convencionalismos del teatro decimonónico, grandilocuente, efectista y ...., convirtiéndose en el maestro indiscutible del drama .... burgués, comedido e ...., en el que predomina la palabra sobre la .... Su teatro encarna las ...., los anhelos y las desazones de la clase acomodada a la cual describe, ..., elogia o ironiza en sus obras.

Pero la función innovadora de las comedias de su primera época con el tiempo se fue .... y en los años veinte, cuando Valle- Inclán inaugura el esperpento con *Luces de Bohemia,* Benavente continúa anclado al naturalismo escénico, al margen de todos los .... que se suceden en Europa.

Bibliografía

- **Jacinto Benavente,** *Los intereses creados,* edición de Francisco José Díaz de Castro, Colección Austral, 27 edición, 1990.
- **Jacinto Benavente,** *Los intereses creados,* edición de Fernando Lázaro Carreter, Cátedra, Madrid, 1982.
- **Jacinto Benavente,** *Los intereses creados* y *La malquerida,* edición de José Montero Padilla, Clásicos Castalia, 1996.
- **Jacinto Benavente,** *Recuerdos y olvidos,* en *Obras completas,* Madrid, Aguilar, 1958
- **Federico de Onís,** *Jacinto Benavente, Estudio literario,* Nueva York, Instituto de las Españas, 1923, Pág. 15.
- **Manuel Bueno,** *Teatro contemporáneo español,* Madrid, Prieto y Cía, pág. 1909.
- **Díez-Echarri y Roca Franquesa,** *Historia de la Literatura Española e Hispanoamericana,* Aguilar, 1966, Págs. 1464 - 68.
- **Francisco Ruiz Ramón,** *Historia del teatro español. Siglo XX,* Madrid, Cátedra, 1975, Págs. 21 - 38.
- **Gonzalo Torrente Ballester,** *Teatro español contemporáneo,* Madrid, Guadarrama, 1956.

Ramón María del Valle-Inclán

El arte no existe sino cuando ha superado sus modelos vivos mediante una elaboración ideal.

El teatro no es un arte individual ... Sin un gran pueblo imbuido de comunes ideales o dolores no puede haber teatro... (Cartas inéditas de Valle-Inclán, *Ínsula,* núm. 398, Madrid, enero 1980).

Valle-Inclán

El mundo es una controversia.

Deformemos la expresión en el mismo espejo que nos deforma las caras y toda la vida miserable de España. (Valle-Inclán, *Luces de Bohemia,* 1920).

Visión grotesca de la sociedad de la época expresada a través de una escena de lucha entre dos esqueletos.

Ramón María del Valle-Inclán

Ambicioné que mi verbo fuese como un cristal claro, misterioso luz y fortaleza... Y años enteros trabajé con la voluntad de un asceta, dolor y gozo, para darles emoción de estrellas, de fontanas, de yerbas frescas. **Valle-Inclán, *La Lámpara maravillosa, 1916.***

Ramón María del Valle-Inclán, seudónimo de Ramón José Simón Valle Peña, nació en Villanueva de Arosa (Galicia) el 28 de octubre de 1866. Hizo el bachillerato en Pontevedra y después se matriculó en la facultad de Derecho en Santiago de Compostela, pero a la muerte de su padre (1890) abandonó los estudios de Leyes porque no le interesaban nada.

De temperamento rebelde, aventurero y soñador, en 1892, *apenas cumplió la edad que se llama juventud* - cuenta en su autobiografía - *y como final de unos amores desgraciados, se embarcó para Méjico, ciudad que le abrió los ojos y le hizo poeta.* Volverá a esa ciudad como invitado de honor del Presidente Obregón en 1921. -Las resonancias mejicanas son evidentes en *Santa Fe de Tierra Firme,* país imaginario en el que Valle-Inclán ambienta su genial novela *Tirano banderas* publicada en 1926 -.

A partir de 1893 vivió en Madrid donde se convirtió en una de las figuras más pintorescas de las tertulias. *Era la mejor máscara a pie que cruzaba la calle de Alcalá,* comentaba el periodista Ramón Gómez de la Serna, con sus barbas de chivo, su melena larga y sus quevedos atados a la solapa con una cinta negra.

Su vida real se confunde a veces con la de sus personajes y al igual que ellos fue acentuando con los años su anticonformismo y su espíritu crítico, hasta *hacer de todo muy seriamente,* como dijo el filósofo y ensayista Unamuno, *una gran farsa.*

Conoció la cárcel por sus ataques al dictador Primo de Rivera, el cual le calificó de *eximio escritor y extravagante ciudadano,* y conoció también la miseria. Sólo al final de su vida, gracias al nombramiento de director de la Academia de Bellas Artes de Roma, consiguió el bienestar económico, pero, enfermo, tuvo que regresar a su Galicia natal, donde murió el 5 de enero de 1936.

Obra dramática

Ensor (Ostenda 1860-1949) *Esqueletos que se disputan un ahorcado (1891)*

La obra dramática de Valle-Inclán contiene elementos procedentes de todas las corrientes dramáticas del siglo: es un teatro a la vez épico y lírico, social y existencial, trágico y grotesco, racional y absurdo. Está emparentado con el expresionismo alemán, con el dadaísmo francés, con el futurismo italiano, con Kafka y con Pirandello, pero sobre todo con Alfred Harry y con el teatro de la crueldad.

Valle-Inclán muestra una constante voluntad de renovación formal y temática, ensayando contemporáneamente diversas vías de invención teatral, paralelas y entrecruzadas, que van desde sus primeros dramas decadentes, basados mucho en el arte y poco en la vida, hasta *Luces de bohemia,* fiel reflejo de la vida nocturna del Madrid contemporáneo.

Dejando aparte su producción temprana, modernista y estetizante, de poca consistencia dramática, el resto de sus obras se pueden agrupar en tragedias, farsas y esperpentos: Las tragedias *Águila de blasón (1907), Romance de lobos (1908) y Cara de Plata (1922),* trilogía a la que Valle-Inclán tituló *Comedias bárbaras,* están ambientadas en su Galicia natal, mitificada y convertida en imagen de un mundo cósmico, irracional, donde los personajes, liberados de la sicología burguesa, vuelven a encarnar las pasiones primitivas y violentas de la tragedia clásica. El protagonista central, Don Juan Manuel de Montenegro, cacique rural, lujurioso y sacrílego, dice de sí mismo: *Soy el peor de los hombres... Tengo miedo de ser el diablo.* En esa misma Galicia arcaica está ambientada la tragicomedia de aldea *Divinas palabras (1920)* umbral ya del esperpento.

Paralelamente a las *Comedias bárbaras* en las que predomina lo desmesurado y monstruoso, Valle-Inclán desarrolla la tendencia a la esquematización y a la deformación caricaturesca en las *farsas grotescas,* sátiras tragicómicas del poder y de la realeza, ambientadas en un mundo dieciochesco irónicamente reflejado.

Mi musa moderna
enarna la pierna
se cimbra, se ondula
se comba, se achula
con el ringorrango
rítmico del tango
y recoge la falda hacia atrás.

Esa es la musa que le inspira las cuatro farsas para guiñol: *Farsa infantil de la cabeza del dragón (1910), La marquesa Rosalinda (1912), Farsa italiana de la enamorada del rey (1920) y Farsa y licencia de la reina castiza (1920).*

Luces de bohemia (1920, 1924) inaugura oficialmente el *esperpento,* síntesis de la farsa y la tragedia, resultado de caricaturizar, por la vía de la estilización, a la sociedad española contemporánea dominada por la exterioridad y la falsedad. Es un teatro de denuncia, grotesco, irónico, distanciador, en el que conviven la elegía y la sátira.

Frente a la Galicia mítica de las *comedias bárbaras* y al mundo dieciochesco de las *farsas,* Valle-Inclán elige para los *esperpentos* la España contemporánea. Pertenecen a este ciclo *Los cuernos de don Friolera (1921), Las galas del difunto (1926) y La hija del capitán (1927);* los melodramas para marionetas *La rosa de papel y La cabeza del Bautista (1924)* y los autos para siluetas *Ligazón (1926) y Sacrilegio (1927).*

Luces de bohemia

Mi estética actual es transformar con matemática de espejo cóncavo las normas clásicas. Deformemos la expresión en el mismo espejo que nos deforma las caras y toda la vida miserable de España.
Luces de bohemia, 1920.

Luces de bohemia es un recorrido emblemático del poeta ciego Max Estrella[1] y de su amigo don Latino de Hispalis[2] por el Madrid absurdo, brillante y hambriento de los años veinte, durante el cual denuncia la prepotencia, la injusticia y la estupidez de un pueblo que no es otra cosa que la deformación grotesca de Europa.

El título, ambiguo y polisémico, sugiere, por un lado, el ambiente nocturno donde se desarrollan la mayor parte de las escenas, y, por otro, hace referencia a la lucidez del poeta Max Estrella, ciego que ve magníficamente; sugiere también ese contraste paródico, ínsito en el título, que envuelve toda la obra. Así, por ejemplo, en la escena segunda, Max entrando en la *cueva* - librería - de Zaratustra saluda con la frase calderoniana *mal Polonia recibe a un extranjero* y en la escena cuarta Dorio de Gadex, *irónico como un ateniense,* le saluda a Max, moribundo, con el famoso verso rubeniano: *¡Padre y Maestro Mágico, salud!.*

La acción se desarrolla en un solo día, en el que Valle-Inclán funde prodigiosamente en *quince escenas* recuerdos de diversas épocas, transformándolos con la óptica deformante del *espejo cóncavo.* Inicia al atardecer en casa del poeta, *guardillón con ventano angosto,* cuando Max, licenciado del periódico, invita a su mujer y a su hija al suicidio colectivo *(con cuatro perras de carbón podíamos hacer el viaje eterno)* y termina en la *taberna lóbrega* de Pica Lagartos, donde se comenta la noticia aparecida en el periódico el *Heraldo de Madrid: ¡Muerte misteriosa de dos señoras en la calle de Bastardillos!* y donde tiene lugar el siguiente diálogo conclusivo:

- Pica Lagartos: *El mundo es una controversia.*
- Don Latino: *¡Un esperpento!*
- El borracho: *¡Cráneo privilegiado!*

1. Max Estrella es la contrafigura de **Alejandro Sawa,** *hiperbólico andaluz, poeta de odas y madrigales,* que murió ciego y loco en 1909 en Madrid; pero es también la personificación del propio autor.

2. Don Latino: En la escena VII dice de sí mismo: *Soy Latino por las aguas del bautismo, soy Latino por mi nacimiento en la Bética Hispania, y Latino por dar murgas en el Barrio Latino de París.* Don Latino de Hispalis es pues el alter ego de Max Estrella.

Ramón María del Valle-Inclán

Ayuda para la comprensión del texto antológico:

- ¡Cráneo privilegiado!: ¡Mente genial!
- ¡Mira que haber empeñado la capa!: ¡Cómo es posible empeñar la capa!
- ¡Arriba carcunda!: ¡Levántate comediante!
- ¡Qué tuno eres!: ¡Qué cara dura tienes!
- ¡Miau!: Negación frecuente equivalente a "no".
- ¡Pudiera! Yo me inhibo: ¡Pudiera ser! Yo me abstengo.
- ¡Eres genial! ¡Me quito el cráneo!: ¡Eres genial! ¡Me inclino!
- Vengan con nosotros: Sígannos.
- Se va a cerrar: Está a punto de cerrarse.
- ¿Qué le parece a usted quedarnos dentro?: ¿Qué opina si nos quedamos dentro?
- Caiga lo que caiga: Pase lo que pase.
- No falta faena: No falta trabajo.

Escena duodécima

Sobre las campanas negras, la luna clara. Don Latino y Max Estrella filosofan sentados en el quicio de una puerta... Remotos albores de amanecida...

Max. *¿Debe estar amaneciendo?*
Don Latino. *Así es.*
Max. *¡Y qué frío!*
Don Latino. *Vamos a dar unos pasos.*
Max. *Ayúdame, que no puedo levantarme. ¡Estoy aterido!*
Don Latino. *¡Mira que haber empeñado la capa!*
Max. *Préstame tu carrik, Latino.*
Don Latino. *¡Max, eres fantástico!*
Max. *Ayúdame a ponerme en pie.*
Don Latino. *¡Arriba, carcunda!*
Max. *¡No me tengo!*
Don Latino. *¡Qué tuno eres!*
Max. *¡Idiota!*
Don Latino. *¡La verdad es que tienes una fisonomía algo rara!*
Max. *¡Don Latino de Hispalis, grotesco personaje, te inmortalizaré en una novela!*
Don Latino. *Una tragedia, Max.*
Max. *La tragedia nuestra no es tragedia.*
Don Latino. *¡Pues algo será!*
Max. *El esperpento.*

Max. *Los héroes clásicos reflejados en los espejos cóncavos dan el Esperpento. El sentido trágico de la vida española sólo puede darse con una estética sistemáticamente deformada.*
Don Latino. *¡Miau! ¡Te estás contagiando!*
Max. *España es una deformación grotesca de la civilización europea.*
Don Latino. *¡Pudiera! Yo me inhibo.*
Max. *Las imágenes más bellas en un espejo cóncavo son absurdas.*
Don Latino. *Conforme. Pero a mí me divierte mirarme en los espejos de la calle del Gato.*
Max. *Y a mí. La deformación deja de serlo cuando está sujeta a una matemática perfecta. Mi estética actual es transformar con matemática de espejo cóncavo las normas clásicas.*
Don Latino. *¿Y dónde está el espejo?*
Max. *En el fondo del vaso.*
Don Latino. *¡Eres genial! ¡Me quito el cráneo!*
Max. *Latino, deformemos la expresión en el mismo espejo que nos deforma las caras y toda la vida miserable de España.*
Don Latino. *Nos mudaremos al callejón del Gato.*

Escena decimocuarta

Un patio en el cementerio del Este. La tarde fría. El viento adusto. .... Por una calle de lápidas y cruces, vienen paseando y dialogando dos sombras rezagadas, dos amigos en el cortejo fúnebre de Máximo Estrella. El uno es el céltico marqués de Bradomín[3]. *el otro* es el índico y profundo Rubén Darío.

Rubén. *¡Es pavorosamente significativo que al cabo de tantos años nos hayamos encontrado en un cementerio!*
El marqués. *En el Campo Santo. Bajo este nombre adquiere una significación distinta nuestro encuentro, querido Rubén.*
Rubén. *Es verdad. Ni cementerio, ni necrópolis. Son nombres de una frialdad triste y horrible, como estudiar Gramática. Marqués, ¿qué emoción tiene para usted necrópolis?*
El marqués. *La de una pedantería académica.*

Callan y caminan en silencio. Los sepultureros, acabada de apisonar la tierra, uno tras otro beben a chorro de un mismo botijo.

Un sepulturero. *Caballeros, si ustedes buscan la salida, vengan con nosotros. Se va a cerrar.*
El marqués. *Rubén, ¿Qué le parece a usted quedarnos dentro?*
Rubén. *¡Horrible!*
El marqués. *Pues entonces sigamos a estos dos.*
Rubén. *Marqués, ¿quiere usted que mañana volvamos para poner una cruz sobre la sepultura de nuestro amigo?*
El marqués. *¡Mañana! Mañana habremos los dos olvidado ese cristiano propósito.*
Rubén. *¡Acaso!*

(En silencio y retardándose, siguen por el camino de los sepultureros[4], que, al volver las esquinas, se detienen a esperarlos).

El marqués. *Los años no me permiten caminar más de prisa.*
Un sepulturero. *No se excuse usted, caballero.*
El marqués. *Pocos me faltan para el siglo.*
Otro sepulturero. *¡Ya habrá usted visto entierros!*
El marqués. *Si no sois muy antiguos en el oficio, probablemente más que vosotros. ¿Y se muere mucha gente esta temporada?*
Un sepulturero. *No falta faena. Niños y viejos.*
Otro sepulturero. *La caída de la hoja siempre trae lo suyo.*
El marqués. *¿A vosotros os pagan por entierro?*
Un sepulturero. *Nos pagan un jornal de tres pesetas, caiga lo que caiga. Hoy, a como está la vida, ni para mal comer.*
Alguna otra cosa se saca. Total, miseria.
Otro sepulturero. *En todo va la suerte. Eso lo primero.*

---

3. Bradomín. Personaje literario, protagonista de las cuatro Sonatas de Valle-Inclán escritas entre 1902 y 1905.

4. Los sepultureros son un eco de los que aparecen en la primera escena del acto quinto del Hamlet de William Shakespeare.

Un sepulturero. *Hay familias que al perder un miembro, por cuidarle de la sepultura, pagan uno o dos o medio. Hay quien ofrece y no paga. Las más de las familias pagan los primeros meses. Y lo que es el año, de ciento, una. ¡Dura poco la pena!*
El marqués. *¿No habéis conocido ninguna viuda inconsolable?*
Un sepulturero. *Ninguna, pero "pudiera" haberla.*
El marqués. *¿Ni siquiera habéis oído hablar de Artemisa y Maúsolo?*
Un sepulturero. *Por mi parte, ni la menor cosa.*
Otro sepulturero. *Vienen a ser tantas las parentelas que concurren a estos lugares, que no es fácil conocerlas a todas.*
(El marqués, benévolamente, saca de la capa su mano de marfil y reparte entre los enterradores algún dinero).
El marqués. *No sabéis mitología, pero sois dos filósofos estoicos.*
¡Que sigáis viendo muchos entierros!
Un sepulturero. *Lo que usted ordene. ¡Muy agradecido!*
Otro sepulturero. *Igualmente. Para servir a usted, caballero.*

Ejercicios

1. Contesta a las siguientes preguntas:

- ¿Cuándo y dónde nació Valle-Inclán?
- ¿Qué temperamento tenía?
- ¿Qué significó para él la ciudad de México?
- ¿Qué comentaba Ramón Gómez de la Serna a propósito de su atuendo?
- ¿Cómo lo calificó Primo de Rivera?
- ¿Con qué corrientes europeas se puede emparentar su teatro y cuál ha sido su evolución?
- ¿Dónde están ambientadas las Comedias bárbaras?
- ¿Cómo se puede definir el esperpento, con qué obra inicia oficialmente y dónde está ambientado?

2. Después de leer la siguiente entrevista a Valle-Inclán realizada Martínez Sierra (ABC, 7 de diciembre de 1938), contesta a las preguntas:

Comenzaré por decirle a usted que creo que hay tres modos de ver el mundo artística o estéticamente: de rodillas, en pie o levantado en el aire. Cuando se mira de rodillas se da a los personajes una condición superior a la condición humana, cuando menos a la condición del narrador o del poeta. Así Homero atribuye a sus héroes condiciones que en modo alguno tienen los hombres. Hay una segunda manera que es mirar a los protagonistas novelescos como de nuestra propia naturaleza, como si fuera el personaje un desdoblamiento de nuestro yo, con nuestras mismas virtudes y nuestros mismos defectos. Ésta es indudablemente la manera que más prospera... Y hay otra tercera manera que es mirar el mundo desde un plano superior y considerar a los personajes de la trama como seres inferiores al autor, con un punto de ironía.

- ¿Cuántos modos hay de ver el mundo desde el punto de vista artístico?
- ....

- ¿Cómo se ve a los personajes cuando se los mira de rodillas?
- ....
- ¿Cuál es la forma más frecuente de observarlos?
- ....

3. Ordena con coherencia las siguientes declaraciones de Valle-Inclán[5]:

Sin imbuido de comunes un gran pueblo ideales o dolores no haber teatro puede.

No existe sino el arte cuando ha superado vivos sus modelos una elaboración ideal mediante.

Crueldad y la piedad la humana carecen igual por sentido de todo racional.

Dramáticos los autores con luchan inconvenientes grandes, el pero de todos mayor es el público mal gusto del.

Con día cada fuerza mayor creo que el hombre gobierna no se sus ideas por ni por su cultura. Imagino del medio un fatalismo, de la herencia y de las taras fisiológicas, siendo desprendida de los pensamientos la conducta totalmente.

4. Transforma las oraciones afirmativas en interrogativas y viceversa:

- *El mundo es una controversia.*
- *España es una deformación grotesca de la civilización europea.*
- *En todo va la suerte.*
- *¿No habéis conocido ninguna viuda inconsolable?*
- *¿Quiere usted que mañana volvamos para poner una cruz sobre la sepultura de nuestro amigo?*
- *A mí me divierte mirarme en los espejos de la calle del gato.*

5. Asocia cada figura retórica con su ejemplo demostrativo:

- *Mal Polonia recibe a un extranjero.*
- *Cráneo privilegiado.*
- *Irónico cómo un ateniense.*
- *El mundo es una controversia.*
- *Café con espejos multiplicadores llenos de interés folletinesco.*

- Metáfora
- Comparación
- Prosopopeya
- Perífrasis
- Sinécdoque

---

5. *Sin un gran pueblo imbuido de comunes ideales o dolores no puede haber teatro... (Cartas inéditas de* Valle-Inclán, *Ínsula, núm. 398, Madrid, enero 1980).*
El arte no existe sino cuando ha superado sus modelos vivos mediante una elaboración ideal.
La crueldad y la piedad humana carecen por igual de todo sentido racional.
Los autores dramáticos luchan con grandes inconvenientes, pero el mayor de todos es el mal gusto del publico. (Francisco de Madrid, *La vida altiva de Valle-Inclán*, Buenos Aires, 1944, Págs. 353-354).
Creo cada día con mayor fuerza que el hombre no se gobierna por sus ideas ni por su cultura. Imagino un fatalismo del medio, de la herencia y de las taras fisiológicas, siendo la conducta totalmente desprendida de los pensamientos.

6. **Elige la forma verbal correcta de los siguientes diálogos:**

- ¿Quiere usted que mañana **volvamos / volvemos** para poner una cruz sobre la sepultura de nuestro amigo?
- Mañana **habremos olvidado / olvidaríamos** ese cristiano propósito.
- ¿Qué le parece a usted quedarnos dentro?
- ¡Horrible!
- Pues entonces **sigamos / siguemos** a estos dos.
- ¿No habéis conocido ninguna viuda inconsolable?
- Ninguna! Pero **pudiera**[6] **/ pudiese** haberla.

7. **Formula una pregunta por cada uno de los siguientes juicios:**

Miguel de Unamuno: *El lenguaje de Valle-Inclán no se caracteriza por su precisión: Todo dependía de que las palabras le sonaran o no le sonaran. Y conforme al son les daba un sentido.*

Juan Ramón Jiménez: *Su Lengua fue llama, martillo, yema y cincel de lo ignoto..., lengua musical, plástica, dinámica...*

César Barja: *El personaje humano de las comedias bárbaras, se convierte en la marioneta de la farsa y ésta en el fantoche del esperpento.*

Gonzalo Sobejano: *Luces de bohemia es a la vez elegía de un mundo caduco y sátira de los desvaríos de la edad.*

8. **Elige la respuesta que se da en el texto:**

- ¿Dónde dialogan el marqués y Rubén?
  a) En un cementerio.
  b) En casa de Max.
  c) En un bar.

---

6. El pretérito imperfecto de subjuntivo tiene dos formas:
   Verbos en -ar: cantara / cantase
   Verbos en -er: comiera / comiese
   Verbos en -ir: viviera / viviese

- La forma -ra tiene valor inactual:
  Ejemplo: Quisiera ser tan alto como la luna.
  La forma -se, por el contrario, tiene valor actual:
  El juez ordenó que se castigase al culpable.

- Ante la duda se sugiere utilizar la forma -ra, porque admite los dos valores:
  Ejemplo: El juez ordenó que se castigara al culpable
  El juez ordenó que se castigase al culpable
  Sin embargo es incorrecto decir *quisiese ser tan alto como la luna.*

- ¿Por qué tienen que salir del cementerio?
  a) Porque se va a cerrar.
  b) Porque hace frío.
  c) Porque es muy tarde.

- ¿Qué le propone Rubén al marqués?
  a) Le propone volver al cementerio al día siguiente.
  b) Le propone no volver nunca más al cementerio.
  c) Le propone ir a tomar una copa.

- ¿Cómo camina el marqués?
  a) Camina despacio porque es muy mayor.
  b) Camina de prisa.
  c) Camina cantando.

- ¿ Qué consecuencias trae consigo la caída de la hoja?
  a) La llegada del invierno.
  b) Trae lo suyo.
  c) Trae el frío invernal.

- ¿Cuánto les pagan a los sepultureros?
  a) Les pagan mucho.
  b) Les pagan tres pesetas.
  c) Les pagan poquísimo.

- ¿Qué es lo que más cuenta en todo?
  a) Lo más importante es la suerte.
  b) La suerte cuenta hasta cierto punto.
  c) Lo más importante es hacer bien. Como dice el refrán, haz bien y no mires a quién.

9. Indica la respuesta correcta:

- El teatro de Valle-Inclán es
  a) racional y absurdo.
  b) realista.
  c) idealista.

- Está emparentado con
  a) el expresionismo.
  b) el simbolismo.
  c) el neorrealismo.

- El lenguaje de las acotaciones es
  a) simbólico.
  b) sencillo y natural.
  c) muy elaborado y artístico.

- ¿Qué es el esperpento?
  a) una comedia grotesca.
  b) una tragedia.
  c) una síntesis de farsa y tragedia.

- Luces de bohemia es un esperpento ambientado
  a) en México.
  b) en Madrid.
  c) en Galicia.

10. Completa y elige la forma correcta[7]:

La vida real de Valle-Inclán ***confundirse*** *...................... a veces con la de sus .... y al igual que ellos* ***ir*** *......................* ***acentuar*** *...................... con los años su .... y su espíritu ...., hasta hacer de todo muy seriamente, como dijo el filósofo y ensayista Unamuno una gran ....*

El teatro de Valle-Inclán es a la vez épico y ...., social y ...., trágico y ...., racional y .... Está emparentado con el .... alemán, con el .... francés, con el .... italiano, con Kafka y con Pirandello pero, sobre todo, con Alfred Harry y con el teatro ....

Sus principales obras se pueden agrupar en ...., farsas y .... Las tragedias a las que Valle-Inclán tituló .... están ambientadas en su .... natal, mitificada y .... en imagen de un mundo cósmico, ..., donde los personajes, liberados de la sicología ...., vuelven a encarnar las pasiones .... y .... de la tragedia clásica.

---

7. Su vida real se confunde a veces con la de sus personajes y al igual que ellos va acentuando con los años su anticonformismo y su espíritu crítico, hasta hacer de todo muy seriamente, como dijo el filósofo y ensayista Unamuno, una gran farsa.
El teatro de Valle-Inclán es a la vez épico y lírico, social y existencial, trágico y grotesco, racional y absurdo. Está emparentado con el expresionismo alemán, con el dadaísmo francés, con el futurismo italiano, con Kafka y con Pirandello, pero sobre todo con Alfred Harry y con el teatro de la crueldad.
Sus obras se pueden agrupar en tragedias, farsas y esperpentos:
Las tragedias a las que Valle-Inclán tituló Comedias bárbaras están ambientadas en su Galicia natal, mitificada y convertida en imagen de un mundo cósmico, irracional, donde los personajes, liberados de la sicología burguesa, vuelven a encarnar las pasiones primitivas y violentas de la tragedia clásica.
Las farsas, sátiras tragicómicas del poder y de la realeza, están ambientadas en un mundo dieciochesco irónicamente reflejado.
Los esperpentos, teatro de denuncia, grotesco, irónico, distanciador, en el que conviven la elegía y la sátira, están ambientados en la España contemporánea.
Luces de bohemia es un recorrido emblemático del poeta ciego Max Estrella y de su amigo don Latino de Hispalis por el Madrid absurdo, brillante y hambriento de los años veinte, durante el cual denuncia la prepotencia, la injusticia y la estupidez de un pueblo que no es otra cosa que la deformación grotesca de Europa.

Las farsas, sátiras tragicómicas del .... y de la ...., están ambientadas en un mundo dieciochesco irónicamente reflejado.

Los esperpentos, teatro de ...., grotesco, ... distanciador, en el que conviven la elegía y la .... están ambientados en la España contemporánea.

Luces de bohemia

Luces de bohemia es un recorrido emblemático del poeta .... Max Estrella y de su amigo don Latino de Hispalis por el .... absurdo, brillante y hambriento de los años ...., durante el cual denuncia la prepotencia, la injusticia y la .... de un pueblo que no es otra cosa que la deformación .... de ....

Bibliografía

- **Valle-Inclán,** Luces de bohemia, edición de Alonso Zamora Vicente, Espasa Calpe, Madrid, 1993.
- **Ruiz Ramón,** Historia del teatro español del siglo XX, Cátedra, Madrid, 1992, Págs. 93 - 140.
- **Pedro Salinas,** Significación del esperpento o Valle-Inclán, hijo pródigo del 98, en Literatura Española Siglo XX, Alianza Editorial, Madrid, 1979, Págs. 86 - 114.
- **Mario Di Pinto / Rosa Rossi,** La letteratura Spagnola dal Settecento a oggi, Sansoni / Accademia, 1974, Págs. 383 -392.

Federico García Lorca

Enric Satué, Cartel conmemorativo de Lorca con algunos símbolos de su arsenal poético como *la luna y el caballo.*

Farsa poética donde no se dicen más palabras que las necesarias y se insinúa todo lo demás.

Kandinski, Composición Ocho, 1923. Abstracción lírica.

Federico García Lorca

Que todos sepan que no he muerto;
que hay un establo de oro en mis labios;
que soy el pequeño amigo del viento Oeste;
que soy la sombra inmensa de mis lágrimas.

Federico García Lorca, el mítico poeta y dramaturgo granadino, actor, músico, cantor, recitador, conferenciante, nació el 5 de junio de 1898 en Fuente Vaqueros, *en la vega de Granada.* Allí pasó una infancia feliz, siempre presente en su memoria, y allí vio por primera vez a unos titiriteros que despertaron en él la pasión por el teatro. Hizo el bachillerato en Granada, al mismo tiempo que estudiaba piano; se matriculó después en las Facultades de Derecho y de Filosofía, pero en realidad más que a los estudios universitarios se dedicó a la poesía, a la música y a la pintura, artes afines a su sensibilidad con las que crearía su peculiar lenguaje poético.

En la primavera de 1919 se trasladó a Madrid a la famosa *Residencia de Estudiantes,* moderno *college,* punto de referencia de la vida cultural de la capital, donde conoció a Manuel de Falla, a Salvador Dalí, a Luis Buñuel, a Pedro Salinas, a Jorge Guillén, y donde tuvo ocasión de leer sus obras y de recitar sus poemas ante un público culto y sensible.

En 1922 colaboró con Manuel de Falla en la organización del Concurso del *Cante Jondo* en Granada, trabajando sobre la música y sobre las letras de las canciones andaluzas antiguas: fruto de esos estudios serán *Canciones, Poema del cante jondo,* el famoso *Romancero gitano* y el texto de la conferencia *Importancia histórica y artística del primitivo canto andaluz llamado "cante jondo"* leída por Lorca en numerosos Ateneos de España, Cuba y Argentina.

El 1927 fue un año clave en su vida: publicó *Canciones,* estrenó en Barcelona *Mariana Pineda,* expuso sus dibujos *caligráficos y surrealistas* en las *Galerías Dalmau* de Barcelona y, en diciembre, participó en el Ateneo de Sevilla al *homenaje a Góngora* con motivo de su tercer centenario, acontecimiento que dará nombre a la *Generación poética del 27.*

En 1928 alcanzó la notoriedad con la publicación del *Romancero gitano,* libro -declaró el propio autor- *mítico e irracional, antipintoresco, antifolklórico y antiflamenco, retablo de Andalucía,* cuyos motivos esenciales son *la pena, el dolor y la muerte.* Su lectura provocó manifestaciones de delirio[1] y llegó a tener siete ediciones en vida del autor. Esa fue la época de mayor actividad y de mayor éxito de su vida, pero fue también la más conflictiva.

1. Bodini. *Poetas surrealistas españoles, Tusquets, segunda edición, pág. 71.*

Para tratar de superar la profunda crisis sentimental y poética que lo atormentaba, se marchó en junio de 1929 a **Nueva York**[2] con una beca de estudios de la Columbia University, donde escribió *Poeta en Nueva York,* grito de protesta contra la civilización mecánica, y *El público,* drama experimental, abstracto y enigmático, sobre el amor.

En marzo de 1930 invitado por la Asociación Hispano-Cubana de Cultura fue a Cuba, la *Andalucía mundial,* para dar unas conferencias - *Mecánica de la nueva poesía, Arquitectura del cante jondo, Teoría y juego del duende* - y allí vivió felizmente durante tres meses. *Si me pierdo que me busquen en Cuba,* escribió en una carta a sus padres.

Cuando regresó a España se dedicó principalmente al teatro, aunque tampoco abandonó la poesía, como lo demuestran *El llanto por la muerte de Ignacio Sánchez Mejías, El diván del Tamarit y Sonetos del amor oscuro.* Creó un *teatro de cámara* al cual destinó dos farsas *La zapatera prodigiosa y Amor de don Perlimplín con Belisa en su jardín* y un teatrillo de marionetas, la *Tarumba,* para el cual hizo varias adaptaciones de los *Cristobicas*[3]. A partir de 1932 dirigió el teatro experimental universitario *La Barraca,* representando con éxito por los pueblos de España a Cervantes, a Lope, a Tirso, a Calderón. De esa experiencia como director, nacerá su teatro mayor: *Bodas de sangre (1933), Yerma (1934) y La casa de Bernarda Alba (1936),* obras basadas en hechos realmente ocurridos en tres pueblos de su Andalucía.

En plena actividad creadora, el 19 de agosto de 1936, Federico García Lorca moría asesinado al pie de un olivo, junto a la *Fuente de las lágrimas,* cerca de su tierra natal:

Será de noche, en lo oscuro,
por los montes imantados,
donde los bueyes de agua
beben los juncos soñando.

---

2. Descripción lírica de Nueva York: *Arquitectura extrahumana y ritmo furioso, geometría y angustia. Ejército de ventanas, donde ni una sola persona tiene tiempo de mirar una nube.* (Federico García Lorca, Obras completas, Entrevistas y declaraciones, Cap. XII, pág. 1713, Aguilar, 1971.

3. Teatro de títeres basado en la figura de *"don Cristóbal"* el andaluz, primo del *Bululú* gallego y cuñado de la *tía Norica,* de Cádiz; hermano de *Monsieur Guiñol,* de París, y tío de *don Arlequín* de Bérgamo. Cit. por A. Josephs, en *La casa de Bernarda Alba,* Cátedra, 1997, pág. 31.

Obra dramática

El teatro es la poesía que se levanta
del libro y se hace humana:
Y al hacerse, habla y grita,
llora y se desespera.
F.G. Lorca

Con la Barraca Federico G. Lorca recorrió los pueblos de España representando a Lope, a Tirso, a Calderón ...

Teatro y poesía están tan íntimamente fundidos en la mente de Lorca que todas sus obras, a excepción de *La casa de Bernarda Alba,* además de estar escritas en prosa y en verso, concentran en los versos los momentos de mayor tensión dramática. Algunas llevan incluso el subtítulo de *romance o de poema,* como, por ejemplo, *Mariana Pineda, romance popular; Yerma, poema trágico; Doña Rosita, poema granadino.*

Lorca concibe el teatro como espectáculo total, resultado de la armoniosa combinación de gestos, palabras, música y acción, en el que hay que tener en cuenta por igual al autor dramático y al director artístico. Es un teatro antiburgués, poético, experimental, orientado a *explicar con ejemplos vivos normas eternas del corazón y del sentimiento del hombre* como lo son las dos geniales farsas *La zapatera prodigiosa* y *Amor de don Perlimplín con Belisa en su jardín.*

El tema central de todas sus obras es *el amor,* fuerza extraña y misteriosa que arrastra fatalmente a la muerte violenta. La acción parte de una situación conflictiva, que resulta del enfrentamiento entre la ley natural y la ley social, entre la realidad y el deseo. Un aire de misterio y fatalismo circunda toda su obra desde *El maleficio de la mariposa, comedia humilde e inquietante* sobre el amor, hasta *La casa de Bernarda Alba,* drama desnudo y esencial sobre la tiranía y la represión. Casi todos los personajes mueren víctimas del *cuchillo, la navaja o el puñal,* símbolos de su arsenal poético: *don Perlimplín* muere clavándose un puñal en el pecho; *Leonardo* muere en una reyerta a cuchilladas; Juan muere estrangulado por *Yerma.* La única que tiene un final feliz es la *Zapatera prodigiosa* gracias precisamente a la fuerza del prodigio.

La mayor parte de sus obras fueron representadas con éxito en vida del autor. Sólo la primera, *El maleficio de la mariposa,* concebida para marionetas y adaptada después para actores, fue un fracaso, debido probablemente al excesivo lirismo y al escaso dramatismo. *Mariana Pineda* y *Doña Rosita la soltera o el lenguaje de las flores* se estrenaron en Barcelona en 1927 y 1935 respectivamente; las tragedias rurales *Bodas de sangre* y *Yerma* y la farsa surrealista *Amor de don Perlimplín con Belisa en su jardín* en Madrid, entre 1933 y 1934; *La zapatera prodigiosa* y *Retablillo de don Cristóbal* en Buenos Aires, en 1934 también, y *La casa de Bernarda Alba,* última obra de Federico, considerada por la crítica como la mejor, se estrenó póstuma en el Teatro Avenida de Buenos Aires en 1945.

El público (1930) y *Así que pasen cinco años (1931),* dramas oscuros y enigmáticos que el propio Lorca consideraba irrepresentables, fueron llevados a la escena muchos años después.

La zapatera prodigiosa

La zapatera prodigiosa es una *farsa simple, donde se describe un espíritu de mujer y se hace, al mismo tiempo y de manera tierna, un apólogo del alma humana.* Comenzada a redactar en 1923, se estrenó en versión definitiva en Buenos Aires en 1934: once años de elaboración durante los cuales Lorca selecciona, ordena y reorganiza por estilización todo el material que le viene de los títeres de la tía Norica hasta desembocar en *La zapatera prodigiosa,* ejemplo poético del alma humana *donde no se dicen más palabras que las necesarias y se insinúa todo lo demás.*

El tema clásico del matrimonio por conveniencia entre un viejo y una joven, se desarrolla resaltando la dignidad del viejo y el amor profundo entre los esposos. Como en un poema los elementos se repiten hasta terminar la obra casi como empieza, como si la acción no tuviera desarrollo, pero a la vez dejándola abierta a múltiples finales posibles.

El motivo central es el comportamiento agresivo y respondón de la hermosa joven, comportamiento que causa la fuga del pobre zapatero a quien, por otra parte, la maledicencia de la gente no le deja vivir en paz. Pero como *la ausencia es aire / que apaga el fuego chico / y aviva el grande* cuando se vuelven a encontrar, comprendiéndose, comienza para ellos una nueva vida en la que juntos pueden enfrentarse al pueblo.

Ayuda para la comprensión del texto antológico:

- *Igual que usted:* Como usted.
- *¡Qué calentura tengo!:* Me siento la fiebre.
- *En cada casa un traje:* Me estarán poniendo pingando.
- *Titiritero:* Saltimbanco
- *Me sube así un repeluzno:* Me siento un escalofrío.
- *Cortijo:* Casa de campo.
- *Talabartero:* Guarnicionero
- *Mujer arisca:* Mujer intratable.
- *Caracoleaban sus jacas:* Bailaban con sus caballos.
- *Más juncal y torerillo:* Más derecho que un junco y más torero.
- *Pillo, granuja, tunante, canalla:* Pícaro, mentiroso, tuno, farfante.

Acto Primero
Escena XI

Mozo: (En la ventana se para un mozo) *¿Se toma el fresco, zapaterita?*
Zapaterita: *Exactamente igual que usted.*
Mozo: *¡Y siempre sola...! ¡qué lástima!*
Zapaterita: (Agria) *¿Y por qué lástima?*
Mozo: *Una mujer como usted con ese pelo, y esa pechera tan hermosísima.*
Zapatera: (Más agria) *¿Y por qué lástima?*
Mozo: *Porque usted es digna de estar pintada en las tarjetas postales y no aquí... en este portalillo.*
Zapatera: *¿Sí?... A mí las tarjetas postales me gustan mucho, sobre todo... las de los novios que se van de viaje...*
Mozo: *¡Ay, zapaterita, qué calentura tengo!*
Zapatero: (Entrando y retrocediendo) *Con todo el mundo, ¡y a estas horas!, ¡qué dirán los que vengan al rosario de la iglesia?*
¡Qué dirán en el casino! ¡Me estarán poniendo!... ¡En cada casa un traje con ropa interior y todo! ¡Ay Dios mío! ¡Tengo razón para marcharme!¡Quisiera oír a la mujer del sacristán!, pues ¿y los curas? ¿Qué dirán los curas? Eso será lo que habrá que oír.
Mozo: *¿Cómo quiere que se lo exprese?... yo la quiero... te quiero como...*
Zapaterita: *Verdaderamente eso de la quiero, te quiero, suena de un modo...que parece que me están haciendo cosquillas con una pluma detrás de las orejas; la quiero... te quiero...*
Mozo: *¿Cuántas semillas tiene el girasol?*
Zapatera: *¡Yo qué sé!*
Mozo: *Tantos suspiros doy cada minuto por usted... por ti. (Muy cerca)*
Zapatera: (Brusca) *Estate quieto. Yo puedo oírte hablar porque me gusta y es bonito, pero nada más, ¿lo oyes? ¡Estaría bueno!*
Mozo: *Pero eso no puede ser. ¿Es que tienes otro compromiso?*
Zapatera: *Mira, vete.*
Mozo: *No me muevo de este sitio sin el sí. ¡Ay mi zapaterita, dame tu palabra!* (Va a abrazarla)
Zapatera: (Cerrando violentamente la ventana) *¡Pero qué impertinente, qué loco!... ¡Si te he hecho daño te aguantas! Como si yo no estuviera aquí más que para... para... ¿Es que en este pueblo no puede una hablar con nadie?*

Acto Segundo
Escena IV

(Por la puerta aparece el zapatero disfrazado. Trae una trompeta y un cartelón enrollado).

Zapatero: *Buenas tardes*
Zapatera: *Buenas tardes tenga usted, señor titiritero.*
Zapatero: *¿Aquí se puede descansar?*
Zapatera: *Y beber si usted gusta.*

Alcalde: *Pase usted, buen hombre, y tome lo que quiera, que yo pago.*
(A los vecinos) *Y vosotros, ¿qué hacéis aquí?*
Vecina roja: *Como estamos en lo ancho de la calle no creo que le estorbemos.*
Zapatero: (Mirándolo todo con disimulo) *Déjelos, señor alcalde... supongo que es usted, que con ellos me gano la vida.*
Niño: *¿Dónde he oído yo hablar a este hombre?* (El niño mira con extrañeza al zapatero) *¡Empieza ya los títeres!*
Zapatero: *En cuanto tome un vaso de vino.*

Zapatero: *¡Atención!*
Respetable público: Oigan ustedes el romance verdadero y sustancioso de la mujer rubicunda y el hombrecito de la paciencia para que sirva de escarmiento y ejemplaridad a todas las gentes de este mundo. Aguzad vuestros oídos y entendimiento.
Niño: (A la zapatera) *¿No te parece el titiritero hablando a tu marido?*
Zapatera: *Él tenía la voz más dulce.*
Zapatero: *¿Estamos?*
Zapatera: *Me sube así un repeluzno.*
Niño: *¡Y a mí también!*

Zapatero: *En un cortijo de Córdoba*
entre jarales y adelfas
vivía un talabartero
con una talabartera.
Ella era mujer arisca,
él, hombre de gran paciencia.
Ella giraba en los veinte
y él pasaba de cincuenta
Santo Dios cómo reñían.
Miren ustedes la fiera:
burlando al débil marido
con los ojos y la lengua.

Zapatera: *¡Qué mala mujer!*

Zapatero: *Cabellos de emperadora*
tiene la talabartera,
y una carne como el agua
cristalina de Lucena.
Cuando movía las faldas
en tiempos de primavera
olía toda su ropa
a limón y a hierbabuena.
Ay qué limón
de la limonera.
¡Qué apetitosa talabartera! (Los vecinos ríen)
Ved como la cortejaban
mocitos de gran presencia
en caballos relucientes
llenos de borlas de seda.
Gente cabal y garbosa
que pasaba por la puerta
haciendo brillar adrede
las onzas de sus cadenas.
La conversación a todos
daba la talabartera
y ellos caracoleaban
sus jacas sobre las piedras.
Miradla hablando con uno
bien peinada y bien compuesta
mientras el pobre marido
clava en el cuero la lezna.
Esposo viejo y decente casado con joven tierna
qué tunante caballista
roba tu amor en la puerta.
(La Zapatera rompe a llorar)

Zapatero: *¿Qué os pasa?*
Alcalde: *¡Pero niña!*

Vecina roja: *¡Siempre llora quien tiene por qué callar!*

Después de haber tomado un café y de haberle dicho a la zapatera que estaba buenísimo y que no *cambiaría ese instante por toda una eternidad,* antes de despedirse de ella le pregunta qué quiere que le diga a su esposo en el caso de que lo encuentre, a lo cual la zapatera le responde:
Zapatera: *Dígale usted que lo adoro.*
Zapatero: (Acercándose) *¿Y qué más?*
Zapatera: *Que día y noche lo tengo metido en lo más hondo de mi pensamiento.*
Zapatero: (Entusiasmado) *¿Y qué más? ¿Qué? ¿Qué?*
Zapatera: *Que a pesar de sus cincuenta y tantos años, ¡benditísimos cincuenta años!, me resulta más juncal y torerillo que todos los hombres del mundo.*
Zapatero: *¡Niña ¡Qué primor! ¡Le quiere usted tanto como yo a mi mujer!*
Zapatera: *¡Muchísimo más!*
Zapatero: *No es posible. Yo soy como un perrillo y mi mujer manda en el castillo, ¡pero que mande! ¡Tiene más sentimiento que yo!*
Zapatera: *Y no se olvide decirle que lo espero, que el invierno tiene las noches largas.*
Zapatero: *Entonces ¿lo recibiría usted bien?*
Zapatera: *Como si fuera el rey y la reina juntos.*
Zapatero: *¿Y si por casualidad llegara ahora mismo?*
Zapatera: *¡Me volvería loca de alegría!*
Zapatero: *¿Le perdonaría su locura?*
Zapatera: *¡Cuánto tiempo hace que se la perdoné!*
Zapatero: *¿Quiere usted que llegue ahora mismo?*
Zapatera: *¡Ay si viniera!*
Zapatero: (Gritando) *¡Pues aquí está!*
Zapatera: *¿Qué está usted diciendo?*
Zapatero: (Quitándose el disfraz) *¡Que ya no puedo más! ¡Zapatera de mi corazón!*

(La zapatera retrocede espantada y queda suspensa con un hipo largo y cómico en la garganta) *¿Qué te pasa, prenda mía? ¡Te lo he dicho sin prepararte y es demasiado!*
La zapatera (Reaccionando) *¿Lo oyes? Pillo, granuja, tunante, canalla.*
¡Por tu culpa!
Zapatero: (Emocionado) *¡Mujer de mi corazón!*
Zapatera: (Reaccionando) *¿Lo oyes...?*

Ejercicios

1. **Elige la forma correcta y sustituye los infinitivos con los tiempos adecuados en el texto "Génesis de La zapatera prodigiosa":**

- ***Era el verano de 1926.*** *Yo* **estavo / estaba / era** *en Granada rodeado de higueras, de espigas...;* **era / fui / soy** *dueño de una caja de alegría, íntimo amigo de las rosas...*

- *Las cartas inquietas que **recibí / recibía / recibiré** de mis amigos de París en hermosa y amarga lucha con un arte abstracto me **llevaron / pusieron / hicieron** a componer, por reacción, esta fábula casi vulgar con su realidad directa, donde yo **quería / quise / quisiese** que **fluiba / fluyera / fluirá** un invisible hilo de poesía.*
- *Yo **querer** .... expresar en mi Zapatera la lucha de la realidad con la fantasía que **existir** .... en el fondo de toda criatura. (Autocrítica, La Nación,* Buenos Aires, 30 de noviembre de 1933).

2. Contesta a las siguientes preguntas:

- ¿Dónde nació Federico García Lorca?
- ¿Qué estudios realizó?
- ¿Cuándo fue a vivir a la famosa Residencia de Estudiantes de Madrid y a quiénes conoció allí?
- ¿Con qué libro alcanzó la notoriedad?
- ¿Por qué se marchó a Nueva York y qué impresión le produjo esa metrópolis?
- ¿Qué significó para él dirigir el teatro universitario *La Barraca* y qué obras nacieron de esa experiencia?

3. Asocia cada vocablo con su equivalente y construye una breve frase con cada uno: Ejemplo: A los niños les gustan mucho los titiriteros

Titiriteros	Triunfo
Colaboró	Saltimbanquis
Expuso	Cooperó
Acontecimiento	Evento
Notoriedad	Suscitó
Provocó	Fama
Éxito	Presentó

4. Sustituye los adjetivos en negrita del Prólogo de La Zapatera prodigiosa con otros equivalentes:

***Respetable** público... (pausa). No, respetable público, no, público solamente...*

*En todos los sitios late y anima la criatura **poética** que el autor ha vestido de zapatera con aire de refrán o **simple** romancillo y no se extrañe el público si aparece **violenta** porque ella lucha siempre, lucha con la realidad que la cerca y lucha con la fantasía cuando ésta se hace realidad **visible.***

5. Elige la respuesta que se da en el texto:

- ¿Qué le dice el mozo a la zapatera cuando la encuentra?
  a) *¿Qué tal estás, zapaterita?*
  b) *¿Cómo estás tan sola?*
  c) *¿Se toma el fresco, zapaterita?*

- ¿Cómo es la zapatera según la opinión del mozo?
  a) *Es digna de estar pintada en las tarjetas postales.*
  b) *Es muy hermosa y muy simpática.*
  c) *Es agria.*

- ¿Le gustan las tarjetas postales a la zapatera?
  a) *Le gustan muy poco.*
  b) *Le gustan sólo las de los novios.*
  c) *Le gustan mucho, sobre todo las de los novios.*

- ¿Qué dice el zapatero entrando disfrazado en la taberna?
  a) *¡Hola, ¿qué tal?*
  b) *¿Aquí se puede descansar?*
  c) *¿Quieren oír un romance?*

- ¿Qué le contesta la zapatera?
  a) *Buenos días, señor.*
  b) *Y beber si usted gusta.*
  c) *¿Qué nuevas nos trae?*

- ¿Qué comentario hace el niño a propósito del titiritero?
  a) *A mí me gustan mucho los titiriteros.*
  b) *¿No te parece el titiritero hablando a tu marido?*
  c) *¡Qué simpático es este señor!*

6. Imagina las preguntas que le hacen a Federico García Lorca:

- **P.** ....
- **R.** En la Residencia de Estudiantes tuve ocasión de leer mis obras y recitar mis poemas ante un público culto y refinado.
- **P.** ....
- **R.** Con Manuel de Falla trabajé en Granada sobre la música y las letras de las canciones andaluzas antiguas.
- **P.** ....
- **R.** El *Romancero gitano,* cuyos motivos esenciales son *la pena, el dolor y la muerte.*
- **P.** ....
- **R.** Llegó a tener siete ediciones y su lectura provocó manifestaciones de delirio.
- **P.** ....
- **R.** El tema central de todas mis obras es *el amor,* fuerza extraña y misteriosa que arrastra fatalmente a la muerte.
- **P.** ....
- **R.** Casi todos los personajes mueren víctimas del *cuchillo, navaja o puñal,* símbolos de mi arsenal poético.
- **P.** ....
- **R.** Solo *La zapatera prodigiosa* termina felizmente gracias a la fuerza del prodigio.

7. **Verdadero o Falso.**

- La mayor parte de sus obras fueron representadas con éxito en vida del autor.
- *La zapatera prodigiosa* fue iniciada en 1923 y se estrenó en Buenos Aires en 1934. Once años de elaboración.
- *La casa de Bernarda Alba* se representó póstuma en Buenos Aires en 1945.
- *Si me pierdo que me busquen en Méjico.*
- Federico murió asesinado al pie de un ciprés.

8. **Transforma en interrogativas las siguientes declaraciones de tres ilustres críticos italianos, Carlo Bo, Oreste Macrí y Vittorio Bodini[4]:**

- Carlo Bo: *El sufrimiento es la clave de todo el edificio lorquiano.*
- Oreste Macrì: *Es admirable la capacidad mimética, histriónica, verdaderamente "gitana" de Federico.*
- Vittorio Bodini: *El lenguaje de Lorca tiene todas las cualidades de la vida: el frío del hielo, el sabor de la fruta, el ardor del fuego, el peso de los metales.*

9. **Cambia las palabras en negrita con otras parecidas y atribuye cada frase a su autor:**

- *¡Ay qué **calentura** tengo!*
- *¿Qué dirán los **curas?***
- ***Tome** lo que quiera, que yo pago.*
- *Él tenía la voz más **dulce.***
- *Y ellos **caracoleaban** sus jacas sobre las piedras.*
- *¡Siempre llora quien **tiene por qué callar.***

- Mozo
- Zapatero
- Alcalde
- Vecina
- Zapatera
- Niño

---

4. **Carlo Bo:** *La sofferenza è la chiave di volta di tutto l´edificio lorchiano. (¡Oh el más profundo dolor, / el dolor de la alegría, / reja que nos abre surcos / donde el llanto fructifica!). Granada e New York, confronto di sofferenze, popoli schiacciati e offesi dalla storia. Il senso d'allegria o il sospetto di una visione dolce della vita con gli anni diminuisce fino a scomparire, e già nelle poesie americane essa allegria si è trasformata in brio formale, in vivacità di ritmo. La sofferenza, il dolore e il senso della morte dagli anni di New York diventano sempre più dominanti.*

Oreste Macrì: *Sono ammirabili le capacità mimetiche, istrioniche, davvero "gitane" di Federico: tenerissimo nelle nenie infantili, legiferante nel cubismo dell´Ode a Salvador Dalí, restauratore del puro ritmo e spirito epico-tragico del Romanzesco nei "romances" gitani, espressionista e surrealista di inaudita violenza emotiva e continuità metaforica nei poemi newyorkesi, orfico ed esaltato nelle stilizzazioni "arabe" delle casidas del Diván, antico universale nel tragico di Bodas de sangre e La casa de Bernarda Alba, pindarico e picassiano nel Llanto. (Poesia spagnola del ´900,* Garzanti, 1974, pag. 63).

Vittorio Bodini: *Il teatro più valido di Lorca respira nella colorata aria andalusa. Ne resterebbero fuori due drammi, Il pubblico (1930) e Aspettiamo cinque anni (1931), imperfette corrispondenze della famosa Ode a Salvador Dalí (1926), le quali rappresentano un tributo pagato all´internazionale metafisica e surrealista*
Il linguaggio di Lorca ha tutte le qualità della vita: il freddo del ghiaccio, il sapore della frutta, l'ardore del fuoco, il peso dei metalli.

10. ¿Qué le responde la zapatera al mozo?

Mozo: *¿Se toma el fresco, zapaterita?*
Zapaterita: ....
Mozo: *¡Y siempre sola...! ¡qué lástima!*
Zapaterita: ....
Mozo: *Una mujer como usted con ese pelo, y esa pechera tan hermosísima.*
Zapatera: *(Más agria) ¿*..*?*
Mozo: *Porque usted es digna de estar pintada en las tarjetas postales y no aquí... en este portalillo.*
Zapatera: *¿Sí?... A mí las tarjetas postales* ...., *sobre todo las de los novios que* ....

11. Teniendo en cuento los siguientes datos haz una breve descripción de los dos dramaturgos más importantes del siglo XX: Federico García Lorca y Valle-Inclán.

Ejemplo:
Valle-Inclán nace en Villanueva de Arosa al lado del mar, en el Norte de España, en Galicia.
Federico García Lorca nace en Fuente Vaqueros a 500 metros de altitud en la vega de Granada cerca de las montañas del Sur.

- Temperamento: Aventurero y soñador / Alegre y comunicativo.
- Estudios: Derecho / Derecho y Filosofía.
- Países inolvidables: Méjico / Cuba.
- Muerte: Natural / Violenta.
- Obras: Prosa expresionista / Poesía simbolista.
- Pintores afines : Ensor / Kandinsky.

12. Indica la respuesta correcta:

- Federico García Lorca escribe casi todas sus obras de teatro
  a) *en prosa.*
  b) *en verso.*
  c) *en prosa y en verso.*

- El suyo es un teatro
  a) *burgués.*
  b) *poético.*
  c) *político.*

- cuyo tema central es
  a) *la justicia.*
  b) *el amor.*
  c) *el honor.*

- El punto de partida de la acción es
  a) *la realidad*
  b) *el conflicto.*
  c) *el sueño.*

- *La zapatera prodigiosa* es
  a) una farsa.
  b) una comedia.
  c) una tragedia.

- Lorca concibe el teatro
  a) *como puro diálogo.*
  b) *como combinación de gestos, palabras, música y acción.*
  c) *como acción e intriga.*

- El lenguaje de su teatro mayor es
  a) *un lenguaje esencial.*
  b) *un lenguaje surrealista.*
  c) *un lenguaje modernista.*

13. ¿Qué títulos les pondrías a los siguientes versos?

Título: ....
Que todos sepan que no he muerto;
que hay un establo de oro en mis labios;
que soy el pequeño amigo del viento Oeste;
que soy la sombra inmensa de mis lágrimas.

Título: ....
Será de noche, en lo oscuro,
por los montes imantados,
donde los bueyes de agua
beben los juncos soñando.

Bibliografía

- **Emiliano Díez Echarri y José María Roca Franquesa,** *Historia de la Literatura Española e Hispanoamericana,* Aguilar, Madrid, 1966, Págs. 1313-1318.
- **Mario Di Pinto, Rosa Rossi,** *La Letteratura Spagnola, dal Settecento ad oggi,* Sansoni/Accademia, Milano, 1974, págs. 423-446.
- **Pedro Salinas,** *Literatura Española Siglo XX,* Alianza editorial, Madrid, 1979, Págs. 191-203.
- **Rafael Santos Torroella,** *Salvador Dalí escribe a Federico García Lorca,* Revista ilustrada de información poética, número 27- 28, Ministerio de Cultura, 1978.
- **Vittorio Bodini,** *Poetas surrealistas españoles,* Tusquets editores, Barcelona, 1971.
- **Vittorio Bodini,** *Tutto il teatro,* Arnoldo Mondadori, 1965.

- **Federico García Lorca,** *Conferencias,* Alianza Editorial, Vol. I y II, Madrid, 1984.
- **Federico García Lorca,** *Poesía,* edición de Carlo Bo, Guanda, 1964.
- **Federico García Lorca,** *Primer Romancero gitano, Llanto por Ignacio Sánchez Mejías,* edición de Miguel García Posada, Clásicos Castalia, Madrid, 1988.
- **Federico García Lorca,** *Lamento per Ignazio Sánchez Mejías e altre poesie,* traduzione di Carlo Bo, a cura di Cesare Greppi, Arnoldo Mondadori, 1996.
- **Federico García Lorca,** *Il maleficio della farfalla,* a cura di Piero Menarini, Ugo Guanda / Editore, Parma, 1996.
- **Federico García Lorca,** *La zapatera prodigiosa,* edición de Joaquín Forradellas, Almar, Salamanca, 1978.
- **Federico García Lorca,** *El Público,* edición de María Clementa Millán, Cátedra, 1998.
- **Federico García Lorca,** *La casa de Bernarda Alba,* edición de Allen Josephs y Juan Caballero, Cátedra, 1997.

Max Aub

Puerto de Vera Cruz donde le acogió la ciudad de México. (Primer Acto, número 274)

Tragedia de un pueblo y símbolo de los sufrimientos de todos los perseguidos.

Cuadro de Picasso que denuncia los horrores de la guerra.

Max Aub le encargó este cuadro a Picasso cuando era Agregado Cultural de la Embajada de Francia

Max Aub

Todo está cada mañana por hacer.
Max Aub, 13 de mayo de 1954.

Max Aub, poeta, dramaturgo, novelista, ensayista, pero sobre todo cronista y testimonio de la época que le tocó vivir, nació el 2 de junio de 1903 en París, de padre español nacido en Alemania y de madre francesa de origen alemán. *¡Qué daño no me ha hecho el no ser de ninguna parte! Me llevaron, niño todavía, a España. Viví desde entonces en Valencia; allí ... me asomé al mundo, allí me casé, allí tengo a mi mujer, a mis hijas, a mis padres...* Así escribía el dramaturgo en noviembre de 1943. Max hablaba correctamente el alemán y el francés, pero toda su obra la escribió en español y española fue la nacionalidad que eligió a su mayoría de edad. Es conocida la respuesta que solía dar cuando se le preguntaba por su origen: *se es de donde se hace el bachillerato,* es decir, de Valencia.

En 1929 se inscribió al P.S.O.E, compromiso ideológico que nunca abandonará; de 1934 a 1936 dirigió el *Búho,* teatro universitario de Valencia, parecido a *La Barraca* de Federico García Lorca y al *Teatro Ambulante* de Alejandro Casona, teatros patrocinados por el gobierno republicano para democratizar la cultura; en 1937 siendo agregado Cultural de la Embajada de España en Francia le encargó a Picasso el *Guernica*[1] para la Exposición Universal de París; en 1938 adaptó para el teatro la novela *La madre de Maskim Gorkji*[2] y en 1939 escribió el guión de la película *Sierra de Teruel,* documento dramático de la guerra dirigida por André Malraux[3]. Estas actividades serán la causa de su peregrinar por cárceles y campos de concentración durante tres años - de 1939 a 1942 - hasta que desembarcó en el puerto de Veracruz donde le acogió la ciudad de México, *continente de los remedios y segundas vidas* como llamó Jorge Guillén[4] a Hispanoamérica.

En 1969 fue por primera vez a España, adonde[5] siempre había soñado volver sin conseguirlo y en mayo de 1972 volvió otra vez, pero como le horrorizaba la idea de morir en la España de Franco repetiría con frecuencia *he venido, no he vuelto.* Murió en México el 22 de julio de ese mismo año y allí reposan sus restos en el Panteón español.

---

1. Guernica: Cuadro de denuncia contra los horrores de la guerra.

2. Maskin Gorkyi (1868-1936): Defensor acérrimo de la revolución socialista..

3. André Malraux (París 1901-1976): Político, escritor y director de cine francés que participó en la *Guerra Civil* española a favor de la República.

4. Jorge Guillén (Valladolid 1893 – Málaga 1984) poeta de la *Generación del ' 27.*

5. Adonde: La forma ***donde*** y la preposición ***a*** constituyen una sola palabra cuando hay un antecedente expreso; y dos palabras ***a donde*** cuando no lo hay.

Ejemplo: Fue a ***España, adonde le esperaban sus amigos.*** / Iremos ***a donde*** quieras.

Obra dramática

Si alguien recuerda mis obras publicadas en España antes de la guerra se sorprenderá del cambio de estilo. Hará mal. ¿Quién de mi edad escribió en 1942 igual que en 1935? Siempre creí que la literatura es, sin remedio, del día en que nace. **Max Aub**

Cuadro expresionista que denuncia los horrores del nazismo.
Max Beckmann (Lipsia, 12 febrero 1884 – New York, 27 diciembre 1950)

Coherente con cuanto declarado, el joven Max, en los años veinte escribió un teatro experimental, conceptual y abstracto, influido por las corrientes vanguardistas europeas, sobre todo por el expresionismo[6] alemán. En ese teatro ya aparecen algunos de los temas que persistirán en su producción futura como *la incomunicabilidad, la crueldad humana, el aislamiento.* Son ejemplos significativos *El desconfiado prodigioso* (1924), *El celoso y su enamorada* (1925), *Espejo de avaricia* (1927) y sobre todo *Narciso* (1928), drama lírico que los universitarios de la Facultad de Derecho estrenaron en Madrid en 1963 como ejemplo de obra conceptual, poética y probablemente pretenciosa. Pero el Teatro Mayor de Max Aub, el que escribe en los años cuarenta después de su trágica experiencia en cárceles y campos de concentración, es sobre todo *crónica y denuncia de los horrores e injusticias de la guerra.* Es un teatro comprometido, en la línea del humanismo socialista, próximo al *teatro-épico* de Bertolt Brecht[7] y anticipador del *teatro-documento* de Peter Weiss, un fresco representativo de su época a modo de *Episodios Nazi-onales* de Europa, entre galdosianos[8] y brechtianos, sobre la Guerra Civil Española, la Segunda Guerra Mundial y la "Guerra Fría". Ese teatro está formado por *San Juan* (1943), *Morir por cerrar los ojos* (1944) y *No* (1949), obras ambientadas respectivamente en un barco a la deriva, en la Francia del gobierno filo-nazi de Pétain[9] y en la estación de Altberg (Alemania) en la frontera entre la ocupación soviética y la norteamericana.

Max Aub escribió también numerosas obras en un acto, algunas de las cuales enlazan temáticamente con su teatro mayor, como por ejemplo los tres dramas del exilio *A la deriva, Tránsito y El puerto,* recogidos en *Los transterrados* (1940-51) donde todavía tiene cabida la esperanza, y *Las vueltas* (1947, 1960, 1964), teatro del recuerdo, de la nostalgia, de la espera infinita.

---

6. Expresionismo: Corriente artística de finales del siglo XIX que trata de representar la experiencia emocional.

7. Bertol Brecht: El *teatro épico* sostiene la teoría del distanciamiento según el cual el espectador debe permanecer distante del drama para poder percibir el mensaje del autor en manera crítica.

8. Benito Pérez Galdós (1843-1920), autor de *Los Episodios Nacionales,* historia novelada del siglo XIX en la que proyecta la historia pasada como guía y espejo de los sucesos contemporáneos.

9. Pétain (1856-1951): General y político francés, Jefe de Estado durante la Segunda Guerra Mundial. En 1940 firmó el armisticio con Alemania.

Max Aub

San Juan

La tragedia San Juan no pasa ni puede pasar de ser crónica y denuncia. Bien poco debe a mi imaginación, y todo a mi experiencia. Max Aub

El San Juan, tragedia de un pueblo y símbolo de los sufrimientos de todos los perseguidos, narra la historia de un buque de carga abarrotado de judíos que huyen del terror nazi sin poder desembarcar en ningún puerto.

La obra fue escrita en 1942 con voluntad de testimoniar la estupidez y la ceguera de los gobiernos democráticos y la complicidad de sus pueblos, pero no se estrenó en España hasta 1998, cincuenta y cinco años después de haber sido publicada en México. *Lo que me movió a escribir la tragedia* - declaró el autor - *fue sencillamente la lectura del suceso escuetamente contado en un periódico. El decorado lo tuve ante mí maniatado en la bodega del buque de carga "Sidi Aicha", en el cual los franceses de Vichy*[10] *me deportaron al Sahara.*

La tragedia está dividida en tres actos, que transcurren en poco más de veinticuatro horas a la vista de un puerto de Asia Menor. En el primer acto, que se desarrolla a pleno sol, los judíos del *San Juan* – banqueros y rabinos, comerciantes y periodistas, niños, jóvenes, viejos...- todavía conservan la esperanza en un desembarco inmediato a pesar de los tres meses de espera; en el segundo, perdidas las esperanzas, algunos jóvenes intentan la fuga, y en el tercero se precipita la tragedia, hundiéndose el barco en alta mar por falta de carburante. Termina la tragedia con la pregunta bíblica de Job pronunciada por el Rabino: *¿Y cómo se justificará el hombre con Dios?*

Ayuda para la comprensión del texto antológico:

- *¡Que ganas tengo de echar a andar!:* ¡Qué ganas tengo de salir de aquí!
- *¿Usted cree que nos vamos a hacer de nuevo a la mar?:* ¿Usted cree que zarparemos?
- *Dando bandazos como todos estos pobrecitos que no tienen donde caerse muertos:* Yendo de aquí para allá como esta gente que no tiene un céntimo.
- *Tal como dispusiste, Andrés se quedó en popa:* Como has ordenado, Andrés se quedó en popa.
- *¿A quien se le ocurre escaparse de día?:* ¡Huir de día, qué locura!
- *Doscientos viejos y viejas que ya no pueden con su alma:* Doscientos viejos y viejas sin fuerza humana.

---

10. Vichy: Ciudad del sur de Francia, capital del régimen político filo-nazi del general Pétain constituido durante la Segunda Guerra Mundial.

San Juan

Acto Primero

(Págs. 125-6)

(En la bodega)
Voces: *¡Rendíos! ¡Rendíos! ¡Daos prisioneros!*
Voces de las personas que descansan: *¡Chist! ¡Chist! ¡Niños, callaos!*
Voces de chicos: *¡Prisioneros! Vengan las cuerdas. Atadlos.*
Una niña: *¡Yo no quiero ser prisionera! ¡Yo no quiero ser prisionera! No vale. No juego.*
Un niño: *¡Aquí no juega nadie! Eres prisionera, quieras o no.*
Niña: *¡No quiero ser prisionera! ¡Mamá! ¡Mamá!*
Erich: *¡Tapadle la boca! (Así lo hacen con un pañuelo) ¡Comodoro!*
El niño: *(El que hace de Comodoro) A la orden, mi capitán.*
Erich: *¿Cuántos prisioneros?*
Comodoro: *Cinco, capitán.*

(Págs. 129-30)

(Por la escalera bajan Efraím, veinticinco años, pobremente vestido como todos, y Raquel, veinte años. Se sientan en los equipajes, bajo la manga de aire.)
Efraím: *Me duelen los ojos.*
Raquel: *El sol ...*
Efraím: *Con este mar tan quieto... Parece un espejo de oro.*
Raquel: *¿Por qué estabas arriba?*
Efraím: *Creí que haría menos calor. Pero en todas partes es igual.*
Raquel: *Aquí, bajo la manga, corre un poco de aire.*
Efraím: *¡Qué ganas tengo de echar a andar!*
Raquel: *¡Antes, lo que queríamos era llegar aquí!*
Efraím: *Porque pensábamos desembarcar.*
Raquel: *¿Qué dicen por ahí?*
Efraím: *No sé, esperan contestaciones. ¡Tres meses esperando contestaciones! ¡Tres meses de súplicas y negativas!*
Raquel: *¿No te importa?*
Efraím: *Creo que no.*
Raquel: *¿Cómo puedes decir eso?*
Efraím: *Figúrate que llegara esta noche la orden que nos permita desembarcar.*
Raquel: *Sí. ¿Y qué?*
Efraím: *Quizá no nos volveríamos a ver. (Raquel calla.) ¿No es verdad?*

(Págs. 146-48)

(En el entrepuente)
Bernheim: *¿Se puede?*
Capitán: *Adelante, señor Bernheim.*

Bernheim: *¿Qué tal, mi capitán? ¿Qué noticias trae usted?*
Capitán: *Pocas y malas.*
Bernheim: *¿Qué daño les hacemos anclados aquí?*
Capitán: *No es ése problema de mi incumbencia. Yo sólo puedo obedecer las órdenes de mi compañía.*
Bernheim: *¿Usted cree que nos vamos a hacer de nuevo a la mar?*
Capitán: *No sé. Es lo más probable.*
Bernheim: *¿Cuándo, señor capitán?*
Capitán: *No lo sé.*
Bernheim: *Capitán: usted sabe que yo soy banquero, ¿no?*
Capitán: *Sí. Sí, señor Bernheim.*
Bernheim: *Usted sabe que mi banco es importante, ¿no?*
Capitán: *Usted me lo dice, yo lo creo.*
Bernheim: *Muchas gracias, señor Capitán. ¿Usted cree que es humano lo que están haciendo con nosotros?*
Capitán: *Usted conoce mi opinión.*
Bernheim: *¡Qué peligro representamos para la humanidad! ¿Eh? ¡Qué peligro para América! ¡Qué peligro para Inglaterra! ¡Qué peligro para Turquía! ¡Seis contables, ciento cuarenta comerciantes, cincuenta y tres abogados, dos rabinos, veinte agricultores, ciento y pico dependientes de comercio, tres directores de escena, seis periodistas, doscientos viejos y viejas que ya no pueden con su alma, treinta y cinco niños..! ¿Es que el Brasil no es bastante grande? ¿Ya no cabe nadie en Palestina? ¡Qué peligro estos huidos de los nazis! ¿Cuánto gana usted, Capitán? Polacos, alemanes, austriacos... ¡Usted no cobrará en dólares, claro! ¡Oh, perdone! Soy indiscreto! Estoy muy mal educado. Un self made man. Mi fortuna la he hecho yo. Sé lo que cuesta reunir un poco de dinero y las necesidades de la familia... Empecé... ¡Para qué le voy a contar mi historia! Pero... Pero ¿no le parece a usted un crimen que yo, con el dinero que poseo, tenga que ir por estas costas dando bandazos como todos estos pobrecitos que no tienen donde caerse muertos? No, si yo no me quejo del trato de a bordo: hacen ustedes lo que pueden... Pero, vamos a ver, mi Capitán: ¿no habría un medio de ... desembarcarme? Un medio... natural, legal.*
Capitán: *Lo siento mucho, señor Bernheim.*
Bernheim: *No sé si usted me entiende, señor Capitán.*
Capitán: *Perfectamente.*
Bernheim: *Yo estaría dispuesto a dar lo que me pidiesen. (Pausa.) Cinco mil dólares, Capitán.*
Capitán: *Tengo trabajo, señor Bernheim.*
Bernheim: (Lloroso) *Comprenda, señor Capitán. ¿Para qué me sirve aquí el dinero? Tengo cuatro hijos. ¿Usted tiene hijos? Siete mil dólares, Capitán.*
Capitán: *¿Para esto, se hubiese usted podido ahorrar los lloros sobre los demás?*
Bernheim: *¿Acepta? Una vez en tierra ...*
Capitán: *No, señor Bernheim. Si pudiera, lo haría por nada. Pero es imposible. Además, han redoblado la vigilancia.*
Bernheim: *¿Cómo si fuésemos apestados?*
Capitán: *Usted lo ha dicho, señor Bernheim. Y perdóneme, que tengo mucho que hacer.*

Acto Segundo

(Págs. 156-7)

(En la bodega)
Leva: *¿Estamos todos?*
Ezequiel: *Sí. Tal como dispusiste, Andrés se quedó en popa.*
Leva: *No podemos perder tiempo. El barco zarpará de madrugada.*
Efraím: *¿Para dónde?*
Leva: *No lo sé. Ni siquiera creo que lo sepa a estas horas el Capitán. No nos quieren tener más tiempo cerca de tierra; y más, después de esta absurda historia de Carlos ¿A quién se le ocurre escaparse de día, delante de todos?*
Ezequiel: *En tierra habrán creído que era uno que se bañaba. ¿Lo han cogido?*
Leva: *No hay noticias. Pero casi seguro que sí. Pero no nos hemos reunido para hablar de un loco.*
Uno: *Si ésta es una reunión del Partido, yo no soy...*
Leva: *Lo sabemos. Pero también tu simpatía hacia nosotros, y creemos ....*
Camaradas: *... En tierra nos esperan.*
Efraím: *Pero, ¿cómo...?*
Leva: *Tú no te preocupes.*
Ezequiel: *¿Y una vez en tierra?*
Leva: *Probablemente, a España.*
Uno: *Contad conmigo.*

(Págs. 159)

Leva: *Y ni una palabra a nadie, ¿me oís? A nadie*

(Págs. 160)

Raquel: *¿Qué te pasa?*
Efraím: *De verdad: nada.*
Raquel: *¿Me vas a mentir? Ya te conozco bastante...*
Efraím: *No te lo puedo decir, Raquel.*
Raquel: *Muy bien. ¿Hay algo que valga para ti más que yo?*
Efraím: *No. Entre los seres humanos, no.*
Raquel: *¿El Partido?* (Efraím no contesta.) *¿No contestas?*

(Págs. 162)

Raquel: *¿Con que confiesas que os marcháis? ¿Y eras capaz de hacerlo sin decirme una palabra? ¿Y a dónde vais?*
Efraím: (Bajo) *España...*
(Pausa)
Raquel: *No quiero, ¿me oyes? No quiero. ¡Yo también tengo mi vida, y no quiero que te marches, te quiero tener conmigo! ¡A menos que quieras que me vaya con vosotros!*

Efraím: *Ni hablar. Tú no sabes nada, nada. ¡Júrame no decir nada a nadie! ¡Júramelo!*
Raquel: *No. Es tarde. Si no me prometes ahora mismo quedarte, gritaré por ahí... y ni siquiera tus compañeros se podrán fugar...* (Más bajo) *¿Crees de verdad que tu esfuerzo personal puede arreglar el mundo? ¿Crees que si no vas a España los republicanos perderán la guerra? Y, mientras tanto, ¿yo qué? Leer en los ojos de mis padres, a cada momento:¡tenía razón!*
Efraím: *¿Cómo te puedo explicar...?*
Raquel: *Mejor es que calles. Sé todo lo que me vas a decir: el mundo, los compañeros, el porvenir... Pero, ¿y yo? ¿Es que yo no tengo porvenir?... ¿No has pensado que podemos tener hijos, hijos...?*

(Págs. 163)

Leva: (Desde arriba de la escalera, a Efraím.) *¡Efraím! ¿No ha vuelto Ezequiel?*
Efraím: *No.*
Leva: *Si le ves, dile que le espero; él sabe dónde.*
Raquel: (Subiendo rápidamente la escalera, a Leva.) *Espera. Efraím quiere hablarte.*
Leva: (Bajando, a Efraím) *¿Qué hay? ¿Qué quieres?*
Efraím: *Me quedo.*
Leva: *Si tuviera un arma, te mataría como a un perro. ¡Traidor!*
Efraím: *No soy un traidor. Comprende...*

(Págs. 189)

(En la bodega, sentados en los baúles)
Raquel: *Tengo miedo. No quiero estar sin ti.*
Efraím: *No te preocupes. Ya pasamos otro temporal. Será cuestión de horas.*
Raquel: *¿Por qué me rehúyes? ¿Por qué te apartas de mí?*
Efraím: *Son suposiciones tuyas.*
Raquel: *No, Efraím, no. Lo siento muy hondo. ... He perdido.*

Ejercicios

1. Contesta a las siguientes preguntas:

- ¿Dónde nació Max Aub y de dónde eran sus padres?
- ¿Qué nacionalidad eligió a su mayoría de edad y qué motivación solía dar?
- ¿Qué compañía teatral dirigió en Valencia de 1934 a 1936?
- ¿Qué cuadro le encargó a Picasso para la Exposición Universal de París cuando era Agregado Cultural de la Embajada de Francia?
- ¿Cuándo iniciaron sus sufrimientos?
- ¿Por qué razón le horrorizaba la idea de morir en España?
- ¿Qué tipo de teatro escribió en los años veinte y por quien estaba influido?
- ¿Qué temas de esta época permanecen en su producción futura?
- ¿Qué obras constituyen su Teatro Mayor, dónde están ambientadas y a qué autores se aproximan?
- ¿Qué historia narra el *San Juan* y cómo se precipita la tragedia?

2. **Expresa con otras palabras las siguientes declaraciones de Max Aub:**

- *Todo está cada mañana por hacer.*
- *He venido, no he vuelto* (a España)- repetía con frecuencia Max Aub.
- *Se*[11] *es de donde se hace el bachillerato.*
- *La tragedia San Juan no pasa ni puede pasar de ser crónica y denuncia.*

3. **Asocia cada frase con su correspondiente figura retórica: metáfora, anáfora, interrogación retórica.**

- Viví desde *entonces* en Valencia; allí me asomé al mundo, allí me casé, allí tengo a mi *mujer, a mis hijos, a mis padres.*
- *México, continente de los remedios y segundas vidas,* llamó Jorge Guillén a Hispanoamérica.
- *¿Quién de mi edad escribió en 1942 igual que en 1935?*

4. **Indica cuál es la respuesta correcta:**

- El teatro de Max Aub es sobre todo:
  a) *teatro existencial.*
  b) *teatro de denuncia y teatro testimonio.*
  c) *teatro revolucionario.*

- La tragedia el *San Juan* está inspirada:
  a) *en la travesía que hizo en el Serpa Pinto de Casablanca a Veracruz, adonde llegó el 1 de octubre de 1942.*
  b) *en el buque de carga francés Sidi Aicha que lo condujo de Port Vendres a Argelia en 1941.*
  c) *en el campo de concentración francés Le Vernet d'Ariège.*

- La obra está ambientada:
  a) *en un puerto de Asia Menor.*
  b) *en el puerto de Marsella.*
  c) *en un puerto del norte de África.*

5. **Elige la respuesta que se da en el texto:**

Una niña: *Yo no juego.*
Un niño:
  a) *¿Por qué no quieres jugar con nosotros?*
  b) *¡Aquí no juega nadie! Eres prisionera quieras o no.*
  c) *¿Cuántos prisioneros hemos hecho?*

---

11. "Se" con valor impersonal equivalente a uno: Ejemplo: Uno es de donde ...
"Se" signo de pasiva: Se + verbo transitivo (3ª pers. Sing / Plural): Ej. Se alquilan pisos.
"Se" pronombre personal como variante de los pronombres átonos le /les. Ej. Se lo dije a él.

Efraím: *¡Qué ganas tengo de echar a andar!*
Raquel:
a) *Antes era otra cosa.*
b) *No sé lo que quiero.*
c) *¡Antes, lo que queríamos era llegar aquí!*

Bernheim: *No sé si usted me entiende.*
Capitán:
a) *Perfectamente.*
b) *En absoluto.*
c) *Intento entenderle.*

¿Qué le dice Raquel a Efraím?
a) *¿Contra tu amor propio qué puedo?*
b) *He perdido.*
c) *Lo siento mucho pero no era justo escapar.*

6. **Transforma en plural el siguiente diálogo:**

- *¿Qué te pasa?*
- *De verdad: nada.*
- *¿Me vas a mentir? Ya te conozco bastante...*
- *No te lo puedo decir.*
- *Muy bien. ¿Hay algo que valga para ti más que yo?*
- *No. Entre los seres humanos, no.*
- *¿El Partido?* (Efraím no contesta.) *¿No contestas?*

7. **Sustituye los infinitivos con los tiempos y modos adecuados:**

- ***¿Estar*** *.................... todos?*
- *Sí. Tal como* ***disponer*** *.................... Andrés* ***quedarse*** *.................... en popa.*
- *No* ***poder*** *.................... perder tiempo. El barco zarpará de madrugada.*
- *¿Para dónde?*
- *No lo* ***saber****.................... Ni siquiera creo que lo* ***saber*** *.................... a estas horas el Capitán. No nos quieren tener más tiempo cerca de tierra; y más, después de esta absurda historia de Carlos ¿A quién* ***ocurrírsele*** *................escaparse de día, delante de todos?*
- *En tierra habrán creído que era uno que se bañaba. ¿Lo han cogido?*
- *No* ***haber*** *.................... noticias. Pero casi seguro que sí.*
- *Camaradas: ... En tierra nos* ***esperar*** *....................*

8. **Transforma los siguientes imperativos positivos en negativos:**

- *Rendíos:*
- *Daos prisioneros:*
- *¡Niños, callaos!*
- *Atadlos:*
- *¡Tapadle la boca!*

9. Formula una pregunta por cada una de las siguientes declaraciones:

- ***Enrique Díez Cañedo:*** *En el prólogo de Los poemas cotidianos de Max, libro publicado en 1925, dice a propósito de Max Aub: Viajante de poesía se le podría llamar, activo, inquieto en ese eterno vagar, en esa perpetua mudanza.*

- ***Juan Renau:*** *Max Aub es una especie de Aldo Manuzio, mitad valenciano, mitad no sé de donde.*

- ***Rafael Conte:*** *Probablemente la importancia decisiva de su teatro – escribía en 1969- radique en el género teatral, en algunas de sus obras –No, San Juan, Morir por cerrar los ojos- naturalmente ausentes de los escenarios españoles.*

10. Sintetiza en breves frases los siguientes juicios críticos sobre el San Juan:

Ejemplo: Según A. M. Molina el hundimiento del *San Juan* es símbolo y equivalencia del hundimiento de la República.

- **Antonio Muñoz Molina:** *El destino del carguero San Juan en verano de 1938 es simultáneo al de la República española, cada uno resulta símbolo y equivalencia del otro. La República se va hundiendo como se va hundiendo el barco de los judíos, y los sufrimientos de los unos y de los otros se suceden ante la indiferencia absoluta de quienes podían y debían ayudarles.*

- **Manuel Aznar Soler:** *El San Juan de Max Aub no sólo es el símbolo del naufragio de la República española, sino también y a la vez un episodio del antisemitismo abordado por el judío humanista y republicano Max Aub con voluntad de testimonio y denuncia.*

- **Enrique Díez Cañedo:** *San Juan es la imagen de nuestro mundo a la deriva, condenado sin apelación y abatido sin esperanza. Es la tragedia de todos. (México, D.F., día de San Juan, 1943).*

- **Octavio Paz:** *La tragedia de Max Aub no tiene héroes. Mejor dicho, el héroe es un barco y una raza. San Juan es teatro verdadero, sustentado en la realidad de nuestra época y animado por la imaginación.*

- **Francisco Ruiz Ramón:** *El San Juan está formado por una serie de escenas sueltas mediante las cuales el autor hace desfilar ante nosotros el dolor, el miedo, la angustia, la cólera, la cobardía, individualizados en unos cuantos personajes.*

- **Juan Rejano:** *La tragedia San Juan refleja las experiencias dolorosas de todos los perseguidos. Es una síntesis trágica, poética, una imagen fulgurante del mundo actual (1938).*

11. ¿En qué campos estuvo prisionero Max Aub y por qué razón?

Max Aub permaneció casi un año con su familia en París, pero en marzo de 1940, acusado de comunista fue detenido y más tarde encarcelado en el campo Roland Garros[12], de donde pasó al campo de concentración de Vernet[13]. Liberado en mayo del 1941, el 2 de junio volvió a ser denunciado y detenido en la cárcel de Niza, donde estuvo 20 días; de ahí pasó a Marsella y después otra vez al campo de concentración de Vernet. A primeros de noviembre fue transportado a nuevas prisiones en el norte de África - Argel, Djielfa y Casablanca -. La travesía desde Port Vendres[14] a Argelia duró tres días en el barco *Sidi Aicha, a donde nos condujeron encadenados de dos en dos.* En ese trayecto se inspirará para escribir su tragedia San Juan.

12. Ordena con coherencia los siguientes fragmentos de los Diarios[15] de Max Aub (1939 - 1972):

- 22 de enero de 1945
- 2 de agosto de 1945
- 12 de febrero de 1954
- 1 de noviembre de 1954

- *Creo no tengo derecho que a callar vi lo que para lo que imagino escribir.*
- *¡Qué daño me ha hecho no el llamarme como llamo me, nombre y apellido con que lo mismo pueden ser de un país que de otro...!*
- *Para nada mí lo de que fue ha dejado de ser...*
- *La novela estos últimos veinte años ha reportaje sido, contemporaneísima historia.*

13. Completa con las siguientes preposiciones : de / en / a / por / al / para / por:

Max Aub nació el 2 ...... junio ...... 1903 ...... París, ... padre español nacido ...... Alemania y de madre francesa ...... origen alemán pero toda su obra la escribió ...... español y española fue la nacionalidad que eligió ...... su mayoría de edad. Es conocida la respuesta que solía dar cuando se le preguntaba ...... su origen: *se es ...... donde se hace el bachillerato, es decir, de Valencia.*

Siendo agregado Cultural de la Embajada ..... España ..... Francia (1937) le encargó .... Picasso el *Guernica* .... la Exposición Universal de París.

---

12. **Roland Garros:** Campo de concentración ubicado en París. Actualmente sede del campeonato de tenis.

13. **Vernet:** Campo de concentración situado en Los Pirineos franceses activo desde 1918 hasta 1944.

14. **Port Vendres:** Pequeño pueblo francés situado en el Pirineo Oriental.

15. **Diarios de Max Aub:**
- *Creo que no tengo derecho a callar lo que vi para escribir lo que imagino.*
- *¡Qué daño no me ha hecho el llamarme como me llamo, con nombre y apellido que lo mismo pueden ser de un país que de otro...!*
- *Para mí nada de lo que fue ha dejado de ser...*
- *La novela estos últimos veinte años (1- XI- 1954) ha sido reportaje, historia contemporaneísima.*

Bibliografía

- **Manuel Aznar Soler:** *San Juan* (tragedia) de Max Aub, Editorial Pre-Textos, Valencia,1998.
- **Max Aub,** *Diarios (1939-1972),* Editorial Alba, S.L. Barcelona, 1998.
- **Francisco Ruiz Ramón:** *Historia del Teatro Español. Siglo XX,* Págs. 245-269, Cátedra, 1992.
- **José Monleón:** *El teatro de Max Aub,* Taurus 104, Madrid, 1971.
- **Primer Acto,** Cuadernos de investigación teatral, N. 274, III/1998: *Max Aub.*
- **Dario Pucini,** *San Juan de Max Aub,* Einaudi, teatro n. 182, 1974.
- **José María de Quinto:** *Informe apresurado sobre el teatro de Max Aub,* Primer Acto, número 52, mayo 1964, pág. 17.

Alejandro Casona

La muerte no es sino un complemento
de la vida, su hermana mas cercana
y un elemento más de la armonía del universo.
(Alejandro Casona)

La dama del alba expresa de la forma
más convincente y verosímil la belleza
de la muerte.
(E. Sainz de Robles)

Henri Matisse: *Retrato de la mujer del artista,*
1913. Hermitage, San Pietroburgo.

Alejandro Casona

La inmensa mayoría de las verdades que nos permiten curar una llaga o acercarnos a la luna se las debemos, en primer lugar, a nuestra maravillosa fantasía.

Alejandro Casona, seudónimo de Alejandro Rodríguez Álvarez, poeta, dramaturgo, traductor, guionista, libretista de ópera, nació el 23 de marzo de 1903 en Besullo, una pequeña aldea perdida en las montañas de Asturias: *Nací y me crié en una vieja casa solariega que, por ser la más grande de la aldea, es llamada por todos La Casona. Al publicar mi primer libro destinado al público, decidí adoptar ese seudónimo que ha llegado a sustituir a mi apellido.*

Alejandro inició el bachillerato en el Instituto *Jovellanos* de Gijón, ciudad en la que descubrió *el mar, los tranvías y La vida es sueño,* y lo terminó en Murcia; se trasladó después a Madrid para estudiar en la *Escuela Superior de Magisterio,* porque la enseñanza era la vocación que todos los hermanos respiraron en *La Casona.* A los 25 años se fue como maestro a *Les,* un pueblo del Pirineo aragonés, donde permaneció tres años durante los cuales se rodeó de libros y se dedicó a escribir.- *Flor de leyendas* y *La sirena varada,* que ganarían el *Premio Nacional de Literatura* en 1932 y el *Premio Lope de Vega* en 1933 respectivamente, son fruto de aquellos años -. En *Les* fundó un teatro para niños, El Pájaro Pinto, con el que trató de armonizar el arte puro con la pedagogía. Los niños – declaró Casona - *se entretuvieron y quedó prendida en la mente de los mayores una lección, un aletazo a la imaginación.*

En 1931 habiendo ganado una oposición de Inspector Provincial se trasladó a Madrid, donde ese mismo año le encargaron la dirección del *Teatro Ambulante, farándula estudiantil escasa de decorados y ropajes pero rica de ilusiones.* Con esa compañía recorrió durante cinco años más de trescientos pueblos *desde Sanabria a la Mancha, desde Aragón a Extremadura,* representando el *razonado repertorio ante el feliz asombro de la aldea.* Para ese público, *que siempre conserva una risa verde entre la madurez secular de su sabiduría,* adaptó Casona dos farsas *Sancho Panza en la Ínsula* y *Entremés del mancebo que casó con mujer brava,* las cuales junto con *Farsa del cornudo apaleado, Fablilla del secreto bien guardado, y Farsa y justicia del corregidor,* compuestas en América, serán publicadas en Buenos Aires en 1949 bajo el título de *Retablo jovial.*

El año 1934 fue muy importante en su vida, porque a raíz del éxito estrepitoso de *La sirena varada,* estrenada el 17 de marzo en el Teatro Español de Madrid, Casona abandonó la enseñanza y se dedicó por completo al teatro. Continuaron los éxitos con *Otra vez el diablo* (1935), admirable equilibrio entre farsa poética y cuento infantil, y con *Nuestra Natacha* (1936), bella fábula pedagógica, *un poco inocente y un poco romántica,* como diría de ella el propio autor.

Pero la Guerra Civil interrumpió esa trayectoria. En 1937 Casona se marchó a Francia y recorrió después como director artístico de la compañía Josefina Díaz y Manuel Collado varios países de Hispanoamérica hasta que en 1939 estableció su residencia en Buenos Aires. Allí escribirá lo mejor de su producción dramática: *La dama del alba* (1944), *La barca sin pescador* (1945) *y Los árboles mueren de pie* (1949).

En abril de 1962, después de veinticinco años de ausencia, regresó a España donde, a pesar del éxito que continuaban teniendo sus obras, le esperó la amargura de las críticas. Cuando Casona *vino a estrenar su teatro* recordó Francisco Umbral en *ABC* (12 de junio de 1974) *ganamos otro amigo, pero perdimos otro mito.*

Murió en Madrid el 17 de septiembre de 1965 a solo 62 años.

Obra dramática

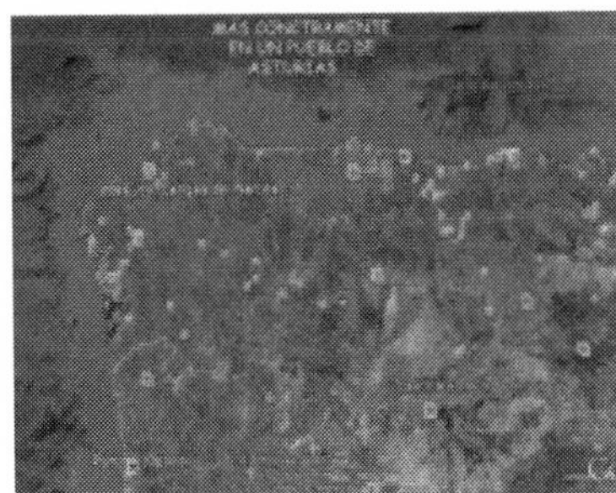

Besullo, pueblo asturiano situado en el noroeste de España, donde nació Alejandro Casona y donde está ambientada *La dama del alba.*

La gran aventura del teatro es la muchedumbre

El teatro de Casona representa la superación del realismo costumbrista por el camino de la fantasía y del ensueño. El suyo es un teatro poético, sentimental, imaginativo, simbólico, más espiritual que pasional, cuyo objetivo principal es sorprender, cautivar, conmover, crear mundos llenos de humanidad en los cuales tiene cabida la *realidad extraordinaria.* Como afirma Federico Sainz de Robles, *ensueño y armonía, humanidad y poesía, doctrina y pedagogía* son los ingredientes fundamentales de ese teatro, mezcla de verdad vivida y verdad soñada.

Sus primeras obras teatrales *La sirena varada* y *Otra vez el diablo,* escritas durante su estancia en *Les* entre 1928 y 1931, marcan el camino que había de seguir su producción futura, en el cual no tiene cabida sino marginalmente el teatro de denuncia. Solamente en *Nuestra Natacha,* obra que le dio mucha notoriedad y no pocos problemas, Casona critica los métodos inhumanos usados en los reformatorios.

Las obras escritas en América siguen en la misma línea *poemática y abstracta* de las escritas en España. Así, por ejemplo, el conflicto entre fantasía y realidad presentado en P*rohibido suicidarse en primavera* (1937) y en *Los árboles mueren de pie* (1949) se resuelve de la misma forma que en *La sirena Varada,* es decir, viviendo la realidad con un poco de fantasía; el protagonista de *La barca sin pescador* (1945), un diablo *moralista y especialista en asuntos del alma,* capaz de dar una lección al *mundo civilizado,* es el mismo de *Otra vez el diablo,* y en *La tercera palabra* (1953) se plantea la vieja cuestión rousseauniana de la bondad natural del hombre, versión abstracta y simbólica del problema presentado en *Nuestra Natacha.*

Un capítulo aparte lo constituye *La dama del alba* (1944) síntesis poética de todos los temas casonianos, en la que se funden prodigiosamente *ensueño y armonía, amor y pedagogía, ternura y humor.*

La última obra de Alejandro Casona, *El caballero de las espuelas de oro, retrato dramático en dos tiempos,* escrita a su regreso a España, se aleja considerablemente del resto de su producción. Es probablemente la respuesta dramática a las críticas que le amargaron la existencia durante los últimos años de su vida.

La dama del alba

La separación entre lo real y lo maravilloso,
podrá ser una frontera insalvable en otros países;
entre nosotros el prodigio no es más que otra forma de realidad.
Alejandro Casona

La dama del alba, retablo en cuatro actos, recreación poética de la atmósfera de su tierra natal a través del lenguaje, de los personajes y de la acción, es la obra más poética, más esencial, más asturiana y al mismo tiempo la más universal de cuantas ha escrito Alejandro Casona. Fue concebida en la plaza de San Martín de Buenos Aires *cuando era el más hermoso rincón porteño,* pero su lugar de acción, dirá el propio autor, *es mi aldea natal, los personajes son los pastores y campesinos con quienes me crié, sus canciones son las primeras que aprendí a cantar y sus palabras entre poemáticas y refraneras, son las del viejo refranero astur que tiene resonancias de buen abuelo.* Y precisamente a su tierra se la dedica: *A mi tierra de Asturias: a su paisaje, a sus hombres, a su espíritu.*

Fue estrenada con gran éxito el 3 de noviembre de 1944 en el teatro Avenida de Buenos Aires y después fue llevada a la televisión por Gustavo Pérez Puig y al cine por F. Rovira Beleta.

El centro del retablo lo ocupa la muerte, una muerte *amiga y compañera,* personificada en la *dama del alba,* peregrina llena de ternura y humanidad que lamenta *presenciar todos los dolores sin poder llorar y estar condenada a matar sin poder nunca morir.*

El argumento es el siguiente: Ángela, esposa de Martín, regresa a casa, para invocar el perdón de su marido, al cual había abandonado por otro hombre; pero al ver en su casa a otra mujer se da cuenta de que todos la creían muerta, por lo que en compañía de la *peregrina* decide volver a marcharse y esta vez para siempre.

Ayuda para la comprensión del texto antológico:

- *Voy a estar poco tiempo:* Estaré poco tiempo.
- *Son de la piel de Barrabás:* Son malísimos.
- *No hace falta:* No es necesario.
- *Antes era otra cosa:* Antes era diferente.
- *Y los contaba como si se estuvieran viendo:* Y los contaba muy bien.
- *Vuelve la cabeza para allá y mucho ojo con hacer trampa:* Gírate y no hagas trampas.
- *Lo difícil va a ser hacerlos dormir..:* Será difícil que se duerman.

La dama del Alba

Acto Primero

Escena XII

La Peregrina, Telva, el Abuelo y los niños Dorina, Falín y Andrés

D: *¡Ya va Martín galopando camino de la sierra!*
F: *¡Es el mejor jinete a cien leguas!*
A: *Cuando yo sea mayor domaré potros como él.*
T: *Cuando seas mayor, Dios dirá. Pero mientras tanto, a la cama, que es tarde. Acostado se crece más deprisa.*
A: *Es muy temprano. La señora que ha visto tantas cosas, sabrá contar cuentos y romances.*
T: *El de las sábanas blancas es el mejor.*
P: *Déjelos. Los niños son buenos amigos míos, y voy a estar poco tiempo.*
A: *¿Va a seguir viaje esta noche? Si tiene miedo yo la acompañaré hasta la balsa.*
P: *¡Tú! Eres muy pequeño todavía.*
A: *¿Y eso qué? Vale más un hombre pequeño que una mujer grande. El abuelo lo dice.*
T: *¿Lo oye? Son de la piel de Barrabás. Deles, deles la mano y verá cómo pronto se toman el pie. ¡A la cama, he dicho!*
AB: *Déjalos, Telva. Yo me quedaré con ellos.*
T: *¡Eso! Encima quíteme la autoridad y deles mal ejemplo. Bien dijo el que dijo: si el prior juega a los naipes, ¿qué harán los frailes?*
AB: *Si va a Compostela puedo indicarle el camino.*
P: *No hace falta; está señalado en el cielo con polvo de estrellas.*
A: *¿Por qué señalan ese camino las estrellas?*
P: *Para que no se pierdan los peregrinos que van a Santiago.*
D: *¿Y por qué tienen que ir todos los peregrinos a Santiago?*
P: *Porque allí está el sepulcro del apóstol.*
D: *¿Y por qué está allí el sepulcro del apóstol?*
Los tres: *¿Por qué?*
AB: *No les haga caso. Más pregunta un niño que contesta un sabio* (viéndola cruzar las manos en las mangas). *Se está apagando el fuego. ¿Siente frío aún?*
P: *En las manos, siempre.*
AB: *Partiré unos leños y traeré ramas de brezo*[1] *que huelen al arder.*

La Peregrina y los niños

D: *¿Ahora que estamos solos nos contará un cuento?*
P: *¿No os los cuenta el abuelo?*
A: *El abuelo sabe empezarlos todos pero no sabe terminar ninguno. Se le apaga el cigarro en la boca, y en cuanto se pierde, "Colorín-colorao, este cuento se ha acabao".*
D: *Antes era otra casa. Angélica los sabía a cientos, algunos hasta con música. Y los contaba como si se estuviera viendo.*

---

1. Brezo: arbusto muy ramoso, con flores pequeñas de color verdoso o rojizo.

A: *El de Delgadina. Y el de la moza que se vistió de hombre para ir a las guerras de Aragón.*
D: *Y el de la Xana que hilaba madejas de oro en la fuente.*
F: *Y el de la raposa ciega, que iba a curarse los ojos a Santa Lucía...*
P: *¿Quién era Angélica?*
D: *La hermana mayor. Todo el pueblo la quería como si fuese suya. Pero una noche se marchó por el río.*
A: *Y desde entonces no se puede hablar fuerte, no nos dejan jugar.*
F: *¿Tú sabes algún juego?*
P: *Creo que los olvidé todos. Pero si me enseñáis puedo aprender.*
(los niños la rodean alborozados)
F: *A "Serrín, serrán, maderitos de san Juan"...*
D: *No. A " Tú darás, yo daré, bájate del borriquito que yo me subiré!"*
A: *Tampoco. Espera. Vuelve la cabeza para allá, y mucho ojo con hacer trampa eh!* (la peregrina se tapa los ojos, mientras ellos, con las cabezas juntas, cuchichean.) *¡Ya está! Lo primero hay que sentarse en el suelo.* (Todos obedecen.) *Así. Ahora cada uno va diciendo y todos repiten. El que se equivoque, paga. ¿va?*
Todos: *¡Venga!*

(Inician un juego pueril al final del cual la Peregrina, que ha ido dejándose arrastrar poco a poco por la gracia cándida del juego, rompe a reír. Pero la risa de la Peregrina va en aumento, nerviosa, inquietante, hasta que una carcajada convulsa asusta a los pequeños. Por fin logra dominarse, asustada de sí misma.)...

P: *¿Pero, ¿qué es lo que estoy haciendo?..........*
...¿Qué cosa extraña. Es un temblor alegre que corre por dentro, como las ardillas por un árbol hueco. Pero luego restalla en la cintura, y hace aflojar las rodillas...
a: *¿No te habías reído nunca?...*
P: *Nunca* (se toca las manos). *Es curioso..., me ha dejado calientes las manos... ¿Y esto que me late en los pulsos?... ¿Y esto que me salta aquí dentro?...*
D: *Es el corazón.*
P: (Casi con miedo) *No puede ser... ¡Sería maravilloso... y terrible!* (Vacila fatigada). *Qué dulce fatiga. Nunca imaginé que la risa tuviera tanta fuerza.*
A: *Los grandes se cansan en seguida. ¿Quieres dormir?*
P: *Después; ahora no puedo. Cuando ese reloj dé las nueve tengo que estar despierta. Alguien me está esperando en el paso del Rabión.*
D: *Nosotros te llamaremos. Ven. Siéntate.*
P: *¡No! No puedo perder un minuto* (Se lleva un dedo a los labios). *Silencio... ¿No oís, lejos, galopar un caballo?*
F: *Yo no oigo nada.*
D: *Será el corazón otra vez.*
P: *¡Ojalá! Ah, cómo me pesan los párpados. No puedo..., No puedo más.*

(Llega el Abuelo y contempla desde el umbral la escena. Entra Telva.)
Dichos, el Abuelo y Telva
T: *¿Terminó ya el juego? Pues a la cama.*
D: *Ahora no podemos. Tenemos que despertarla cuando el reloj dé las nueve.*
AB: *Lo haré yo. Llévalos, Telva.*

T: *Lo difícil va a ser hacerlos dormir después de tanta novelería. ¡Andando!*
D: *Es tan hermosa. Y tan buena. ¿Por qué no le dices que se quede con nosotros?*
A: *No debe tener dónde vivir... Tiene los ojos tristes.*
T: *Mejor será que se vuelva por donde vino. ¡Y pronto! No me gustan nada las mujeres que hacen misterios y andan solas de noche por los caminos.*
AB: *¿Dónde la he visto otra vez?... ¿Y cuando?...*

Fue estrenada en Buenos Aires en 1944 y en Madrid en 1962.

Ejercicios

1. Contesta a las siguientes preguntas:

- ¿Por qué eligió Alejandro Rodríguez Álvarez el seudónimo de *Casona* para firmar sus obras?
- ¿Cuál fue su primer destino como maestro y a qué se dedicó en su tiempo libre?
- ¿Cuándo se estrenó *La sirena varada* y qué significó para Casona el enorme éxito que tuvo?
- ¿En qué obra se denuncian los métodos inhumanos usados en los reformatorios?
- ¿Dónde vivió desde 1939 hasta 1962?
- ¿Qué escenario eligió para *La dama del alba* y dónde la escribió realmente?
- ¿Cómo lo recibieron en España cuando regresó?
- ¿Cuál fue la última obra que escribió y con qué intención?
- ¿Cuál es la característica principal de su teatro y cuáles son sus ingredientes fundamentales según Federico Sainz de Robles?

2. Busca en el diccionario los sinónimos de las siguientes palabras y crea una frase con cada una de ellas:

- Casa solariega.
- Aletazo.
- Farándula estudiantil.
- Entremés.
- Amonestar.

3. Hipotiza las preguntas:

- **P.** ....
- **R.** *Nací y me crié en una vieja casa solariega llamada por todos La Casona.*
- **P.** ....
- **R.** *Al publicar mi primer libro decidí adoptar el seudónimo de Casona.*
- **P.** ....
- **R.** En *Les* fundé un teatro para niños, *El Pájaro Pinto, con el que traté de armonizar el arte puro con la pedagogía.*
- **P.** ....
- **R.** En 1931 me trasladé a Madrid, donde me encargaron la dirección del *Teatro Ambulante.*

- **P.** ....
- **R.** *Con esa compañía recorrí durante cinco años más de trescientos pueblos representando el razonado repertorio ante el feliz asombro de la aldea.*

4. Asocia cada frase subrayada con su figura retórica correspondiente: Antítesis, Comparación, Interrogación retórica, Paradoja, Sinestesia.

- El público de las aldeas *siempre conserva una risa verde entre la madurez secular de su sabiduría.*
- *Farándula estudiantil escasa de decorados y ropajes pero rica de ilusiones.*
- *Cuando Casona vino a España ganamos otro amigo, pero perdimos otro mito.* (F. Umbral, ABC, 12 de junio de 1974)
- *¿La risa? ..Qué cosa extraña. Es un temblor alegre que corre por dentro, como las ardillas por un árbol hueco". Qué dulce fatiga.*
- *¿Si el prior juega a los naipes qué harán los frailes?*
- *Soy el escritor del que más se habla y al que menos se lee.*

5. Indica cuál es la respuesta correcta:

- El teatro de Casona es sobre todo
  a) *político.*
  b) *social.*
  c) *poético.*

- Su lenguaje es
  a) *poético y refranero.*
  b) *realista.*
  c) *conceptual.*

- En sus obras predomina
  a) *la protesta social*
  b) *la comicidad.*
  c) *el ensueño.*

- *La dama del alba* está ambientada
  a) *en Asturias.*
  b) *en Buenos Aires.*
  c) *en una ciudad imaginaria.*

- El tema central de la obra es
  a) *la muerte como compañera y amiga.*
  b) *la resignación.*
  c) *la venganza.*

6. Completa:

La dama del alba es la obra más poética, más esencial, más asturiana y al mismo tiempo la más universal de cuantas ha escrito Alejandro Casona. Fue concebida **en / a** la plaza de San Martín de Buenos Aires pero está ambientad **en / a** su aldea natal. Y precisamente **a / por** su tierra se la dedica. El tema central es la ...., una muerte *amiga y compañera,* personificada **a / en** la ...., peregrina llena de ternura y humanidad que lamenta *presenciar todos los* .... *sin poder llorar y estar condenada a matar sin poder nunca* ....

7. Elige la respuesta que se da en el texto:

- ¿Qué ha dicho Andrés?
  a) *Martín galopa muy bien.*
  b) *Cuando sea mayor domaré potros como él.*
  c) *¡Es el mejor jinete!*

- ¿Qué le contesta Telva?
  a) *Cuando seas mayor, pero mientras tanto, a la cama.*
  b) *Ahora no es el momento de hacer proyectos.*
  c) *Mejor sería que pensaras en otra cosa.*

- ¿Por qué señalan el Camino de Santiago las estrellas?
  a) *Porque así lo dice la tradición.*
  b) *Para que no se pierdan los peregrinos.*
  c) *Porque es un Camino muy largo.*

- ¿Qué hace el Abuelo para calentar el ambiente?
  a) *Enciende la chimenea.*
  b) *Pone una estufa.*
  c) *Parte unos leños y trae ramas de brezo.*

8. Expresa con otras palabras las siguientes frases:

- *Vale más un hombre pequeño que una mujer grande.*
- *Nunca imaginé que la risa tuviera tanta fuerza.*
- *Deles, deles la mano y verá cómo pronto se toman el pie.*
- *Más pregunta un niño que contesta un sabio.*

9. Formula una pregunta por cada uno de los juicios:

- **Federico Carlos Sainz de Robles:** *Casona es un innovador. Todas las virtudes del innovador se dan en él. Un procedimiento nuevo. Un estilo nuevo, una visión original de los temas eternos... Una fórmula de poesía, más humor, más humanidad, más irrealidad, jamás dosificada por nadie.*

- *Casona desde el principio acierta a crear expectativas, dar calidad a la ambientación, rango al diálogo y suficiencia al interés. Partiendo de un plan con una acción lógica, al escribirla la emborrona, de tal forma que los espectadores al finalizar la representación quedan sorprendidos.*

- **M. de las Mercedes Marcos Sánchez:** *Las características fundamentales de su teatro son el lirismo por un lado y la mezcla de realidad y fantasía por otro.*

- **Ricardo Doménech:** *El teatro de Casona es un excelente barbitúrico tranquilizador y evasivo para la burguesía, teatro que tiene calidad y es en análoga medida enmascarador de la realidad. (Para un arreglo de cuentas con el teatro de Casona,* Revista *Ínsula* número 209).

- **María Teresa García Álvarez y Modesto González Cobas:** *Hablar del teatro de Casona es plantearse ante todo una pregunta: ¿es el suyo un teatro de evasión? Casona pone a sus personajes en una situación límite, que los conduce a la locura, al suicidio, al crimen, al dolor. Como dijo Torrente Ballester, resulta risible que un teatro así haya podido alguna vez calificarse como de evasión.* (Alejandro Casona, Flor de leyendas, Austral, 1998, Pág. 20).

10. Transforma en interrogativas las siguientes declaraciones de Casona y sintetiza la descripción que hizo de él Eduardo Zamacois en 1951:

- *Cada uno tiene una misión en la vida y la mía era llevar un poco de alegría e ilusión por los pueblos que recorríamos.*

- *De entre todos los errores de la crítica ninguno tan pueril como el de exaltar o rechazar una obra literaria fundándose en motivos sociales o políticos.*

- *Por mucho que los dictadores de este mundo tramen contra la poesía no creo que nadie pueda expulsarla jamás de los escenarios que son su casa solariega.*

- *Yo no considero sólo como realidad la angustia, la desesperación y el sexo. Creo que el sueño es otra realidad tan real como la vigilia.*

- *... ni alto ni bajo, enjuto y cetrino, de mirar malicioso y penetrante, de trato cordial y sonrisa burlona, cuya frente se pierde en la nobleza de una calvicie prematura. Aunque esté callada, su persona –toda ella - no cesa de hablar. Y es porque hay en sus ojillos astutos, negros y buidos, de campesino castellano, en la ironía de sus sonrisas, ... ese algo misterioso – lejano – inseparable de los aristócratas del espíritu. (Mundo Argentino, 1951).*

11. Completa los siguientes juicios sobre La dama del alba con los tiempos adecuados de los verbos ser, conseguir, acertar, proponerse, decir, quedar, ser, llegar, representar, cumplir:

- **F. Sainz de Robles:** *La dama del alba .... la obra más completa, excelsa y paradigmática de Alejandro Casona; la que .... una insuperable armonía entre el tema universal y su expresión local; la que .... a dar ternura a la Muerte... En ella el autor .... expresar de la forma más convincente y verosímil la belleza de la muerte. Tu recuerdo – le .... la peregrina a Angélica – .... plantado en la aldea como un roble lleno de nidos.* (Alejandro Casona, *Obras completas,* Aguilar, 1953, Prólogo).

- **Mauro Armiño:** *La dama del alba .... una especie de poema legendario de una Asturias rural.* (Alejandro Casona, *La barca sin pescador,* Prólogo, Biblioteca Edaf 1983, pág. 8).

- **José R. Rodríguez Richart:** *En el teatro de Casona lo ideológico nunca .... a alcanzar el relieve ni el nivel de lo poético, ni .... un valor equiparable a lo imaginativo y fantástico. (La dama del alba,* Cátedra, 1991, Pág. 28).

- **Carmen Díaz Castañón:** *En La dama del alba acción, caracteres, pensamiento y lenguaje .... una función primordialmente poética.*

12. Completa los siguientes textos:

- Alejandro Casona nació el 23 de marzo de 1903 en Besullo, una pequeña aldea .... Estudió en la Escuela Superior de Magisterio y a los 25 años se fue como .... a Les, un pueblo del Pirineo aragonés, donde fundó *El Pájaro Pinto,* teatro .... con el que trató de armonizar el *arte puro con la pedagogía.*

- De 1931 a 1936 dirigió en Madrid la compañía *Teatro Ambulante* con la cual recorrió durante cinco años más de trescientos .... Pero la *Guerra* .... interrumpió esa trayectoria. En 1939 Casona estableció su residencia en .... y allí escribió lo mejor de su producción dramática: .... (1944), *La barca sin pescador* (1945) y *Los árboles mueren de pie* (1949).

- En abril de 1962 regresó a España donde, a pesar del éxito que continuaban teniendo sus obras, le esperó la amargura de las .... Murió en Madrid el 17 de septiembre de 1965 a solo 62 años.

- *El teatro de Casona* representa la superación del realismo costumbrista por el camino de la fantasía y del .... El suyo es un teatro ...., sentimental, imaginativo y simbólico, más espiritual que ....

- Sus primeras obras teatrales *La sirena varada* y *Otra vez el diablo,* marcan el camino que había de seguir su producción futura, en la cual no tiene cabida sino marginalmente el teatro de ....

- Las obras escritas en América siguen en la misma línea *poemática y abstracta* de las escritas en España. Pero un capítulo aparte lo constituye *La dama del alba* (1944) síntesis poética de todos los temas casonianos, en la que se funden prodigiosamente *ensueño y .... a, amor y .... a, ternura y ....*

- La última obra de Alejandro Casona, *El caballero de las espuelas de oro, retrato dramático en dos tiempos,* escrita a su regreso a España, es probablemente la respuesta dramática a las .... que le amargaron la existencia durante los .... años de su vida.

- *La dama del alba, retablo en cuatro actos,* recreación poética de la atmósfera de su tierra natal a través del lenguaje, de los personajes y de la acción, es la obra más ...., más esencial, más .... y al mismo tiempo la más .... de cuantas ha escrito Alejandro Casona. Fue concebida en la plaza de San Martín de .... pero está ambientad en su aldea .... Y precisamente a su tierra se la dedica.

- El tema central es la ...., una muerte *amiga y compañera,* personificada en la *dama del alba,* peregrina llena de ternura y .... que lamenta *presenciar todos los dolores sin poder .... y estar condenada a matar sin poder nunca ....*

Bibliografía

- **Armiño, Mauro:** Alejandro Casona, *La barca sin pescador y Siete gritos en el mar,* Biblioteca EDAF, Madrid, 1991.
- **García Álvarez, María Teresa y González Cobas, Modesto:** Alejandro Casona, *Flor de leyendas y Vida de Francisco Pizarro,* Austral, 1998.
- **Castañón, Carmen Díaz:** Alejandro Casona, *La sirena varada y Los árboles mueren de pie,* Austral, 1989.
- **Marcos Sánchez, María de las Mercedes:** Alejandro Casona, *El caballero de las espuelas de oro* y *Retablo jovial,* Austral, Madrid, 1998.
- **Rodríguez Richart, José:** *La dama del alba,* Cátedra, 1991, 2 ed.
- **Ruíz Ramón, Francisco:** Historia del teatro español. Siglo XX, Cátedra, 1992, págs. 224-244.
- **Sainz de Robles, Federico:** *Alejandro Casona,* Obras completas, Aguilar, Vol. 1 Madrid, 1953.

Alfonso Sastre

Alfonso Sastre
20 de febrero de 1926

Escuadra hacia la muerte,
grito de protesta
contra la mentalidad militarista.

Léger: ***Les consturcteurs*** Fernand 1950.
Museo National Fernand
Léger, Biot (The Art Book, Pag. 265)

Alfonso Sastre

La principal misión del arte en el mundo injusto en que vivimos consiste en transformarlo. **Alfonso Sastre**

Alfonso Sastre, dramaturgo, novelista, ensayista, traductor, crítico teatral, nació en Madrid el 20 de febrero de 1926. Inició el bachillerato en el Instituto Cisneros pero a causa de la guerra terminó sus estudios en una academia particular, donde conoció a Alfonso Paso, a Medardo Fraile, a José Costas, con quienes fundaría en 1945 *Arte Nuevo,* grupo teatral de vanguardia, idealista y rebelde que pretendía renovar el teatro burgués de aquellos años, anquilosado, melodramático y trivial.

En 1946 se matriculó en la Facultad de Filosofía y Letras pero como el teatro le interesaba mucho más que las clases no terminó la carrera hasta 1953. A partir de 1948 se ocupó de la página teatral en la revista estudiantil *La Hora,* empezando a vislumbrar las posibilidades del teatro para cambiar la sociedad, idea que le llevará a redactar con José María de Quinto el manifiesto del T.A.S. *(Teatro de Agitación Social)* cuyo objetivo principal era *fomentar la función social del arte.* El *T.A.S.* no pasó de ser un proyecto ambicioso, pero significó para Sastre la toma de conciencia de la necesidad de luchar por la renovación del teatro.

En 1960 fundó con José María de Quinto el *Grupo de Teatro Realista,* con el fin de proporcionarle al público madrileño obras teatrales de alto nivel ideológico y artístico. Consiguieron llevar a la escena en 1961 *Vestir al desnudo* de Pirandello, *El Tintero* de Carlos Muñiz y *En la red* del propio Sastre, pero al año siguiente el grupo se disolvió y Sastre abandonó prácticamente el teatro para dedicarse a la lucha y a la investigación. Se inscribió entonces al Partido Comunista y participó activamente en todas las manifestaciones contra la censura y la represión, manifestaciones que le costaron el aislamiento, la cárcel y la miseria. Sólo en 1977, después de varias vicisitudes, consiguió trasladarse con la familia, finalmente reunida, a Fuenterrabía.

En 1986 recibió el Premio Nacional de Teatro por *La taberna fantástica* y en 1993 el Premio Nacional de Literatura Dramática por *Jenofa Juncal,* reconocimientos tardíos a su labor teatral.

Obra dramática

El teatro del futuro debe surgir de la interacción del teatro dramático, del teatro épico y del teatro de vanguardia.
La triple raíz del teatro contemporáneo. Alfonso Sastre.

El teatro de Sastre es un teatro vanguardista, revolucionario, provocador, social y existencial, cuyo objetivo principal es inquietar, agitar, despertar las conciencias. Los temas centrales de sus obras son los problemas existenciales del hombre atormentado por el dolor y la duda, la denuncia contra la injusticia y la lucha por la libertad, temas derivados en parte de sus terribles recuerdos de la guerra y de la posguerra.

La evolución de su obra corre paralela a su experiencia vital, la cual atraviesa fundamentalmente tres fases: nihilista, activista y escéptica. A la época del nihilismo existencial corresponde el *teatro de la frustración* en el que los personajes sucumben y padecen ante el destino trágico de la vida sin poder cambiar mínimamente la realidad que los circunda. *Escenificación de una agonía* referido por Sastre al teatro de Beckett podría aplicarse también a su propio teatro. Son ejemplos significativos *Uranio 235* sobre el tema de la incapacidad del hombre para controlar los avances de la técnica y *Cargamento de sueños,* experimento juvenil de teatro existencial vanguardista, ambas escritas en 1946 cuando Sastre tenía veinte años. Pertenecen también al teatro de la frustración tres dramas existenciales escritos diez años más tarde *Ana Kleiber, La sangre de Dios* y *El cuervo.*

La segunda fase corresponde al *realismo social,* época esperanzada y *"posibilista",* en la que los personajes de sus dramas pueden actuar contribuyendo a conquistar una cierta libertad aunque ésta nunca sea fácil ni definitiva. Pertenecen a esta fase sus obras más conocidas y quizá más logradas: *Prólogo patético* (1950), *El cubo de la basura* (1951), *Escuadra hacia la muerte* (1952), *La mordaza* (1954), *Guillermo Tell tiene los ojos tristes* (1955), *En la red* (1959), *La cornada* (1959), *Oficio de tinieblas* (1962).

La tercera fase, constituida por obras en las que predomina la ironía y la desmitificación, es la fase *postbrechtiana,* escéptica y resignada, en la que el autor piensa que el teatro no sirve para cambiar la sociedad, *aunque sirva para otras cosas. Asalto nocturno,* escrita en 1959 después de haber estudiado las teorías dramáticas de Bertolt Brecht, es una anticipación de esas *tragedias complejas,* como las define el propio autor, tragedias que proponen fragmentos de la realidad seleccionados más en función de la ideología que del drama y que pretenden *turbar y trastornar al espectador:* cada cuadro debe conducir a la toma de conciencia por parte del individuo para que se sume al proceso revolucionario. *La sangre y la ceniza* (1965), *El banquete* (1965), *La taberna fantástica* (1966), *Crónicas romanas* (1968), *El camarada oscuro* (1972) son algunos ejemplos.

Escuadra hacia la muerte

Escuadra hacia la muerte, alegoría de la condición humana y grito de protesta contra la mentalidad militarista, es una obra de denuncia en la que los protagonistas intervienen activamente para cambiar la realidad injusta en la que viven aunque todavía persiste en ellos un cierto nihilismo y una cierta incredulidad en la capacidad del hombre de mejorar la sociedad.

La obra cuenta la historia de una escuadra de castigo formada por cinco soldados y un cabo. Está dividida en dos partes: la primera, centrada toda ella en el conflicto entre los soldados y el cabo, se resuelve con el asesinato del cabo, punto culminante de la obra colocado al centro de la misma; en la segunda parte se pasa de la acción a la parálisis, parálisis producida por ese mismo asesinato liberatorio: *Si antes sabíamos qué hacer, si antes teníamos una causa por la que luchar, ahora vivir es cumplir una condena.*

La obra se estrenó en el teatro *María Guerrero* de Madrid el 18 de marzo de 1953 y a la tercera representación fue prohibida.

Ayuda para la comprensión del texto antológico:

- *¡Eh, ¡eh, cuidado!. Menos humos:* ¡Atento, eh! No seas chulo.
- *Cazados en la ratonera:* Cogidos en la trampa.
- *Es algo peor:* Es todavía peor.
- *Me parece que ya es hora que vayamos conociéndonos:* Creo que ya es hora de conocerse.
- *No creo que sea para tomarlo a broma:* No creo que sea para reírse.
- *Nos liquidan y se acabó:* Nos matan y ya está.
- *Pareces un pájaro de mal agüero:* Pareces un gafe, es decir, uno que trae mala suerte.
- *Se nos escapa:* No lo comprendemos.
- *Ten en cuenta que ... yo no he entrado en fuego aún:* Ten en cuenta que yo no he disparado nunca.
- *Voy a ir con vosotros hasta el final:* Os acompañaré hasta el final.

Escuadra hacia la muerte

Parte primera
Cuadro primero
(Después de una pausa)

Adolfo. (Con un ademán brusco arroja el pitillo.) *Tres días que estamos aquí y ya parece una eternidad.*
Pedro. *Yo pienso que si a los cinco días de conocernos ya empezamos así..., mala cosa.*
Adolfo. *Ya empezamos, ¿a qué?*
Pedro. *A no soportarnos.*
Adolfo. *¡Bah!*
Pedro. *La verdad es que esto de no hacer nada ... tan sólo esperar ..., no es muy agradable.*
Adolfo. *No; no es muy agradable. Sobre todo sabiendo lo que nos espera... si no hay alguien que lo remedie.*
Pedro. *¿Qué quieres decir?*
Adolfo. *Nada.*

Pedro. *¿Usted ... ha sido soldado toda la vida?*
Cabo. (Apura el coñac.) *Sí.*
Pedro. (Tratando de conversar con él.) *¿Cuánto tiempo hace que viste el uniforme? Es una forma de preguntarle cuántos años tiene.*
Cabo. *Tengo treinta y nueve ... A los diecisiete ingresé en la Legión, pero desde pequeño era ya soldado ... Me gustaba.*
Pedro. (Ríe.) *¡Es usted un hombre que no ha llevado corbata nunca, cabo!*
(Pausa. Pedro deja de reír. Un silencio.)
Cabo. *Este es mi verdadero traje. Y vuestro verdadero traje ya para siempre. El traje con el que vais a morir.* (Ante el gesto de los otros se ríe él. Ellos se miran con inquietud. El gesto del cabo se endurece y añade.) *Éste es el traje de los hombres: un uniforme de soldado. Los hombres hemos vestido siempre así, ásperas camisas y ropas que dan frío en el invierno y calor en el verano.... Correajes... El fusil al hombro... Lo demás son ropas afeminadas..., la vergüenza de la especie. (.........)*
Un soldado no es más que un hombre que sabe morir, y vosotros vais a aprenderlo conmigo. Es lo único que os queda, morir como hombres. Y a eso enseñamos en el ejército.
Pedro. *Cabo, había oído decir que en el Ejército se enseñaba a luchar ... y a vencer, a pesar de todo.*
Cabo. *Para luchar y vencer, antes es preciso renunciar a esta perra vida. Vosotros no habéis renunciado aún, ¿verdad? Todavía os queda un cochino resquicio de esperanza. No sois soldados. Sois el desecho, la basura, ya lo sé..., hombres que sólo quieren vivir y no se someten a una disciplina. ¡Indisciplinados y cobardes! Bien. Vais a tragar la disciplina del cabo Goban, la disciplina de un viejo legionario. Necesito una escuadra de soldados para la muerte. Los tendré. Los haré de vosotros. Los superiores saben lo que han hecho poniendo esta escuadra bajo mi mando. Voy a ir con vosotros hasta el final. Voy a morir con vosotros. Pero vais a llegar a la muerte limpios, en perfecto estado de revista. Y lo último que vais a oír en esta tierra es mi voz de mando. ¿Qué os parece la perspectiva?*

Adolfo. (Con voz ronca.) *Cabo.*
Cabo. *¿Qué?*
Adolfo. (Con una sonrisa burlona.) *Ya sé qué clase de tipo es usted. Usted es de los que creen que la guerra es hermosa, ¿a qué sí?*
Cabo. (Mira a Adolfo fijamente.) *Si a ti no te gusta trata de marcharte. A ver qué ocurre.* (Javier murmura algo entre dientes.) *¿Dices algo tú?*
Javier. *No, es que... me he hecho daño en un dedo al meter el cierre.*
Cabo. *Parece ser que eres "profesor". Tendrás teorías sobre este asunto y sobre todos, supongo. Explícanos tus delicadas teorías. Es hora de que oigamos algo divertido. ¡Vamos! ¡Habla!*
Javier. (Con nervios.) *Oiga usted, cabo, no tengo interés en hablar de nada, ¿me oye? Estoy aquí y le obedezco. ¿Qué más quiere?*
Cabo. (Le corta.) *Eh, eh, cuidado. Menos humos. No tolero ese tono..., "profesor".*
Javier. *Perdóneme... Es que... estoy nervioso.*
Cabo. *En efecto. El profesor es un hombre muy nervioso y, además, un perfecto miserable. Me parece que ya es hora de que vayamos conociéndonos.*

Cuadro segundo

(Sale el Comendador. El Comendador y Laurencia)

Javier. (Con una mueca.) *Esa es la verdad. Somos una escuadra de condenados a muerte.*
Andrés. *No, es algo peor..., de condenados a esperar la muerte. A los condenados a muerte los matan. Nosotros... estamos viviendo*
Pedro. *Os advierto que hay muchas escuadras como ésta a lo largo del frente. No vayáis a creeros que estamos en una situación especial. Lo que nos pasa no tiene ninguna importancia. No hay nada de qué envanecerse. Esto es lo que llaman una "escuadra de seguridad"..., un cabo y cinco hombres como otros...* (Andrés no le oye.)
Andrés. *Estamos* (Con un escalofrío.) *a cinco kilómetros de nuestra vanguardia, solos en este bosque. No creo que sea para tomarlo a broma. A mí me parece un castigo terrible. No tenemos otra misión que hacer que estallar un campo de minas y morir, para que los buenos chicos de la primera línea se enteren y se dispongan a la defensa. Pero a nosotros, ¿qué nos importará ya esa defensa? Nosotros ya estaremos muertos.*
Pedro. *Ya está bien, ¿no? Pareces un pájaro de mal agüero.*
Andrés. *Sí, es la verdad, Pedro... Es la verdad... ¿Qué quieres que haga? ¿Qué me ponga a cantar? Es imposible cerrar los ojos. Yo... yo tengo miedo... Ten en cuenta que... yo no he entrado en fuego aún... Va a ser la primera vez ... y la última. No me puedo figurar lo que es un combate. Y ... ¡es horrible!*
Pedro. *Un combate no es nada. Lo peor ya lo has pasado.*
Andrés. *¿Qué es... lo peor?*
Pedro. *El campamento. La instrucción. Seis, siete horas marchando bajo el sol, cuando el sargento no tiene compasión de ti, ¡un! ¡dos!, ¡un! ¡dos!, y tú sólo pides tumbarte boca arriba como una bestia reventada. Pero no hay piedad. Izquierda, derecha, desplegarse, ¡un! ¡dos! Paso ligero, ¡un! ¡dos!, ¡un! ¡dos! Lo peor es eso. Largas marchas sin sentido. Caminos que no van a ninguna parte.*
Andrés. (Lentamente.) *Para mí lo peor es esta larga espera.*

Pedro. *Cuatro días no es una larga espera, y ya no puedes soportarlo... Figúrate si esto durara días y días... A mí me parece que hay que reservarse, tener ánimo... por ahora... Ya veremos...*

Andrés. *¿No decían que la ofensiva era inminente? Yo ya me había hecho a la idea de morir, y no me importaba. "Nos liquidan y se acabó". Pero aquí parece que no hay guerra... El silencio... Sabemos que enfrente, detrás de los árboles, hay miles de soldados armados hasta los dientes y dispuestos a saltar sobre nosotros. ¿Quién sabe si ya nos han localizado y nos están perdonando la vida? Nos tienen bien seguros y se ríen de nosotros. Eso es lo que pasa, ¡cazados en la ratonera! Y queremos escuchar algo ... y sólo hay el silencio... Es posible que meses y meses. ¿Quién podrá resistirlo?*

Javier. (Con voz grave.) *Dicen que son feroces y crueles..., pero no sabemos hasta qué punto...; se nos escapa... Y eso que se nos escapa es lo que da más miedo. Sabemos que su mente está dispuesta de otra forma... y eso nos inquieta, porque no podemos medirlos, reducirlos a objetos, dominarlos en nuestra imaginación... sabemos que creen fanáticamente en su fuerza y en su verdad... Sabemos que nos creen corrompidos, enfermos, incapaces del más pequeño movimiento de fe y de esperanza. Vienen a extirparnos, a quemar nuestras raíces... Son capaces de todo. Pero ¿de qué son capaces? ¿De qué? Si lo supiéramos puede que tuviéramos miedo..., pero es que yo no tengo miedo... es como angustia. No es lo peor morir en el combate... Lo que me aterra ahora es sobrevivir..., caer prisionero..., porque no puedo imaginarme cómo me matarían...*

Andrés. *Sí, es verdad. Comprendo lo que quieres decir. Si tuviéramos enfrente soldados franceses... o alemanes... todo sería muy distinto. Los conocemos. Hemos visto sus películas. Hemos leído sus libros. Sabemos un poco de su idioma. Es distinto.*

Javier. *Es terrible esta gente..., este país... Estamos muy lejos...*

Pedro. *Lejos, ¿de qué?*

Javier. *No sé... Lejos...*

Ejercicios

1. Contesta a las siguientes preguntas:

- ¿Cuándo y dónde nació Alfonso Sastre?
- ¿Con quiénes fundó el primer grupo teatral vanguardista y qué tipo de teatro querían combatir?
- ¿Cuál era el objetivo principal del T.A.S.?
- ¿Cuándo abandonó el teatro para dedicarse a la lucha y a la investigación?
- ¿Qué reconocimientos oficiales ha recibido?
- ¿Qué etapas atraviesa su producción teatral y cuál es la fase más significativa?
- ¿Qué se propuso Sastre con la creación de las *tragedias complejas*?

Alfonso Sastre

2. Hipotiza las preguntas de la entrevista a Alfonso Sastre

- **P.** ....
- **R.** El T.A.S. (Teatro de Agitación Social) no pasó de ser un proyecto ambicioso, pero significó para mí la toma de conciencia de la necesidad de luchar por la renovación del teatro.
- **P.** ....
- **R.** En 1960 fundé con José María de Quinto el Grupo de Teatro Realista, para proporcionarle al público madrileño obras teatrales de alto nivel ideológico y artístico.
- **P.** ....
- **R.** Abandoné el teatro y me inscribí al Partido Comunista en 1962.
- **P.** ....
- **R.** Participé en todas las manifestaciones contra la censura y la represión que me costaron el aislamiento, la cárcel y la miseria.
- **P.** ....
- **R.** En 1977 conseguí trasladarme con la familia finalmente reunida a Fuenterrabía.

3. Busca en el texto sobre la vida de Alfonso Sastre las palabras equivalentes:

Acabó	Paralizado
Privada	Superficial
Con los que	Intuir
Contestador	Impulsar

4. Elige la respuesta que se da en el texto:

- Adolfo a Pedro:
  a) *Hace cuatro días que hemos llegado y parece que estamos aquí desde siempre.*
  b) *Tres días que estamos aquí y ya parece una eternidad.*
  c) *El tiempo no pasa nunca.*

- Pedro a Adolfo:
  a) *¡Si empezamos así malo!*
  b) *A mí también me parece lo mismo.*
  c) *Yo pienso que si a los cinco días de conocernos ya empezamos así ... mala cosa.*

- ¿Cuántos años tiene el cabo y cuándo entró en la legión?
  a) *Tiene veinticinco años y entró en la legión a los diecisiete.*
  b) *Tiene cincuenta años y entró en la legión a los treinta.*
  c) *Tiene treinta y nueve años y entró en la legión a los diecisiete.*

- ¿Qué es lo peor para Javier?
  a) *Lo peor es sobrevivir, caer prisionero.*
  b) *Lo peor es no tener fuerzas para resistir.*
  c) *Lo peor es morir.*

- Adolfo al cabo:
  a) *¿Nos podría explicar su teoría sobre la guerra?*
  b) *Usted es de los que creen que la guerra es hermosa, ¿a qué sí?*
  c) *¿Cuántas escuadras hay como éstas?*

5. Pon los verbos en forma personal:

- *Lo peor* ***ser*** *............ eso. Largas marchas sin sentido. Caminos que no* ***ir*** *............ a ninguna parte.*
- *Para mí lo peor* ***ser*** *............ esta larga espera.*
- *Un soldado no es más que un hombre que* ***saber*** *............ morir.*
- *Parece ser que* ***ser*** *............ "profesor".* ***Tener*** *............ teorías sobre este asunto y sobre todos,* ***suponer*** *............* ***Explicar*** *............ tus delicadas teorías. Es hora de que* ***oír*** *............ algo divertido. ¡Vamos!* ***¡Hablar!*** *............*

6. Formula una pregunta por cada uno de los siguientes juicios:

- **Juan Emilio Aragonés:** *Seis hombres provisionales en esta Europa provisional son los protagonistas de Escuadra hacia la muerte, drama construido sobre trágicas y alucinadas preguntas. (Alfonso Sastre y las trágica preguntas,* Alcalá, núm.28).

- **Farris Anderson:** *Escuadra hacia la muerte es, sin duda, el drama español que mejor capta el espíritu de la posguerra europea.*

- **Juan Villegas,** *La existencia humana para Sastre se caracteriza por ser una situación cerrada en la que se encuentran unos seres condenados a morir. Vivir es cumplir una condena, sin saber por qué ni para qué. (La sustancia metafísica de la tragedia y su función social: Escuadra hacia la muerte,* Simposio, XXI, 1967, pág. 255-263).

7. Sintetiza las opiniones sobre el teatro de Alfonso Sastre y de Antonio Buero Vallejo

En los años sesenta polemizaron desde las páginas de la revista teatral *Primer Acto* sobre el concepto del *teatro posible*. Buero Vallejo sostenía que el teatro tiene que adaptarse a lo que es *posible* en un lugar y en un momento histórico determinado y que, aún a costa de hacer ciertas concesiones para evitar la censura, lo importante es llegar al público. Alfonso Sastre, por el contrario, afirmaba que quien acepta los límites impuestos por la censura legitima en cierta medida esos límites y contribuye a su consolidación.

8. Después de leer la siguiente declaración de Alfonso Sastre sobre su obra de teatro Escuadra hacia la muerte indica cuál ha sido la evolución de su pensamiento en esos diez años:

Escuadra hacia la muerte *fue en 1953 un grito de protesta ante la perspectiva amenazante de una nueva guerra mundial; una negación de la validez de las grandes palabras con que en las guerras se camufla el horror.*

Hoy a casi diez años de su estreno - declaraba Sastre en 1963 - *pienso que escribiría Escuadra hacia la muerte de un modo algo distinto. Seguiría siendo una negación de la guerra y de sus palabras. Seguiría apuntando al corazón de los belicistas. Pero también sería una afirmación de paz, propuesta positiva de paz. (Obras completas,* I, pág. 162).

9. Indica cuál es la respuesta correcta:

- El teatro de Alfonso Sastre está relativamente cerca de
  a) *el esperpento de Valle- Inclán.*
  b) *la comedia de Benavente.*
  c) *la farsa poética de Lorca.*

- Es un teatro
  a) *patriótico.*
  b) *revolucionario.*
  c) *poético.*

- ¿Qué quiere decir la sigla G.T.R.
  a) *Grupo teatro revolucionario.*
  b) *Grupo teatro realista.*
  c) *Grupo teatro renovador.*

- Escuadra hacia la muerte estuvo en cartel
  a) *un año.*
  b) *una semana.*
  c) *tres días.*

- Las tragedias complejas son
  a) *ideológicas*
  b) *filosóficas.*
  c) *elegíacas.*

10. Completa el texto con las preposiciones:

Alfonso Sastre nació .... Madrid el 20 de febrero .... 1926. Al terminar el bachillerato se matriculó .... la Facultad de Filosofía y Letras carrera que no terminó .... 1953.
Redactó .... José María de Quinto el manifiesto .... T A S *(Teatro de Agitación Social)* cuyo objetivo principal era *fomentar la función social* .... *arte* y .... 1960 fundaron juntos el *Grupo de Teatro* ...., ... el fin de proporcionarle al público madrileño obras teatrales .... alto nivel ideológico y artístico. Pero .... 1962 Sastre abandonó prácticamente el teatro .... dedicarse a la lucha y a la investigación. Se inscribió entonces .... Partido Comunista y participó activamente .... todas las manifestaciones .... la censura y la represión, manifestaciones que le costaron el aislamiento, la cárcel y la miseria.
En 1986 recibió el Premio Nacional .... Teatro .... *La taberna fantástica* y en 1993 el Premio Nacional .... literatura .... *Jenofa Juncal.*

11. Completa con los siguientes sustantivos: Conciencias, obra, nihilismo, personajes, destino, vida, realidad, realismo, época, libertad, sociedad.

El teatro de Alfonso Sastre es un teatro vanguardista, revolucionario, provocador, social y existencial, cuyo objetivo principal es inquietar, agitar, despertar las ....
La evolución de su .... atraviesa fundamentalmente tres fases: *nihilista, activista y escéptica.* A la época del .... existencial corresponde el *teatro de la frustración* en el que los .... sucumben y padecen ante el .... trágico de la .... sin poder cambiar mínimamente la .... que los circunda. La segunda fase corresponde al .... *social,* .... esperanzada y *"posibilista",* en la que los personajes pueden actuar contribuyendo a conquistar una cierta .... aunque ésta nunca sea fácil ni definitiva. La tercera es la fase *postbrechtiana,* escéptica y resignada, en la que el autor piensa que el teatro no sirve para cambiar la .... , *aunque sirva para otras cosas.*

12. Completa las oraciones condicionales siguiendo el modelo de las oraciones subrayadas:

Escuadra hacia la muerte, alegoría de la condición humana y grito de protesta contra la mentalidad militarista, es una obra de denuncia en la que los protagonistas intervienen activamente para cambiar la realidad injusta en la que viven, aunque todavía persiste en ellos un cierto nihilismo y una cierta incredulidad en la capacidad del hombre de mejorar la sociedad.
La obra cuenta la historia de una escuadra de castigo formada por cinco soldados y un cabo, los cuales después de haber asesinado al cabo que los torturaba se sienten todavía peor. *Si antes sabíamos qué hacer, si antes teníamos una causa por la que luchar, ahora vivir es cumplir una condena.*

- *Si antes estábamos motivados ahora ...*
- *Si antes creíamos que podíamos cambiar la realidad ahora ...*
- *Si antes vislumbraba las posibilidades del teatro para cambiar la sociedad, ahora ...*
- *Si antes creía que el T.A.S. (Teatro de Agitación Social) fomentaría la función social del arte, ahora ...*

Bibliografía

- **Farris Anderson:** *Alfonso Sastre, Escuadra hacia la muerte. La mordaza,* Castalia, 1988
- **Francisco Ruiz Ramón:** *Historia del Teatro español. Siglo XX,* Alfonso Sastre, pág. 384-419.
- **Magda Ruggeri Marchetti:** *Alfonso Sastre, La sangre y la ceniza. Crónicas romanas,* Cátedra, Madrid, 1984
- **César Oliva:** *Una noche con Sastre,* (Premio Nacional de Literatura, Modalidad: Teatro 1993 por *La taberna fantástica)* en la revista teatral *Primer Acto,* número 249, Mayo-Junio 1993, Pág. 23-24.

Fernando Arrabal

El teatro es un rito, una ceremonia,
destinada a purgar las pasiones del alma,
a buscar las raíces de nuestra angustia.
(Fernando Arrabal)

El tema central de *Pic-Nic* es la inadecuación de los personajes al ambiente en el que viven.

René Magritte, *El doble secreto,*
1928, Museo de Arte Moderno
del Centro G. Pompidou

Fernando Arrabal

El teatro es una liturgia, un rito, una ceremonia, destinada a purgar las pasiones del alma, a buscar las raíces de nuestra angustia. **Fernando Arrabal.**

Fernando Arrabal, poeta, dramaturgo, novelista, ensayista, cineasta y pintor, nació en Melilla el 11 de agosto de 1932. Hizo la escuela elemental en Ciudad Rodrigo, adonde se había trasladado su madre durante la Guerra Civil, y el bachillerato en Madrid con una beca que ganó en un concurso de niños superdotados.

Su padre, oficial del ejército republicano, había sido condenado a muerte en 1936 por *rebelión militar,* pero a pesar de que consiguió escapar de la cárcel en la familia nunca más supieron de él. Ese abandono dejará una huella profunda en su vida, huella que Arrabal ha novelado en *Baal Babilonia,* filmado en *Viva la muerte* y dramatizado en casi toda su obra. *Más que Camus, Kafka o Dostoievski, en mi obra está presente el recuerdo de mi padre,* repite siempre.

Extravagante, ingenuo y genial, pronto manifestó inclinación por las artes por lo que abandonó la idea de ingresar en la Academia Militar del Aire como pretendía su madre. Terminó el bachillerato en Valencia y se matriculó después en la facultad de Derecho de Madrid, donde tuvo ocasión de entrar en contacto con la intelectualidad madrileña frecuentando el *Ateneo*[1]. Es entonces cuando escribió la primera versión de *Pic- Nic* (1952) y *Los hombres del triciclo*[2] (1953).

En 1954 fue a París para ver *Madre Coraje* de Bertold Brecht[3] y al año siguiente volvió con una beca para estudiar teatro en la Universidad, pero enfermo de tuberculosis tuvo que ser ingresado en un hospital: durante los tres largos años de convalecencia se dedicó a escribir teatro.

En 1962 fundó en la capital francesa, junto con Alejandro Jodorovsky, Rolland Topor y J. Sternberg, el *movimiento pánico,* movimiento vanguardista en la línea del surrealismo. En la célebre conferencia que pronunció en Sydney sobre ese movimiento definía al *hombre pánico* como *el ser presidido por la confusión, el humor, el terror, el azar y la euforia.*

---

1. Ateneo: Institución cultural, científico, artística fundada en 1835.

2. Obra dramática que hubiera ganado el *Premio Ciudad de Barcelona* en 1953 si un miembro del Jurado no hubiera dicho que era un plagio de Beckett, cuando en realidad Arrabal todavía no conocía al insigne dramaturgo. (Cit. por F. Torres Monreal, Fernando Arrabal, *Teatro completo,* Espasa, 1997.)

3. La actuación del *Berliner Ensemble* le pareció toda una lección, pero las obras posteriores le decepcionaron profundamente. A pesar de todo dijo *chapeau a B. Brecht, que es capaz de escribir la Vida de Galileo. Yo, cuando escribo, sólo sé hablar de Arrabal.* (F. Torres Monreal, op. cit. Pág. 2120)

En los años sesenta era ya un escritor de vanguardia famoso que estrenaba en todo el mundo a pesar de que por entonces en España era casi un desconocido. Sólo se había representado en Madrid con éxito catastrófico *Los hombres del triciclo.* Y es que *las bases de la sociedad española* -escribía Arrabal en *ABC* (4-XI-1966)- *son la timidez, la incultura, el patrioterismo, la mediocridad y la ignorancia.*

Narcisista, egocéntrico, visionario, paranoico, simulador, farsante, megalómano, mixtificador, mamarracho, fueron algunos de los insultos que provocó aquel artículo. Peor suerte tuvo cuando presentó en *Galerías Preciados* de Madrid - en julio de 1967- su libro *Arrabal celebrando la ceremonia de la confusión* y por haber escrito una dedicatoria *pánica* solicitada por un lector *("Para Antonio. Me cago en ...., en la Patra*[4] *y en todo lo demás")* estuvo casi un mes en la cárcel, donde creyó enloquecer. Beckett en una carta a los jueces madrileños solicitando su liberación declaró: *Tendrá mucho que sufrir Arrabal para darnos lo que todavía tiene que darnos. Que a Fernando Arrabal le baste su propia pena.*

Siguieron años de intensa actividad. En 1969 publicó cinco volúmenes de teatro, escribió en Nueva York *Y pusieron esposas a las flores* y recibió en París el *Premio del Humor Negro.* Un informe de la *Sociedad de Autores* afirmaba que Arrabal era el dramaturgo más representado en el mundo con ciento cuarenta estrenos aquel año. En 1970 rodó su primera película *Viva la muerte,* basada en su novela autobiográfica *Baal Babilonia,* y a partir de entonces ha realizado seis largometrajes además de continuar escribiendo teatro, novela, poesía y ensayo.

En los años ochenta le llega finalmente el reconocimiento oficial en España: el Ayuntamiento de Melilla, su ciudad natal, le dedica en 1983 una semana homenaje y en 1987 el rey Juan Carlos le entrega la Medalla de Oro de Bellas Artes, además de continuar cosechando reconocimientos internacionales como el *Premio Mundial de Teatro,* el nombramiento de *sátrapa del Colegio de Patafísica*[5] y el *Premio de Teatro de la Academia Francesa.*

---

4. Patra: Nombre de la gata de Arrabal.

Este episodio fue citado en forma humorística por *Spin* en la revista SP. Un joven le pide a Arrabal que le dedique el libro *Arrabal celebrando la ceremonia de la confusión* y el escritor responde: *"No, por favor! Las dedicatorias me dan pánico".* (T. Monreal, óp. cit. Pág. 2135.)

5. Patafísica: Ciencia de los genios mutantes, de la indeterminación, de las soluciones imaginarias y de las leyes que rigen las excepciones. *(El Mundo,* 31 de enero de 1999). El Colegio de Patafísica es una institución artístico-literaria creada por el dramaturgo Alfred Jarry, poeta visionario y profeta, autor de Ubu Roy.

Obra dramática

Tu vida: ésa es tu mejor obra. **(Luce, su mujer, a Fernando)**

El teatro de Arrabal refleja el *caos y la confusión* de la vida. Es un teatro de víctimas, de seres indefensos, lleno de desazón e inquietud, imaginativo, irracional y ritual, una mezcla de recuerdos y pesadillas estructuradas en juegos y ceremonias, cuyos temas centrales son *la soledad y la muerte.*

Arrabal distingue tres etapas en su dramaturgia, *Teatro de la palabra, Teatro del cuerpo* y *Teatro otra vez de la palabra,* etapas que se corresponden más o menos con los dramas que Torres Monreal califica de *dramas sin esperanza* (1952-57), *dramas de la esperanza lejana e incierta* (1958-67) y *dramas de la esperanza inmediata* (1968-76.)

Los *dramas sin esperanza* de su primer teatro, ingenuo y absurdo, son obras autobiográficas, pobladas de criaturas frágiles, de gran elementalidad escénica y de fácil comprensión. Además de *Pic -Nic* y *Los hombres del triciclo,* escritas en España, pertenecen al primer *teatro de la palabra* algunas obras escritas en Francia durante la convalecencia, como *Fando y Lis* (1955), *Ceremonia por un negro asesinado* (1956), *Los dos verdugos* (1956) y *El cementerio de automóviles* (1957).

Los *dramas de la esperanza lejana e incierta* constituyen el *teatro pánico - teatro del cuerpo* - cuyos principios programáticos son *la conciliación de lo absurdo con lo cruel e irónico, la identificación de la vida con el arte y la adopción de la ceremonia como forma de expresión.* Es un teatro que exige la complicidad del espectador, el cual participa en una especie de psicodrama cruel y sensual que, como sucede en los ritos dionisíacos, al final resulta liberatorio. Las situaciones incongruentes, las réplicas ilógicas, la causalidad alterada, el pesimismo existencial y el humor negro que caracteriza a estos dramas efímeros hizo que Martin Esslin[6] los incluyera dentro del *teatro del absurdo,* aunque en realidad están más cerca del *teatro de la crueldad* de Artaud, como declaró el propio autor. Las obras más representativas de esta fase son *El gran ceremonial* (1963), *La coronación* (1964) y *El arquitecto y el Emperador de Asiria*[7](1967).

Los *dramas de la esperanza inmediata* derivan de la experiencia carcelaria en España durante el verano de 1967. Son teatro de guerrilla, biográfico en lugar de autobiográfico, de denuncia, con decorados exuberantes, más cerca del neo expresionismo que del surrealismo. *La aurora roja y negra* (1968), *Una tortuga llamada Dostoievski* (1968) *Y pusieron esposas a las flores* (1969) son algunos ejemplos significativos.

---

6. Esslin, Martín, *El teatro del absurdo,* ed. Castellana, Seix Barral, Barcelona, 1966.

7. Quizás la obra más significativa del autor, tiene sólo dos personajes que representan una serie de situaciones humanas ritualizadas: el amo y el esclavo, el juez y el criminal, la madre y el hijo, el macho y la hembra, el sádico y el masoquista, y así sucesivamente. Al final uno de los dos reclama el propio castigo y le pide al otro que lo mate y después que se lo coma. Realizada la acción, las dos personas parecen fundirse en una sola, pero entonces aparece una nueva figura que da inicio a un nuevo, idéntico ciclo. **(Oscar G. Brockett,** Storia del teatro, Marsilio editore, quinta edizione, 1996, Pág. 583.)

Además de estas obras, Arrabal escribió un *teatro bufo,* presidido por la *desmitificación y el desencanto,* escritura convencional a la manera del *vodevil*[8] como *Róbame un billoncito, Apertura orangután* y *Punk y Punk y Colegram.*

8. Vodevil: Comedia basada en el *quid pro quo* y en la intriga. (Larousse.) (Citado por **T. Monreal** en *Teatro bufo* de Fernando Arrabal, Colección Austral, 1987, Pág. 17.)

Pic-Nic, 1952, 1961

El título original de esta obra escrita en 1952 era *Los soldados,* pero a partir de 1961 se editó con el título de *Pic Nic.* Durante esos años, en un largo proceso creativo, Arrabal simplificó los diálogos, redujo las escenas y el número de los personajes y excluyó de la obra toda referencia anecdótica.

Pic–Nic se estrenó en París en 1959 con gran éxito y ha sido también la obra que ha tenido más réplicas durante la segunda mitad del siglo XX.

El tema central es la inadecuación de los personajes al ambiente en el que viven, como lo demuestra el comportamiento ingenuo y absurdo del soldado Zapo en un campo de batalla. Su argumento es el siguiente: Durante una pausa del combate el soldado Zapo habla por teléfono con su capitán. Llegan después los padres de Zapo al campo de batalla para pasar un día de campo aprovechando que es domingo y cuando están a punto de comer entra un soldado enemigo. Se llama Zepo y es casi igual que Zapo. Sólo cambia el color del traje. Le invitan a comer y durante la conversación se dan cuenta de que tienen los mismos gustos y de que en realidad piensan igual. Son enemigos simplemente porque se lo han impuesto. Por esa razón los dos soldados aceptan con mucho gusto la idea genial del padre de Zapo de parar la guerra. Para celebrarlo, su madre propone bailar un pasodoble, pero mientras bailan comienza otra vez la batalla sin que ellos se den cuenta y una ráfaga de ametralladora los siega a los cuatro, cayendo muertos al suelo.

Ayuda para la comprensión del texto antológico:

- *No se ponga usted así conmigo:* No se enfade.
- *(Iros*) Idos:* Marchad de aquí.
- *Muy bien sé yo lo que pasa:* Sé yo bien come van estas cosas.
- *Bueno, para ti la perra gorda:* De acuerdo, tienes tú la razón.
- *A mí no me importa un pito:* Non me importa nada de nada.
- *¡Menudo se va a poner!:* ¡Se pondrá furioso!
- *Ya le diré yo un par de cosas a ese capitán:* Me va a oír a mí ese capitán.
- *A mí este tufillo de pólvora, me abre el apetito:* A mi este olorcillo me abre el apetito.
- *Pan y tomate para que no te escapes:* En ti quedé.
- *Hemos traído un buen tintorro:* Hemos traído un buen vino tinto.
- *Si es así bueno:* Si es así de acuerdo.

Pic Nic[9]

Zapo, Señor Tepán y Señora Tepán

Págs. 129

Zapo. (En un campo de batalla) *-Diga... Diga... A sus órdenes mi capitán... En efecto, soy el centinela de la cota 47... Sin novedad, mi capitán... Perdone, mi capitán, ¿cuándo comienza otra vez la batalla?... Y las bombas, ¿cuándo las tiro?... ¿Pero, por fin, hacia dónde las tiro, hacia atrás o hacia adelante? ... No se ponga usted así conmigo. No lo digo para molestarle... Capitán, me encuentro muy solo. ¿No podría enviarme un compañero? ... Aunque sea la cabra...* (El capitán le riñe) *A sus órdenes... A sus órdenes, mi capitán. (*Cuelga el teléfono refunfuñando).
(Silencio. Entra en escena el matrimonio Tepán con cestas, como si vinieran a pasar un día en el campo. Se dirigen a su hijo, Zapo, que, de espaldas y escondido entre los sacos no ve lo que pasa).
Sr. Tepán. (Ceremoniosamente) *Hijo, levántate y besa en la frente a tu madre. Y ahora, bésame a mí.*
Zapo. *Pero papaítos, ¿cómo os habéis atrevido a venir aquí con lo peligroso que es? Iros inmediatamente.*
Sr. Tepán. *¿Acaso quieres dar a tu padre una lección de guerras y peligros? Esto para mí es un pasatiempo. ¡Cuántas veces, sin ir más lejos, he bajado del metro en marcha.*
Sra. Tepán. *Hemos pensado que te aburrirías, por eso te hemos venido a ver. Tanta guerra te tiene que aburrir.*
Zapo. *Eso depende.*
Sr. Tepán. *Muy bien sé yo lo que pasa. Al principio la cosa de la novedad gusta. Eso de matar y de tirar bombas y de llevar casco, que hace tan elegante, resulta agradable, pero terminará por fastidiarte. En mi tiempo hubiera pasado otra cosa. Las guerras eran mucho más variadas, tenían color. Y, sobre todo, había caballos, muchos caballos. Daba gusto: que el capitán decía: "al ataque", ya estábamos allí todos con el caballo y el traje de color rojo. Eso era bonito. Y luego, unas galopadas con la espada en la mano y ya estábamos frente al enemigo, que también estaba a la altura de las circunstancias, con sus caballos -los caballos nunca faltaban, muchos caballos y muy gorditos- y sus botas de charol y sus trajes verdes.*
Sra. Tepán. *No, no eran verdes los trajes del enemigo, eran azules. Lo recuerdo muy bien, eran azules.*
Sr. Tepán. *Te digo que eran verdes.*
Sra. Tepán. *Te repito que eran azules. ¡Cuántas veces, de niñas, nos asomábamos al balcón para ver batallas y yo le decía al vecinito: "Te apuesto una chocolatina a que ganan los azules". Y los azules eran nuestros enemigos.*
Sr. Tepán. *Bueno, ¡para ti la perra gorda!*
Sra. Tepán. *Yo siempre he sido muy aficionada a las batallas. Cuando niña, siempre decía que sería, de mayor, coronel de caballería. Mi mamá se opuso, ya conoces sus ideas anticuadas.*

---

9. Fernando Arrabal, *Pic-Nic. El Triciclo. El laberinto.* Edición de Ángel Berenguer, Cátedra, 1985.

Sr. Tepán. *Tu madre siempre tan burra.*
Zapo. *Perdonadme. Os tenéis que marchar. Está prohibido venir a la guerra si no se es soldado.*
Sr. Tepán. *A mí me importa un pito. Nosotros no venimos al frente para hacer la guerra. Sólo queremos pasar un día de campo contigo, aprovechando que es domingo.*
Sra. Tepán. *Precisamente he preparado una comida muy buena. He hecho una tortilla de patatas que tanto te gusta, unos bocadillos de jamón, vino tinto, ensalada y pasteles.*
Zapo. *Bueno, lo que queráis, pero si viene el capitán, yo diré que no sabía nada. ¡Menudo se va a poner! Con lo que le molesta a él eso de que haya visitas en la guerra. Él nos repite siempre: "en la guerra, disciplina y bombas, pero nada de visitas".*
Sr. Tepán. *No te preocupes, ya le diré yo un par de cosas a ese capitán.*

Págs. 134

Sra. Tepán. *Bueno, vamos a comer.*
Sr. Tepán. *Sí, vamos, que tengo un apetito enorme. A mí este tufillo de pólvora, me abre el apetito.*

Págs. 136

Sra. Tepán. *¿Qué?, hijo mío, ¿has matado mucho?*
Zapo. *¿Cuándo?*
Sr. Tepán. *Pues estos días.*
Zapo. *¿Dónde?*
Sr. Tepán. *Pues en esto de la guerra.*
Zapo. *No mucho. He matado poco. Casi nada.*
Sr. Tepán. *¿Qué es lo que has matado más, caballos enemigos o soldados?*
Zapo. *No, caballos no. No hay caballos.*
Sr. Tepán. *¿Y soldados?*
Zapo. *A lo mejor.*
Sr. Tepán. *¿A lo mejor? ¿Es que no estás seguro?*
Zapo. *Sí, es que disparo sin mirar.* (Pausa.) *De todas formas, disparo muy poco. Y cada vez que disparo, rezo un Padrenuestro por el tío que he matado.*
Sr. Tepán. *Tienes que tener más valor. Como tu padre.*
Sra. Tepán. *Voy a poner un disco en el gramófono.*
Sr. Tepán. *Esto es música, si señor.*

(Continúa la música. Entra un soldado enemigo: Zepo. Viste como Zapo)

Sr. Tepán. *¿Qué pasa?*

(Zapo reacciona. Duda. Por fin, muy decidido, apunta con el fusil a Zepo)

Zapo. *¡Manos arriba!*

(Zapo no sabe que hacer. De pronto va hacia Zepo y le golpea suavemente en el hombro mientras le dice ...)

Zapo. *¡Pan y tomate para que no te escapes!*
Sr. Tepán. *Bueno, ¿y ahora qué?*
Zapo. *Pues ya ves, a lo mejor, en premio, me hacen cabo.*
Sr. Tepán. *Átale, no sea que se escape.*
Zapo. *¿Por qué atarle?*
Sr. Tepán. *Pero, ¿es que aún no sabes que a los prisioneros hay que atarles inmediatamente?*
Zapo. *¿Cómo le ato?*
Sr. Tepán. *Átale las manos.*
Sra. Tepán. *Sí. Eso sobre todo. Hay que atarle las manos. Siempre he visto que se hace así.*
Zapo. *Bueno.* (Al prisionero.) *Haga el favor de poner las manos juntas, que le voy a atar.*
Zepo. *No me haga daño.*
Zapo. *No.*

Págs. 144

Zapo. *Bueno, ¿y qué hacemos ahora con el prisionero?*
Sra. Tepán. *Le podemos invitar a comer. ¿Te parece?*
Sr. Tepán. *Por mí no hay inconveniente.*
Zapo. (A Zepo) *¿Qué?... ¿Quiere comer con nosotros?*
Zepo. *Pues ...*
Sr. Tepán. *Hemos traído un buen tintorro.*
Zepo. *Si es así bueno.*
Sr. Tepán. *Usted haga como si estuviera en su casa. Pídanos lo que quiera.*
Zepo. *Bueno.*
Sr. Tepán. *¿Qué? , ¿y usted, ha matado mucho?*
Zepo. *¿Cuándo?*
Sr. Tepán. *Pues estos días.*
Zepo. *¿Dónde?*
Sr. Tepán. *Pues en esto de la guerra.*
Zepo. *No mucho. He matado poco. Casi nada.*
Sr. Tepán. *¿Qué es lo que ha matado más, caballos enemigos o soldados?*
Zepo. *No, caballos no. No hay caballos.*
Sr. Tepán. *¿Y soldados?*
Zepo. *A lo mejor.*
Sr. Tepán. *¿A lo mejor? ¿Es que no está seguro?*
Zepo. *Sí, es que disparo sin mirar.* (Pausa.) *De todas formas, disparo muy poco. Y cada vez que disparo, rezo un Avemaría por el tío que he matado.*
Sr. Tepán. *¿Un Avemaría? Yo creí que rezaría un Padrenuestro.*
Zepo. *No. Siempre un Avemaría.* (Pausa.) *Es más corto.*
Sr. Tepán. *Ánimo, hombre. Hay que tener más valor.*

Págs. 151

Sra. Tepán. *Esto es lo agradable de salir los domingos al campo. Siempre se encuentra gente simpática.* (Pausa) *Y usted, ¿por qué es enemigo?*

Zepo. *No sé de estas cosas. Yo tengo muy poca cultura.*
Sra. Tepán. *¿Eso es de nacimiento, o se hizo usted enemigo más tarde?*
Zepo. *No sé. Ya le digo que no sé.*
Sr. Tepán. *Entonces, ¿cómo ha venido a la guerra?*
Zepo. *Yo estaba un día en mi casa arreglando una plancha eléctrica de mi madre cuando vino un señor y me dijo: "¿Es usted Zepo?. –Sí. -Pues me han dicho que tienes que ir a la guerra." Y yo entonces le pregunté: "Pero, ¿a qué guerra?" Y él me dijo: "Qué bruto eres, ¿es que no lees los periódicos?" Yo le dije que sí, pero no lo de las guerras…*
Zapo. *Igualito, igualito me pasó a mí.*
.....
Sr. Tepán. *............¿Y qué pasó luego?*
Zepo. *Le dije que además tenía novia y que si no iba conmigo al cine los domingos lo iba a pasar muy aburrido. Me respondió que eso de la novia no tenía importancia.*
Zapo. *Igualito, igualito que a mí.*
Zepo. *Luego bajó mi padre y dijo que yo no podía ir a la guerra porque no tenía caballo.*
Zapo. *Igualito dijo mi padre.*
Zepo. *Pero el señor dijo que no hacía falta caballo y yo le pregunté si podía llevar a mi novia, y me dijo que no. Entonces le pregunté si podía llevar a mi tía para que me hiciera natillas los jueves, que me gustan mucho.*
Sra. Tepán. (Dándose cuenta de que ha olvidado algo.) *¡Ay, las natillas!*
Zepo. *Y me volvió a decir que no.*
Zapo. *Igualito me pasó a mí.*
Zepo. *Y, desde entonces, casi siempre solo en esta trinchera.*
Sra. Tepán. *Yo creo que ya que el señor prisionero y tú os encontráis tan cerca y tan aburridos, podríais reuniros todas las tardes para jugar juntos.*
Zapo. *Ay, no mamá. Es un enemigo.*
Sr. Tepán. *Nada, hombre, no tengas miedo.*
Zapo. *Es que si supieras lo que el general nos ha contado de los enemigos.*
Sra. Tepán. *¿Qué ha dicho el general?*
Zapo. *Pues nos ha dicho que los enemigos son muy malos, muy malos, muy malos. Dice que cuando cogen prisioneros les ponen chinitas en los zapatos para que cuando anden se hagan daño.*
Sra. Tepán. *¡Qué barbaridad! ¡Qué malísimos son!*

Págs. 158

Sra. Tepán. (A Zepo.) *Y en la trinchera, ¿qué hace usted para distraerse?*
Zepo. *Yo, para distraerme, lo que hago es pasarme el tiempo haciendo flores de trapo. Me aburro mucho.*
Sra. Tepán. *¿Y qué hace usted con las flores?*
Zepo. *Antes se las enviaba a mi novia. ...*

Págs. 159

Zapo. *Pues yo me distraigo haciendo jerséis.*
Sra. Tepán. Pero, oiga, *¿es que todos los soldados se aburren tanto como usted?*
Zepo. *Eso depende de lo que hagan para divertirse.*

Zapo. *En mi lado ocurre lo mismo.*
Sr. Tepán. *Pues entonces podemos hacer una cosa: parar la guerra.*
Zepo. *¿Cómo?*
Sr. Tepán. *Pues muy sencillo. Tú le dices a todos los soldados de nuestro ejército que los soldados enemigos no quieren hacer la guerra, y usted le dice lo mismo a sus amigos. Y cada uno se vuelve a su casa.*
Zapo. *¡Formidable!*
Sra. Tepán. *Y así podrá usted terminar de arreglar la plancha eléctrica.*
Zapo. *¿Cómo no se nos habrá ocurrido antes una idea tan buena para terminar con este lío de la guerra?*
Sra. Tepán. *Estas ideas sólo las puede tener tu padre. No olvides que es universitario y filatélico.*

Págs. 162

Sra. Tepán. *¿Qué os parece si para celebrarlo bailamos el pasodoble de antes?*
Zepo. *Muy bien.*
Zapo. *Sí, pon el disco, mamá.*
(La Sra. Tepán pone un disco. Expectación. No se oye nada.)
Sr. Tepán. *No se oye nada.*
Sra. Tepán. (Va al gramófono) *¡Ah!, es que me había confundido. En vez de poner un disco, había puesto una boina.*

(Pone el disco. Suena un pasodoble. Bailan, llenos de alegría, Zapo con Zepo y la Sra. Tepán con su marido. Suena el teléfono de campaña. Ninguno de los cuatro lo oye. Siguen, muy animados, bailando.... Comienza de nuevo la batalla con gran ruido de bombazos, tiros y ametralladoras. Ellos no se dan cuenta de nada y continúan bailando alegremente. Una ráfaga de ametralladora los siega a los cuatro. Caen al suelo, muertos). Telón.

Ejercicios

1. Responde a las siguientes preguntas:

- ¿Cuándo y dónde nació Fernando Arrabal?
- ¿Qué ha signi icado para él la desaparición de su padre?
- ¿Por qué razón fue a París en 1954?
- ¿Cuánto tiempo estuvo en la cárcel y por qué motivo?
- ¿Cuando alcanzó el reconocimiento o icial en España?
- ¿Cuál era el título original de Pic-Nic y dónde se estrenó la obra?

2. Transforma los sustantivos abstractos en adjetivos y los adjetivos en sustantivos.

- **Sustantivos:** *timidez, incultura, patrioterismo, mediocridad, ignorancia.*
- **Adjetivos:** *narcisista, egocéntrico, paranoico, megalómano, mixtificador.*

Ejemplo de sustantivo: *Timidez: tímido*
Ejemplo de adjetivo: *Narcisista: narcisismo*

3. Pon en Presente de Indicativo los Pretéritos Indefinidos y añade un complemento:

Ejemplo: Nace en Melilla, ...
- Nació
- Fue a
- Volvió
- Se dedicó
- Recibió
- Pronunció

4. Busca en el texto las palabras equivalentes y formula una pregunta por cada una:

Ejemplo: Estudios primarios = escuela elemental.
¿Dónde hizo la escuela elemental?
- Estudios primarios
- Prisión
- Fuga
- Recuerdo doloroso
- Predilección
- Rehabilitación
- Ignorado
- Injurias
- Fortuna
- En su honor

5. Relaciona las fechas siguientes con un acontecimiento de la vida de Arrabal:

- 1936 ....
- 1952 ....
- 1962 ....

6. Formula las preguntas adecuadas:

- **P.** ....
- **R.** Me llamo Fernando y ahora vivo en París.
- **P.** ....
- **R.** París es una ciudad cosmopolita.
- **P.** ....
- **R.** Soy más bien ingenuo.
- **P.** ....
- **R.** En la facultad de Derecho de Madrid
- **P.** ....
- **R.** Me acusaron de farsante, egocéntrico y megalómano.

- **P.** ....
- **R.** Creí enloquecer en la cárcel.
- **P.** ....
- **R.** Mi primera obra escrita en 1952 tenía por título *Los soldados,* pero a partir de 1961 se editó con el título de Pic-Nic.

7. Selecciona la respuesta correcta

- ¿Cómo se encuentra Zapo en el campo de batalla?
  a) *Está preocupado.*
  b) *Está muy solo.*
  c) *Tiene mucho miedo.*

- ¿Qué le dijo la señora Tepán a su hijo cuando fue a visitarlo?
  a) *Tanta guerra te tiene que aburrir.*
  b) *Nosotros no venimos al frente a guerrear.*
  c) *¿Por qué no te vienes a casa con nosotros?*

- ¿Qué ha preparado de comida la señora Tepán?
  a) *Una tortilla de patatas y unos bocadillos de jamón.*
  b) Paella con ensalada y pimientos.
  c) *Unos bocadillos de queso y un buen vino.*

- ¿Cómo eran antes las guerras según el señor Tepán?
  a) *Eran de muchos colores.*
  b) *Había muchos caballos.*
  c) *Eran muy divertidas.*

- ¿Qué bailan para celebrar la idea de parar la guerra?
  a) *un tango.*
  b) *un pasodoble.*
  c) *un bolero.*

8. Verdadero o falso.

- El teatro de Arrabal es una mezcla de *recuerdos y pesadillas.* V/F
- Róbame un billoncito pertenece al teatro de la palabra. V/F
- Su obra dramática más representada ha sido *Fando y Lis.* V/F
- Los autores más próximos a él son *Artaud y Beckett.* V/F

9. Completa el texto con los siguientes sustantivos: soledad, víctimas, caos, inquietud, recuerdos, juegos.

El teatro de Arrabal refleja el .... y la confusión de la vida. *Es un teatro de* ...., *de seres indefensos, lleno de desazón e* ...., *imaginativo, irracional y ritual, una mezcla de* .... *y pesadillas estructuradas en* .... *y* ceremonias, *cuyos temas centrales son la* .... *y la muerte.*

10. Completa el texto con los adjetivos, adverbios, preposiciones y conjunciones adecuados:

Durante una pausa .... (1) combate Zapo habla .... (2) teléfono con su capitán. Llegan .... (3) los padres de Zapo .... (4) campo de batalla .... (5) pasar un día .... (6) campo y cuando están .... (7) comer entra un soldado enemigo. Se llama Zepo y es .... (8) igual que Zapo. Le invitan a comer y .... (9) la conversación se dan cuenta de que tienen los .... (10) gustos y de que .... (11) piensan igual; son enemigos .... (12) se lo han impuesto, por lo que aceptan con .... (13) gusto la idea de la señora Tepán.

1. De	del	al
2. Por	al	con
3. antes	después	al momento
4. en el	al	a la
5. por	para	con
6. al	de	por el
7. a punto de	para	al momento
8. muy	casi	tan
9. en	durante	para
10. mismo	mismos	iguales
11. en realidad	por la verdad	con realidad
12. porqué	porque	por qué
13. muy	mucho	tan

11. Sustituye los infinitivos con la forma verbal adecuada:

Sr. Tepán. *¿Qué, hijo mío, ¿has matar .... mucho?*
Zapo. *No mucho. He matar .... poco. Casi nada.*
Sr. Tepán. *¿Qué es lo que has matado más, caballos enemigos o soldados?*
Zapo. *No, caballos no. No haber .... caballos.*
Sr. Tepán. *¿Y soldados?*
Zapo. *¿A lo mejor?*
Sr. Tepán. *¿A lo mejor? ¿Es que no estar .... seguro?*
Zapo. *Sí, es que disparar .... sin mirar.* (Pausa.) *De todas formas, disparar .... muy poco. Y cada vez que disparo rezar .... un Padrenuestro por el tío que he matar ....*
Sr. Tepán. *Haber .... que tener más valor. Como tu padre ....*

12. Elige la forma gramatical adecuada

- Matar y tirar bombas **al / el** principio gusta.
- Las guerras **antes / antes de** tenían color.
- **Había / habían** caballos, **muy / muchos** caballos y **muy / mucho** gorditos.
- El enemigo también **estaba / era** a la altura de las circunstancias.
- Eso **de / ese** de llevar casco **hace / tiene muy / mucho** elegante.
- No **hay / están / tienen** caballos.

- Pan y tomate para que no te **escapas / escapes / escapéis.**
- ¿Átale, no **sea / es / será** que se escape.
- ¿Aún no **sabes / sepas / sabrás** que a los prisioneros hay que atarles las manos?
- ¿Dónde **está / es** ambientada?
- ¿Qué **les / los** ha dicho el general a los soldados a propósito de los enemigos?
- ¿Cómo pasan el tiempo Zapo y Zepo **en / a** las trincheras?
- ¿Qué les propone el señor Tepán **para / por** terminar con ese aburrimiento

13. Después de haber leído los siguientes fragmentos de su libro Genios y figuras contesta a las preguntas

Samuel Beckett *miraba a sus coterráneos con la solidaridad de un condenado a muerte y contemplaba el horizonte con la resignación del que nada grato puede esperar en este valle lagrimoso en que nos ha tocado vivir. Sin embargo le gustaba reír, hacer juegos de palabras y sorprenderse o sorprendernos con una ocurrencia. Era el humor su aristocrático desdén de sí mismo y la elegante manera de burlarse de sus propias miserias y flaquezas. Su atracción por lo exacto abarcaba naturalmente la palabra y la frase.*

Jean Genet *en su revoltosa obra "El balcón" puso en solfa a sus más aborrecidos arquetipos: el militar, el eclesiástico y el juez. Los tres se comportan en su comedia como clientes especialmente hipócritas y viciosos del lupanar de madame Irma.*
Yo había conocido a estos tres modelos en mi adolescencia... Cuando tenía dieciséis años el azar estuvo a punto de conducirme por unos singulares derroteros. Mi familia me presentó a la quinta convocatoria de ingreso en la Academia del Aire.
Tres años más tarde, en Valencia, sentí la llamada de una vocación celestial. La Compañía de Jesús me acogió con generosidad y campechanía. Viví seis meses inolvidables de fe, esperanza y caridad.
Después en la Facultad de Derecho de Madrid, en el rancio e idolatrado caserón de San Bernardo, pude hacer frente a mis obligaciones universitarias y a mi manía de escribir teatro.
¿Pensaba de verdad Genet que se podía conocer al monje por el hábito?

Antonin Artaud
¿Qué opina de Artaud –le pregunté un día a Breton- y me respondió: "Es un rebelde sin causa". Fue expulsado del surrealismo sin motivo alguno.
Meses después con Topor y Jodorowsky, creé el Movimiento Pánico y por mi cuenta y riesgo escribí ... El arquitecto y el emperador de Asiria. Muerto Breton en 1966 sentí la necesidad de leer la obra de Artaud que aún desconocía. Qué chasco, pero también qué asombro al leer "El teatro y su doble" escrito en 1938. El poeta rebelde se alzaba como un profeta visionario. Hablaba ya de teatro pánico y de arquitectos de Asiria. Si lo hubiera leído a tiempo, hoy el Pánico se llamaría Movimiento Burlesco (en honor a Góngora) y mi obra más representada El escriba y el emperador de Caldea.

¿Cómo era Samuel Beckett? Sintetiza cada frase con un adjetivo de entre los siguientes: *alegre, juguetón, fraterno, resignado, gracioso, humorista, perfeccionista.*
- *Miraba a sus coterráneos con solidaridad:* ....

- *Contemplaba el horizonte con resignación:* ....
- *Le gustaba reír:* ....
- *Hacer juegos de palabra:* ....
- *Sorprendernos con una ocurrencia:* ....
- *Era el humor su aristocrático desdén de sí mismo:* ....
- *Su atracción por lo exacto abarcaba naturalmente la palabra y la frase:*

¿ Cómo se hubiera llamado el Movimiento Pánico si hubiera leído antes a Artaud? ¿Quiénes son los personajes más aborrecidos por Jean Genet?

14. Parafraseando a Arrabal en su novela autobiográfica Baal Babilonia[10], escribe tus recuerdos de la infancia:

Pág. 98
Como salí de Melilla cuando sólo tenía tres años ya no me acuerdo de casi nada.

Pág. 71
Tú no conoces nada de la vida. Tú eres un niño sin experiencia que todo, absolutamente todo, se lo debes a tu pobre madre mártir.

Pág. 33
A mi querido hijo, aviadorcito en ciernes.
Me lo explicaste todo muy bien, mamá, y yo te dije, mamá, que sí. Me dijiste, mamá, que el uniforme es muy bonito, mamá, y que las chicas se enamoran siempre de los cadetes, mamá, y que sería el honor de la familia, mamá.

15. ¿Cómo recuerda Arrabal a su madre?

- *Como una mujer autoritaria.*
- *Como una madre dulce.*
- *Como una sabelotodo.*

Bibliografía

- **Arrabal, Fernando,** *Baal Babilonia,* Destino libro, vol. 202, 1983.
- **Arrabal, Fernando,** *Un esclavo llamado Cervantes,* Espasa Calpe, 1996.
- **Arrabal, Fernando,** *Genios y figuras,* Colección Austral, 1993.
- **Arrabal, Fernando,** *Ceremonia por un teniente abandonado,* Espasa Calpe, 1999.
- **Berenguer, Ángel,** *Fernando Arrabal, Pic-Nic, El triciclo, El laberinto,* Cátedra, 1985.
- **García Templado, José,** *El teatro español actual. Teatro pánico,* Anaya, 1992, Pags. 72-74.
- **Oliva, César,** *El teatro desde 1936,* Historia de la literatura española actual.3 Alhambra, 1989, Págs. 418-422.
- **Primer Acto,** Revista teatral, n. 227, I-1999: *Autor teatral Siglo XX,* Pág. 45.
- **Ruiz, Ramón,** *Historia del teatro español. Siglo XX.* Cátedra,1992, Págs.433-37.

10. Fernando Arrabal, *Baal Babilonia,* Destino libro 202, Barcelona, 1983.

- **Taylor, Diana, Arrabal,** *El cementerio de automóviles, El arquitecto y el Emperador de Asiria,* Cátedra, 1998.
- **Torres Monreal, Francisco,** *Teatro Completo,* Espasa Calpe, 1997, 2 vols.
- **Torres Monreal, Francisco,** *Teatro bufo (Róbame un billoncito, Apertura orangután, Punk y Punk y Colegram),* Espasa Calpe, Colección Austral, 1986.

Buero Vallejo

La tragedia intenta explorar
de qué modo las torpezas humanas
se disfrazan de destino. **Buero Vallejo**

El teatro de Buero Vallejo se caracteriza desde el punto de vista de la significación por sus trasfondos. Tras una apariencia realista se esconde una construcción simbólica; en un conflicto existencial subyace un planteamiento ideológico; bajo un problema individual se descubre una tensión social, y más allá de una acción o un personaje cotidiano se trasparenta un trasfondo mítico.
José Luis García Barrientos

Jean Dubuffet, *Jazz-band, 1944*

Buero Vallejo

Se escribe porque se espera pese a toda duda.
Antonio Buero Vallejo

Antonio Buero Vallejo nació en Guadalajara el 29 de setiembre de 1916. Allí hizo el Bachillerato y allí recibió su primer premio por un relato titulado *El único hombre,* "comedia no nata" la llamó el autor, que anticipó su futura vocación teatral.

En 1934 la familia se trasladó a Madrid y allí se matriculó Antonio en La Escuela de Bellas Artes porque su primera inclinación era la pintura. -Velázquez y Goya serán los protagonistas de dos de sus mejores obras: *Las Meninas* y *El sueño de la razón*-.

De temperamento inquieto y reflexivo, pronto se sintió atraído por las corrientes existencialistas y marxistas que se respiraban en el Madrid de entonces, atracción derivada en parte de las lecturas de Unamuno y de Marx, Engels y Lenin; también le gustaba mucho el teatro, por lo que asistió a cuantos estrenos tenían lugar en aquel Madrid brillante de sus autores preferidos: Valle-Inclán, Federico García Lorca, Max Aub, los hermanos Machado, Unamuno, Ibsen ...

Pero la Guerra Civil interrumpió esa trayectoria. Su padre, entonces coronel del cuerpo de ingenieros, fue detenido y asesinado por los republicanos en Paracuellos del Jarama en 1936 en una represalia sanguinaria y tres años más tarde, terminada la Guerra Civil, él era condenado a muerte por los franquistas, condena conmutada en treinta años de prisión y reducida gracias a sucesivos indultos a seis años. Esa será una de las claves de su sentimiento trágico de la vida de raíz tan unamuniana.

Al salir de la cárcel, con muchas dudas y no pocas dificultades económicas, comienza a escribir teatro *alimentándose de sus experiencias* aunque sin perder la esperanza. Participa en las tertulias del *Café Lisboa* donde obtiene los primeros reconocimientos, pero es el *Premio Lope de Vega,* recibido en 1949 por *Historia de una escalera* el que le sacará del anonimato y le permitirá salir adelante. La obra fue un éxito y constituyó un acontecimiento cultural, porque significó la superación de la comedia de evasión, frívola y superficial.

Sigue un período de gran actividad teatral durante el cual estrena prácticamente una obra al año. En 1958 es ya un autor consagrado que escribe su ideario dramático en un ensayo titulado *La tragedia.* A partir de entonces fue denunciando cada vez más abiertamente la injusticia, la opresión y la violencia desde el llamado *exilio interior,* escribiendo un *teatro posible* compatible con las circunstancias históricas, actitud que desencadenó la famosa polémica con Alfonso Sastre en 1960 sobre el *posibilismo* y que tantas amarguras le había de causar. -El *posibilismo* era para Alfonso Sastre sinónimo de acomodación, mientras que para Buero Vallejo significaba simplemente hacer posible un teatro imposible-.

Ejemplos de ese teatro posible son *Un soñador para el pueblo* (1958), *Las Meninas* (1960), *El Concierto de San Ovidio* (1962), *El tragaluz* (1967), *El sueño de la razón* (1970), *La Fundación* (1974), *La detonación* (1977), obras por las que ha merecido los reconocimientos oficiales de *Académico de la R A E (Real Academia Española)* en 1971, *Premio Nacional de Teatro* en 1980, *Premio Nacional de las Letras españolas* en 1996 y *Medalla de oro del Ayuntamiento de Madrid* en 1999.

Murió en Madrid el 28 de abril del año 2000. Admirado, aplaudido, discutido, Buero Vallejo presidió la escena española durante la segunda mitad del siglo XX como Jacinto Benavente había presidido la primera.

Obra dramática

Jean Dubuffet, Jazz-band, 1944

La tragedia intenta explorar de qué modo las torpezas humanas se disfrazan de destino. Antonio Buero Vallejo.

El teatro de Antonio Buero Vallejo es un teatro trágico, social y existencial, moralizador, simbólico, *posibilista,* lleno de interrogantes y abierto a la esperanza *a pesar de todo,* reflejo sincero de su experiencia vital durante los difíciles años de la guerra y de la posguerra. *Yo empecé mi teatro en 1946 con "En la ardiente oscuridad"...y lo he terminado con "La Fundación" 1972-73* -declaró entonces el autor-. *En el fondo, en aquella primera obra como en ésta se habla de lo mismo, de dos Instituciones o dos Fundaciones en las que viven engañados los que las habitan y cuya mentira tienen que desenmascarar.*

Dramas, tragedias, fantasías, parábolas, experimentos y fábulas son los principales subtítulos de sus obras, con las cuales aspira a cuestionar las verdades aparentes sobre las que descansa el sistema. Ésta es la razón por la que su teatro está lleno de preguntas a la mayoría de las cuales no se dan respuestas concretas, porque, como afirma Luis Iglesias Feijoo, lo que pretende Buero con sus dramas es prolongar en la conciencia del espectador el debate moral que éste ha presenciado en la escena, ya sea que la obra esté ambientada en el presente real *(Historia de una escalera)* o en el simbólico *(En la ardiente oscuridad),* en el mito *(La tejedora de sueños)* o en la historia *(Un soñador para un pueblo.)*

Todas sus obras plantean un problema moral y postulan la transformación del hombre y de la sociedad. El conflicto esencial consiste en la lucha por alcanzar la verdad por difícil y dolorosa que sea. Los protagonistas son seres complejos, contradictorios, insatisfechos, en perenne crisis, ciegos, locos y sordos, cuyas simbólicas limitaciones no les impiden enfrentarse a la sociedad en la que viven, aunque casi siempre terminen sucumbiendo porque la lucha es impar en un mundo donde reina la injusticia y la opresión.

Buero Vallejo ha dedicado toda su vida a experimentar nuevas formas para conseguir una mayor participación por parte del público. Partiendo del modelo teatral de Ibsen y de Unamuno, lo enriquece con elementos simbólicos y visionarios, de los cuales el más significativo es el *efecto de inmersión* gracias al cual el público vive la tragedia desde el punto de vista del protagonista compartiendo, por ejemplo, la sordera de Goya en *El sueño de la razón,* la locura de Tomás en *La fundación* o la ceguera de Julio en *La llegada de los dioses.*

Tanto las obras ambientadas en el presente como las ambientadas en el pasado difieren considerablemente del teatro evasionista y pseudofolklórico de la posguerra. La elección de personajes como Velázquez, Goya o Larra - protagonistas respectivamente de *Las meninas, El sueño de la razón* y *La detonación* - deriva de la preferencia del dramaturgo por los artistas solitarios enfrentados con el poder, héroes soñadores, más contemplativos que activos, abiertos a la esperanza y eficaces ejemplos para hablar al presente a través del pasado. Esperanza trágica y *propósito* moralizador son pues las notas dominantes de su teatro.

El Tragaluz

El Tragaluz subtitulado *Experimento en dos partes,* es una obra simbólica, trágica y esperanzadora, que sintetiza eficazmente las características anteriormente expuestas sobre el teatro de Buero. Se estrenó en el Teatro Bellas Artes de Madrid el 7 de octubre de 1967 con gran éxito de público: tuvo más de quinientas representaciones.

La obra presenta la estructura de un drama judicial en el que dos investigadores[1] de un siglo futuro, no precisado, analizan y comentan el drama de una familia española de tres hijos que, terminada la guerra, intenta tomar un tren para ir a Madrid. Sólo lo consigue el hijo mayor y a pesar de llevar los alimentos de todos no quiere volver a bajar de ese tren. Por su culpa la hermana pequeña muere de hambre y el padre se vuelve loco. Durante casi treinta años en la familia nadie ha querido reconocer esa triste realidad. Es entonces cuando inicia el *experimento* a través del cual el autor nos invita a ser testigos y jueces del comportamiento de ese hermano mayor que continúa haciendo víctimas, última de las cuales, Encarna, su secretaria y amante.

Termina la obra con la muerte del culpable y con el nacimiento de un niño en el que están puestas las esperanzas de un mundo mejor.

---

1. A. Buero Vallejo: *Los investigadores son para mí más importantes que los demás elementos de la obra. La combinación de reflexión y temor es la esencia de la función de esta pareja. Buscar el medio de que un público de nuestro tiempo entienda, no sólo por vía racional, sino también por vía emocional, cómo sus mayores porquerías, sus insuficiencias más graves, sus más serias contradicciones, podrán ser quizás descubiertas e implacablemente juzgadas algún día. Y al decir un día – sirviéndome de una convención teatral- digo "ya", ahora, hoy mismo.*

A.A.VV: *Los investigadores:*

- Guían al espectador aclarándole ciertos aspectos concretos de la obra.
- Marcan el tiempo, el cambio de lugar ...
- Actúan como una especie de conciencia crítica y como jueces de una realidad pasada, haciendo que el espectador reflexione y se sienta juez de su misma realidad

(El siglo XX desde la Generación del 27 a nuestros días, Ediciones ISTMO, Madrid, 1995, Pág. 384.)

El Tragaluz

Parte primera

Personajes: VICENTE , MARIO Y ENCARNA

Págs. 105

Vicente. *¿Tú por aquí?*
Mario. *Pasé un momento a saludarte. Ya me iba.*
Vicente. *¡No te vayas todavía!.* (Mientras deja la carpeta sobre la mesa y se sienta) *Vamos a ver, Mario. Te voy a hacer una proposición muy seria.*
Encarna. *¿Me... retiro?*
Vicente. *¡No hace falta!* (A Mario) *Encarnita debe saberlo. ¡Escúchame bien! Si tú quieres, ahora mismo quedas nombrado mi secretario. Para trabajar aquí conmigo y con ella* (Encarna y Mario se miran.) *Para ti también hay buenas noticias, Encarna: quinientas pesetas más al mes. Seguirás con tu máquina y tu archivo. Pero necesito otro ayudante con buena formación literaria. Tú lo comprendes...*
Encarna. *Claro.*
Vicente. *Tú, Mario. Es un puesto de gran porvenir. Para empezar calcula algo así como el triple de lo que ganas ahora. ¿Hace?*
Mario. *Verás, Vicente...*
Vicente. *Un momento...* (Con afecto.) *Lo puedo hacer hoy; más adelante ya no podría. Figúrate la alegría que le íbamos a dar a nuestra madre... Ahora puedo decirte que me lo pidió varias veces.*
Mario. *Lo suponía.*
Vicente. *También a mí me darías una gran alegría, te lo aseguro...*
Mario. (Suave) *No, Vicente. Gracias.*
Vicente. (Reprime un movimiento de irritación) *¿Por qué no?*
Mario. *Yo no valgo para esto...*
Vicente. (Se levanta) *¡Yo sé mejor que tú lo que vales! ¡Y ésta es una oportunidad única! ¡No puedes, no tienes el derecho de rehusarla! Por tu mujer, por tus hijos, cuando los tengas!* (Encarna y Mario se miran) *¡Encarna, tú eres mujer y lo entiendes! ¡Dile tú algo!*
Encarna. (Muy turbada.) *Sí... realmente...*
Vicente. (A Mario.) *¡Me parece que no puedo hacer por ti más de lo que hago!*
Mario. *Te lo agradezco de corazón, créeme...Pero no.*
Vicente. (Rojo.) *Esto empieza a ser humillante... Cualquier otro lo aceptaría encantado... y agradecido.*
Mario. *Lo sé, Vicente, lo sé... Discúlpame.*
Vicente. *¿Qué quiere decir ese "discúlpame? ¿Que sí o que no?*
Mario. (Terminante.) *Que no.* (Encarna suspira, decepcionada.)
Vicente. (Después de un momento, muy seco.) *Como quieras.*
Mario. *Adiós, Vicente. Y gracias.*

Parte segunda

Personajes: EL PADRE, MARIO, LA MADRE, VICENTE Y ENCARNA

Págs. 148

El Padre. *¿Quién habla por ahí fuera?*
Mario. *Serán vecinos.*
El Padre. *Llevo días oyendo muchas voces. Llantos, risas...*
Mario. *Nadie llora.*
....
La Madre. *Sal un rato si quieres, hijo.*
Mario. *No tengo ganas.*
La Madre. *No has salido en todo el día...*
Mario. *No quiero salir.*
La Madre. *Hay alguien esperándote en la escalera.*
Mario. *Ya lo sé.*
La Madre. *Se ha sentado en los peldaños...*
Mario. *Ya le he dicho que se vaya.*
La Madre. *¡Déjala entrar!*
Mario. *No.*
La Madre. *¡Y os explicabais!*
Mario. *¡Por favor, madre! Esto no es una riña de novios. Tú no puedes comprender.*
La Madre. *Hace una hora me encontré a esa chica en la escalera y me la llevé a dar una vuelta. Me lo ha contado todo... No la escuches, si no quieres, pero déjala pasar.*
Mario. *... ¿qué pretendes? ¿qué me case con ella?*
La Madre. *Es una buena chica.*
Mario. *¿No es a mi hermano a quien se lo tendrías que proponer?*
La Madre. *Él... ya sabes cómo es...*
Mario. *¡Yo sí lo sé! ¿Y tú, madre? ¿Sabes cómo es tu favorito?*
La Madre. *¡No es mi favorito!*
Mario. *También le disculparás lo de Encarna, claro. Al fin y al cabo, una ligereza...*
La Madre. *No hables así. ...* (Suena el timbre. La madre abre. Entra Vicente.)

Págs. 150

Vicente. *Hola, madre. Pregúntale a Mario si puede entrar Encarna.*

Págs. 152

Mario. *¿A qué has venido?*
Vicente. *A aclarar las cosas.*
Mario. *¿Qué cosas?*
Vicente. *Ayer dijiste algo que no puedo admitir. Y no quiero que vuelvas a decirlo.*
Mario. *No voy a decirlo.*
Vicente. *¡Pero lo piensas! ... Tenemos que hablar y lo vamos a hacer.*
La Madre. *Hoy no, hijos... Otro día, más tranquilos...*
Vicente. *¿Es que no sabes lo que dice?*

La Madre. *Otro día...*
Vicente. *Se ha atrevido a afirmar que cierta persona... aquí presente... ha enloquecido por mi culpa.*
La Madre. *Son cosas de la vejez, Mario...*
Vicente. *... Eso es lo que piensas tú, o cualquiera con la cabeza en su sitio. Él piensa otra cosa.*
Mario. *¿Y has venido a prohibírmelo?*
Vicente. *¡A que hablemos!*
La Madre. *Pero no hoy... Ahora estáis disgustados...*
Vicente. *Hoy, madre.*
Mario. *Ya lo oyes, madre. Déjanos solos, por favor.*
Vicente. *¡De ninguna manera! ... ¡Quieres que se vaya para que no te desmienta!*
Mario. *Tú quieres que se quede para que te apoye.*
Vicente. *Y para que no se le quede dentro ese infundio que te has inventado.*
Mario. *¿Infundio? ¿Qué diría usted, padre?*
Vicente. *¡Él no puede decir nada! ¡Habla tú! ¡Explícanos ya, si puedes, toda esa locura tuya!*
Mario. *Madre, si esa muchacha está todavía ahí fuera, dile que entre.*
La Madre. *¿Ahora?*
Mario. *Ahora, sí.*
La Madre. *¡Tu hermano va a tener razón! ¿Estás loco?*
Vicente. *No importa, madre. Que entre.*
...
Vicente. *Entra, Encarna.*

Págs. 155

Encarna. *Me parece inútil seguir callando... No quiero ocultarlo más... Voy a tener un hijo.*
Mario. (A su hermano) *¿No tienes nada que decir?*
Vicente. *Estudiaremos la mejor solución, Encarna. Lo reconoceré... Te ayudaré.*
Mario. *Con un sobre.*
Vicente. *¡No es asunto tuyo!*
...
Vicente. *¡Yo estudiaré con ella lo que convenga hacer! Pero no ahora. Es precisamente de nuestro padre de quien he venido a hablar.* (El padre se ha detenido y lo mira.)
Mario. *Repara... Él también te mira.*
Vicente. *Esa mirada está vacía. ¿Por qué no te has dedicado a mirar más a nuestra madre, en vez de observarle a él. ¡Mírala! Siempre ha sido una mujer expansiva, animosa...*
Mario. *¡Pobre madre! ¿Cómo hubiera podido resistir sin inventarse esa alegría?*
Vicente. *¿Lo oyes, madre? Te acusa de fingir.*
Mario. *No finge. Se engaña de buena fe.*
Vicente. *¡Y a ti te engaña la mala fe! Nuestro padre está como está porque es un anciano, y nada más.*
Mario. *El médico ha dicho otra cosa.*
Vicente. *¡Ya! ¡El famoso trastorno moral! ... Pero nadie se vuelve loco porque un hijo se va de casa, a no ser que haya una predisposición ...*

Mario. *Salvo que seas tú mismo quien, con anterioridad, creases esa predisposición.*
...
Vicente. (Con premeditada lentitud.) *¿Te estás refiriendo al tren?*
....

Págs. 158

La Madre. *Hay que olvidar aquello.*
Vicente. *... ¡Dile tú lo que pasó, madre! ¡Él nos mandó subir a toda costa! Y yo lo logré. Y luego... ya no pude bajar. Me retuvieron. ¿No fue así, madre?*
La Madre. *Sí, hijo.*
....
Mario. (Rememora) *No dijo una palabra en todo el resto del día. ... Y luego por la noche... repetía y repetía: ¡Bribón!... ¡Bribón!...*
La Madre. *¡Cállate!*
....
Vicente. *¿Por qué supones que se refería a mí?*
Mario. *¿A quién, si no?*
Vicente. *Pudieron ser los primeros síntomas de su desequilibrio.*
Mario. *Desde luego. Porque él no era un hombre al uso. Él era de los que nunca se reponen de la deslealtad ajena.*
Vicente. *¡Estás sordo? ¡Te digo que él me mandó subir!*
La Madre. *¡Nos mandó subir a todos, Mario!*
Mario. *Y bajar. ... Pero el tren arrancó... y se te llevó para siempre. ... ¿Se te ha olvidado lo que llevabas? ... Nuestras escasas provisiones... Él te lo había confiado porque eras el más fuerte... La nena murió... De hambre. Nunca más habló de aquello. Nunca. Prefirió enloquecer.*
Vicente. *Fue... una fatalidad.*
La Madre. (Muy débil) *Y no pudo bajar, Mario. Lo sujetaban...* (Largo silencio)
Mario. *No lo sujetaban; lo empujaban.*
Vicente. (Rojo de ira) *¡Me sujetaban!*
Mario. *¡Te empujaban!* (Vicente se queda solo con su padre)

Págs. 161

Vicente. *Es cierto, padre. Me empujaban. Y yo no quise bajar. Les abandoné, y la niña murió por mi culpa. ... Quisiera que me entendiese, aunque sé que no me entiende. ... Míreme: estoy llorando. Dentro de un momento me iré ... a seguir haciendo víctimas. ... Pero ¿quién puede terminar con las canalladas en un mundo canalla?*
El Padre. *Yo.*
Vicente. *¿Qué dice?.... Nada. ¿Qué va a decir? Y, sin embargo, quisiera que me entendiese y me castigase, como cuando era niño, para poder perdonarme luego... Pero ¿quién puede ya perdonar, ni castigar? Yo no creo en nada y usted está loco.* (Suspira)
....
El Padre. *No.* (Se oyen golpecitos en los cristales)
Vicente. *¿Quién llamó?* (Breve silencio) *Niños. Siempre hay un niño que llama.* (Suspira) *Ahora hay que volver ahí arriba... y seguir pisoteando a los demás...*

El Padre. *No.* (Con energía.) *¡No!*
Vicente. *¿Qué?*
El Padre. *No subas al tren.*
Vicente. *Ya lo hice, padre.*
El Padre. *Tú no subirás al tren.*
Vicente. *¿Por qué me mira así, padre? ¿Es que me reconoce? No. Y tampoco entiende... ¡Elvirita murió por mi culpa! ... Y ahora habrá que volver a ese tren que nunca para...*
El Padre. *¡No!... ¡No!...* (Gritando le clava al hijo las tijeras con las que recortaba las figuras que le recordaban a su hija pequeña.)
(A la tercera o cuarta puñalada sobre el ruido tremendo del tren se oye su última imploración.)
Vicente. *¡Padre!*
El Padre. *¡Elvirita!*
Ella. *El mundo estaba lleno de injusticia, guerras, y miedo. Los activos olvidaban la contemplación; quienes contemplaban no sabían actuar.*
Él. *Hoy ya no caemos en aquellos errores.*
....
Él. *Si no os habéis sentido en algún instante verdaderos seres del siglo XX, pero observados y juzgados por una especie de conciencia futura; si no os habéis sentido en algún otro momento como seres de un futuro hecho ya presente ... el experimento ha fracasado.*
Ella. *Sólo resta una escena. Sucedió once días después.*
Encarna. *¿Has visto a tu padre?*
Mario. *Ahora está tranquilo.*
....
Encarna. *¿Por qué me has llamado?*
Mario. *Quería saber de ti.*
Encarna. *Me han echado.*
Mario. *¿Qué piensas hacer?*
Encarna. *No lo sé.* (Larga pausa.) *Adiós, Mario.*
Mario. *Espera.*
Encarna. (Sin mirar a Mario.) *No juegues conmigo.*
Mario. *No jugaré contigo. ... Si todavía me quieres un poco, acéptame.*
Encarna. *Voy a tener un hijo.*
Mario. *Será nuestro hijo. No lo hago por piedad. Eres tú quien debe apiadarse de mí.*
Encarna. *¿Yo, de ti?*
Mario. *Tú de mí, sí. Toda la vida.*
Encarna. *Toda la vida.*
Mario. *Quizá ellos algún día, Encarna... Ellos sí, algún día... Ellos...*[2]
Él. *Esto es todo.*
Ella. *Muchas gracias. Telón*

2. Ellos: Con *ellos* Mario puede aludir a la generación del hijo de Encarna, a las gentes que pasan por la calle, a los investigadores del futuro, a los espectadores del siglo XXX; pero sobre todo a los espectadores reales del siglo XX. *(El tragaluz,* edición de J. García Barrientos, nota a pie de página número 26, Pág. 167.

Ejercicios

1. Contesta a las siguientes preguntas:

- ¿Dónde nació Antonio Buero Vallejo?
- ¿Qué tipo de estudios realizó?
- ¿Qué temperamento tenía?
- ¿Qué reconocimientos oficiales recibió?
- ¿Con qué obra se dio a conocer al público?
- ¿Cuál es el significado del tren en *El tragaluz?*
- ¿Por qué se volvió loco el padre de Mario y Vicente?

2. Haz las preguntas adecuadas a las respuestas de Buero Vallejo:

- **P.** ....
- **R.** En 1934 me matriculé en la Escuela de Bellas Artes en Madrid, adonde se habían trasladado mis padres.
- **P.** ....
- **R.** Mis autores preferidos son Unamuno, Valle-Inclán, Max Aub, Ibsen.
- **P.** ....
- **R.** En Madrid asistía a todos los estrenos de mis autores preferidos: Valle-Inclán, García Lorca, los hermanos Machado, Ibsen...
- **P.** ....
- **R.** La Guerra Civil representó para mí una doble tragedia: el asesinato de mi padre por los republicanos en la sanguinaria represalia de Paracuellos del Jarama y mi condena a muerte por los franquistas, condena conmutada en 30 años de prisión y reducida después a 6 años.
- **P.** ....
- **R.** El premio *Lope de Vega* por mi obra *Historia de una escalera* estrenada en Madrid en 1949 cambió en parte mi vida. Premios, condecoraciones, medallas y homenajes me acompañarán el resto de mi vida.
- **P.** ....
- **R.** La polémica que tuve con Alfonso Sastre en 1960 sobre *el teatro posible* me amargó profundamente. Él sostenía que *posibilismo* era sinónimo de acomodación, mientras que para mí era simplemente *hacer posible un teatro imposible.*
- **P.** ....
- **R.** *Me conforta suponer que si se me ha concedido el Premio Cervantes (1986) porque deleité algo, también se me habrá otorgado porque algo inquieté.*

3. Formula una pregunta por cada uno de los siguientes juicios:

Gonzalo Torrente Ballester: *El principio subordinante último de todos los elementos del teatro de Buero es su significación ética.*

J.M. de Quinto: *La obra de Buero Vallejo, como la de Sartre, como la de Camus, no es una obra militante, política, sino, por el contrario, eminentemente ética.*

Luis Iglesias Feijoo: *A partir de 1949 Buero fue dándonos con un ritmo más vivo al principio, más pausado luego, sucesivos espejos en que poder mirarnos las caras a través de los rostros de los más diversos personajes.*

José Luis García Barrientos: *El teatro de Buero Vallejo se caracteriza desde el punto de vista de la significación por sus trasfondos. Tras una apariencia realista se esconde una construcción simbólica; en un conflicto existencial subyace un planteamiento ideológico; bajo un problema individual se descubre una tensión social, y mas allá de una acción o un personaje cotidiano se trasparenta un trasfondo mítico.*

4. Elige la respuesta que se da en el texto:

- ***Vicente.***
  a) *¿Cómo has venido a estas horas?*
  b) *¿Qué me cuentas Mario?*
  c) *¿Tú por aquí?*

- ***Mario.***
  a) *Quería hablar contigo.*
  b) *Pasé un momento a saludarte.*
  c) *Tengo que decirte algo importante.*

- ***Encarna.***
  a) *¿Me retiro?*
  b) *¿Os dejo solos?*
  c) *¿Quieres que me vaya?*

- ***Vicente.***
  a) *¡Creo que he hecho todo lo que estaba en mis manos!*
  b) *¡No tengo ninguna intención de seguir ayudándote!*
  c) *¡Me parece que no puedo hacer por ti más de lo que hago!*

- ***Mario.***
  a) *No tengo ganas ahora de hablar con nadie.*
  b) *Ya hablaremos en otra ocasión.*
  c) *¡Por favor, madre! Esto no es una riña de novios.*

- ***La Madre.***
  a) *¡Pero qué dices, hijo mío!*
  b) *¡Tu hermano va a tener razón! ¿Estás loco?*
  c) *De ninguna manera.*

5. Expresa con otras palabras las siguientes frases:

- *Figúrate la alegría que le íbamos a dar a nuestra madre:*
- *Tenemos que hablar y lo vamos a hacer.*
- *Eso es lo que piensas tú, o cualquiera con la cabeza en su sitio.*

- *Voy a tener un hijo.*
- *No es asunto tuyo.*

6. Transforma los imperativos positivos en negativos y viceversa:

Ejemplo: ***No te vayas todavía : Vete ya***

- *Escúchame bien*
- *Dile tú algo*
- *Discúlpame*
- *Sal un rato*
- *Déjala entrar*
- *Déjanos solos*
- *Mírala*
- *Cállate*

7. Ordena con coherencia las siguientes declaraciones[3] de Buero Vallejo:

- *El significado dominada final de una tragedia por la desesperanza en el texto no termina.*
- *Algún ha dicho comentarista ácido: "es que hace a Goya y es Goya, hace a Esquilache y es Esquilache..."*
- ¡Naturalmente, mío amigo, yo hablo de mis a través heridas!
- Mis históricas obras responden a un indirecto planteamiento ... Se escriben porque el tema histórico da les una amplitud y una densidad que a me mí mucho mayores parecen.

8. ¿Qué te sugieren los siguientes finales de las obras de Buero?

En la ardiente oscuridad,
Carlos.- Y ahora están brillando las estrellas con todo su esplendor, y los videntes gozan de su presencia maravillosa. Esos mundos lejanísimos están ahí, tras los cristales... ¡Al alcance de nuestra vista! ..., si la tuviéramos...

La tejedora de sueños,
Ulises: Todo está perdido. Así quieren los dioses labrar nuestra desgracia.
Penélope: No culpes a los dioses. Somos nosotros quienes la labramos.
..... Ulises: Y ahora, a vivir... muriendo...

---

3. Declaraciones ordenadas:

El significado final de una tragedia dominada por la desesperanza no termina en el texto.

Algún comentarista ácido ha dicho: "es que hace a Goya y es Goya, hace a Esquilache y es Esquilache..."

¡Naturalmente, amigo mío, yo hablo a través de mis heridas!

Mis obras históricas responden a un planteamiento indirecto ... Se escriben porque el tema histórico les da una amplitud y una densidad que a mí me parecen mucho mayores.

Hoy es fiesta, tragicomedia en tres actos,
Doña Nieves: Hay que esperar... Esperar siempre... La esperanza nunca termina... La esperanza es infinita...

La Fundación, fábula en dos partes,
Tomás: ...Si no acertamos a separar la violencia de la crueldad, seremos aplastados.
.... Y ahora esperemos.
Lino: ¿La muerte?
Tomás: O la celda de castigo. El túnel espantoso hacia la libertad.

9. Transforma en estilo indirecto las siguientes declaraciones:

Ejemplo: *Todo escritor se alimenta de sus experiencias si éstas no le hunden.*
Dijo que todo escritor se alimentaba de sus experiencias si esas no le hundían.

Pretendía hacer un teatro diferente, ambicioso y responsable.
Dijo que ...

En mi teatro hay sin duda unidad de fondo, diversidad de forma e insistencia en algunos problemas obsesivos.
Dijo que

La ceguera, la locura, la sorderas son "destinos" que deben y pueden combatirse.
Dijo que

Pesimista y predicador son los sambenitos que me colgaron desde que empecé.
Dijo que

10. Completa con los verbos en forma personal:

Antonio Buero Vallejo nacer .... en Guadalajara el 29 de septiembre de 1916. Allí **transcurrir** .... su infancia y allí **hacer** .... el bachillerato. En 1934 **trasladarse** .... a Madrid para estudiar en la Escuela de Bellas Artes porque su primera inclinación **ser** .... la pintura.
También le **gustar** .... mucho el teatro, por lo que **asistir** .... a cuantos estrenos **tener** .... lugar en Madrid de sus autores favoritos Pero la guerra civil **interrumpir** .... esa trayectoria.
El *Premio Lope de Vega*, **recibir** .... en 1949 por *Historia de una escalera* le **sacar** .... del anonimato y le **permitir** .... salir adelante-.
En 1958 es ya un autor consagrado que **escribir** .... su ideario dramático en un ensayo titulado *La tragedia.*
Antonio Buero Vallejo **morir** .... en Madrid el 28 de abril del año 2000.

Bibliografía

- **De Paco,** *Mariano Antonio Buero Vallejo, En la ardiente oscuridad,* Colección Austral, primera edición 1972, decimoséptima edición 1997.
- **Díez de Revenga, Francisco Javier** *Antonio Buero Vallejo, La Fundación,* Colección Austral, primera edición 1989, octava edición 1999.
- **García Barrientos, José Luis** *Antonio Buero Vallejo, El Tragaluz,* Editorial Castalia, 1985.
- **García de la Concha,** *Víctor Lengua Española,* El lenguaje teatral de Buero Vallejo en *Un soñador para un pueblo,* Iniciación Universitaria, Valladolid, 1975, Págs. 301-311.
- **García Templado, José** *La literatura de la postguerra. El Teatro. Generación realista de los años cincuenta. Buero Vallejo.* Págs. 39-49, Editorial Cincel, 1992.
- **Iglesias Feijoo, Luis Antonio** *Buero Vallejo, Un soñador para un pueblo,* Colección Austral, primera edición 1972, decimoséptima edición 1999.
- *La tejedora de sueños* y *Llegada de los dioses,* Cátedra, 1996
- **Oliva, Cesar,** *El teatro desde 1936, Historia de la literatura española actual,* Alhambra, 1989, Págs. 233-262

Ejercicios de recapitulación

1. Completa con los Presentes de Indicativo o de Imperativo según convenga:

- Esperar .... vosotras dos.
- ¿Qué mandar .... su señoría?
- ¿Hablar .... contigo, Pascuala?
- Con vos hablar ...., hermosa fiera.
- ¿Mías no ser ....?
- Entrar ...., pasar .... los umbrales;
  hombres hay, no hayar .... temor.
- ¿Qué reparar .... en no hacer lo que les decir ....?
- No nos agarrar ....
- Entrar .... , que sois necias.

2. Sustituye los puntos suspensivos con el Presente de Indicativo del los verbos ofrecer, soñar, padecer, empezar, afanar, pretender, agraviar, ofender, soñar, ser, entender.

Segismundo:
Sueña el rico en su riqueza
que más cuidados le .... ;
.... el pobre que ....
su miseria y su pobreza;
sueña el que a medrar ....,
sueña el que .... y ....,
sueña el que .... y ....;
y en el mundo en conclusión,
todos .... lo que ....,
aunque ninguno lo ....

3. Sustituye los puntos suspensivos con el Presente de Indicativo o de Subjuntivo según convenga:

Dorina. *¡Ya ir .... Martín galopando camino de la sierra!*
Falín. *¡Ser .... el mejor jinete a cien leguas!*
Andrés. *Cuando yo ser .... mayor domaré potros como él.*
Telva. *Cuando ser .... mayor, Dios dirá. Pero mientras tanto, a la cama, que es tarde. Acostado se crecer .... más deprisa.*
....
Abuelo. *Si ir .... a Compostela poder .... indicarle el camino.*
Peregrina. *No hacer .... falta; estar .... señalado en el cielo con polvo de estrellas.*
Andrés. *¿Por qué señalar .... ese camino las estrellas?*
Peregrina. *Para que no se perder .... los peregrinos que ir .... a Santiago.*
Dorina. *¿Y por qué tener .... que ir todos los peregrinos a Santiago?*

Peregrina. *Porque allí estar .... el sepulcro del Apóstol.*
Falín. *¿Y por qué estar .... allí el sepulcro del Apóstol?*
Los tres. *¿Por qué?*
Abuelo. *No les hacer .... caso. Más preguntar .... un niño que contestar .... un sabio.*

4. **Sustituye los puntos suspensivos con el Pretérito Indefinido de los verbos ir, atropellar, escarnecer, burlar, vender, escalar, dejar:**

Don Juan
Por donde quiera que ....
la razón ....,
la virtud ....,
a la justicia ....
y a las mujeres ....,
yo los claustros ....
y en todas partes ....
memoria amarga de mí.

5. **Sustituye los puntos suspensivos con el Futuro Simple de los verbos emprender, hacer, ganar, solicitar, dejar, hacer, ser, ser:**

Sí, Carmina. Aquí sólo hay brutalidad e incomprensión. Si tu cariño no me falta, ... muchas cosas. Primero me .... aparejador .... mucho dinero y me .... en todas las empresas constructoras... Pero no .... de estudiar, me .... ingeniero. .... el mejor ingeniero del país y tú .... mi adorada mujercita. (Final de Historia de una escalera, 1949, de **Buero Vallejo).**

6. **Sustituye los puntos suspensivos con los tiempos adecuados del Presente (Indicativo o Subjuntivo), del Pasado (Pretérito Perfecto o Pretérito Imperfecto) y del Futuro:**

Zapo. *Perdonadme. Os tenéis que marchar. Estar .... prohibido venir a la guerra si no se ser .... soldado.*
Sr. Tepán. *A mí me importar .... un pito. Nosotros no venir .... al frente para hacer la guerra. Sólo querer .... pasar un día de campo contigo, aprovechando que ser .... domingo.*
Sra. Tepán. *Precisamente preparar .... una comida muy buena.*
Hacer .... una tortilla de patatas que tanto te gustar .... , unos bocadillos de jamón, vino tinto, ensalada y pasteles.
Zapo. *Bueno, lo que querer ...., pero si venir .... el capitán, yo decir .... que no saber .... nada. ¡Menudo se va a poner!*
Con lo que le molestar .... a él eso de que haber .... visitas en la guerra. Él nos repetir .... siempre:
"en la guerra, disciplina y bombas, pero nada de visitas".
Sr. Tepán. *No te preocupar ...., ya le decir .... yo un par de cosas a ese capitán.*

7. **Sustituye los puntos suspensivos con los tiempos adecuados del Presente de Indicativo, del Pretérito Pluscuamperfecto de Indicativo o del Pretérito Imperfecto de Subjuntivo según convenga:**

Un sepulturero. *Haber .... familias que al perder un miembro, por cuidarle de la sepultura, pagar .... uno o dos o medio. Haber .... quien ofrecer .... y no pagar ....*
Las más de las familias pagar .... los primeros meses. Y lo que es el año, de ciento, una. ¡Durar .... poco la pena!
El marqués. *¿No conocer .... ninguna viuda inconsolable?*
Un sepulturero. *¡Ninguna! Pero poder .... haberla.*
El marqués. *¿Ni siquiera oír .... hablar de Artemisa y Maúsolo?*
Un sepulturero. *Por mi parte, ni la menor cosa.*
Otro sepulturero. *Venir .... a ser tantas las parentelas que concurrir .... a estos lugares, que no ser .... fácil conocerlas a todas.*

8. **Sustituye los puntos suspensivos con el Presente de Indicativo, de Subjuntivo o de Imperativo de los verbos *ser, estar, haber* o *tener,* según convenga:**

Javier. *Esa es la verdad. .... una escuadra de condenados a muerte.*
Andrés. *No, es algo peor, de condenados a esperar la muerte. A los condenados a muerte los matan. Nosotros .... viviendo.*
Pedro. *Os advierto que .... muchas escuadras como ésta a lo largo del frente. No vayáis a creeros que .... en una situación especial. Lo que nos pasa no .... ninguna importancia. No .... nada de qué envanecerse. Esto .... lo que llaman una "escuadra de seguridad", un cabo y cinco hombres como otros.*
Andrés. *.................... a cinco kilómetros de nuestra vanguardia, solos en este bosque. No creo que .... para tomarlo a broma. A mí me parece un castigo terrible. No .... otra misión que hacer que estallar un campo de minas y morir, para que los buenos chicos de la primera línea se enteren y se dispongan a la defensa.*
Pero a nosotros, ¿qué nos importará ya esa defensa? Nosotros ya estaremos muertos.
Pedro. *Ya .... bien, ¿no? Pareces un pájaro de mal agüero.*
Andrés.- *Sí, es la verdad, Pedro... Es la verdad... ¿Qué quieres que haga? ¿Qué me ponga a cantar? .... imposible cerrar los ojos. Yo... yo .... miedo. .... en cuenta que yo no he entrado en fuego aún. Va a ser la primera vez y la última. No me puedo figurar lo que es un combate. Y ¡.................... horrible!*

9. **Indica cuál es la preposición correcta:**

Vicente. *Escúchame bien! Si tú quieres ahora mismo quedas nombrado mi secretario.* ***Para / Por*** *trabajar aquí conmigo y con ella.* ***Para / Por*** *ti también hay buenas noticias, Es un puesto de gran porvenir.* ***Para / Por*** *empezar calcula algo así como el triple de lo que ganas ahora. ¿Hace?*
Mario. *No, Vicente. Gracias.*
Vicente. ***¿Por qué / Para qué*** *no?*
Mario. *Yo no valgo* ***para / por*** *esto...*

Vicente. *¡No puedes, no tienes el derecho de rehusarla!* ***Por / Para*** *tu mujer,* ***para / por*** *tus hijos, cuando los tengas!*
Vicente. *¡Me parece que no puedo hacer* ***por / para*** *ti más de lo que hago!*
Mario. *Te lo agradezco de corazón, créeme...Pero no.*

10. Indica la respuesta correcta:

- **Lope** *aceptó / rechazó* las unidades de *lugar, tiempo y acción, mezcló / separó* lo trágico y lo cómico e *incluyó en / excluyó de* su teatro las canciones y los bailes.

- **El teatro de Calderón** es *patriótico y sentimental / irracional y absurdo / enigmático y doctrinal.*

- **Moratín** contribuyó con su teatro *a divertir / a corregir los vicios y errores / a denunciar las injusticias conjugando utilidad y deleite.*

- **El teatro de Zorrilla** está en la línea trazada por *Lope de Vega / Moratín.* Es un teatro *lírico y evocador / simbólico y doctrinal / patriótico y providencial.*

- **Benavente** es el maestro indiscutible del drama *realista / idealista* burgués, *comedido / desmesurado* e ingenioso, en el que predomina *la palabra / la acción.*

- **El teatro de Valle-Inclán** es un teatro de *denuncia / amable, grotesco e irónico/ cómico,* en el que conviven la elegía y la sátira. Está emparentado con el *expresionismo alemán / con el simbolismo francés / con el neorrealismo italiano.*

- **Federico García Lorca** concibe el teatro como *puro diálogo / como combinación de gestos, palabras, música y acción / como acción e intriga.* El tema central de sus obras es *la justicia / el amor / el honor* y el punto de partida de la acción es *la realidad / el conflicto / el sueño.*

- El ***Teatro Mayor*** de Max Aub está en la línea del *humanismo socialista / realismo burgués* y es sobre todo teatro *existencial / crónica y denuncia / teatro revolucionario.*

- **El teatro de Casona** representa la superación del *realismo costumbrista / idealismo* por el camino de la fantasía y del ensueño. El suyo es un teatro *político / social / poético,* cuyo objetivo principal es *conmover y cautivar / despertar las conciencias.*

- **Alfonso Sastre** junto con José María de Quinto fundó en 1960 el G.T.R -*Grupo teatro revolucionario/ Grupo teatro realista / Grupo teatro renovador*- para proporcionarle al público madrileño obras teatrales *de evasión / de alto nivel ideológico* y artístico.

- **El teatro de Arrabal** refleja *el caos / el orden* y la confusión de la vida. Es un teatro de *víctimas / vencedores, irracional / racional* y ritual, una mezcla de recuerdos y pesadillas, lleno de desazón e inquietud.

- **Buero Vallejo** escribe sobre todo *teatro trágico / teatro cómico / teatro farsesco,* y el símbolo más utilizado por él para indicar las limitaciones del ser humano es *la locura / la ceguera / la sordera.*

11. Indica quiénes son los principales artífices de los siguientes tipos de teatro y elige la forma adecuada.

- Teatro sentimental, patriótico, providencial, lleno de acción y de misterio, ***en el que / en quien / por donde*** predomina la libertad creadora sobre las normas y el sentimiento sobre la razón.
- ....

- Teatro burgués, comedido e ingenioso, que encarna las preocupaciones, los anhelos y las desazones de la clase acomodada ***a la cual / la cual / la que*** describe, critica, elogia o ironiza en sus obras.
- ....

- Teatro épico y lírico, social y existencial, trágico y grotesco, racional y absurdo, ***por donde / adonde / en el que*** conviven la elegía y la sátira.
- ....

- Teatro popular lleno de interés, picardía y acción que ***encarna / actúa / sintetiza*** el sentimiento monárquico, el concepto del honor, el orgullo nacional y un profundo espíritu religioso.
- ....

- Teatro filosófico, simbólico, escenográfico, lleno de artificios retóricos, *grave y dulce, fingido y verdadero,* en el que reina el principio de la justicia poética, ***según el cual / por el cual / con el que*** una culpa ***conlleva / comprende / asocia*** siempre un castigo.
- ....

- Teatro poético, resultado de la armoniosa combinación de gestos, palabras, música y acción, en el que hay que ***tener en cuenta / haber en cuenta / tener cuenta*** por igual al autor dramático y al director artístico.
- ....

- Teatro de denuncia, comprometido y testimonial que ***da prioridad / halla prioridad / tiene preferencia*** a los problemas colectivos.
- ....

- Teatro revolucionario, provocador, social y existencial, cuyo ***objetivo / tema / argumento*** principal es agitar, inquietar, despertar las conciencias.
- ....

- Teatro ceremonia, irónico, absurdo y surreal, ***lleno de / lleno con / llenado da*** desazón e inquietud, ***cuyos temas / los cuyos temas / temas cuyos*** centrales son la soledad y la muerte.
- ....

- Teatro poético, simbólico, sugestivo y evocador, ***más espiritual que pasional / más espiritual de pasional / mucho espiritual que pasional*** en el que conviven fantasía y realidad.
- ....

- Teatro realista, fino, discreto, verosímil, que respeta las reglas y ***anhela / quiere / tiene*** la armonía y la perfección.
- ....

- Teatro realista y simbólico, trágico y esperanzador, lleno de interrogantes, reflejo sincero de su experiencia vital ***durante / por / con*** los difíciles años de la guerra y de la posguerra.
- ....

12. Atribuye las siguientes obras a sus respectivos autores e indica la respuesta correcta:

- ***El viejo y la niña o El casamiento*** desigual es una comedia de carácter, *trágica / cómica, verosímil / inverosímil,* escrita con un lenguaje *familiar/ rebuscado.*

- ***Los intereses creados,*** comedia *de polichinelas / de carácter* en dos actos, tres cuadros y un prólogo, *es una farsa guiñolesca, de asunto disparatado, sin realidad alguna* ambientada en el *siglo XVII / XX.* El título sintetiza el tema central de la obra, la cual refleja los *defectos / las virtudes* de los seres humanos.

- ***Escuadra hacia la muerte,*** alegoría de la condición humana y grito de protesta contra la mentalidad *militarista / liberal,* es una obra de denuncia en la que los protagonistas intervienen activamente para cambiar la realidad injusta en la que viven, aunque todavía persiste en ellos un cierto *nihilismo/ optimismo* y una cierta *incredulidad / esperanza* en la capacidad del hombre de mejorar la sociedad.

- ***El Tragaluz*** subtitulado *Experimento / Poema en dos partes,* es una obra *simbólica / realista, trágica / cómica* y esperanzadora, en la que dos investigadores de un siglo futuro, no precisado, analizan y comentan el drama de una familia española de la *posguerra / durante la guerra civil.*

- ***La vida es sueño*** es un drama *simbólico / realista* cuyo tema central *es el amor / el honor / la vanidad y caducidad de lo humano.*

- ***Luces de bohemia*** es *un esperpento / una farsa* ambientado en *Madrid / México / Galicia* que denuncia la prepotencia, la injusticia y la estupidez de un pueblo que no es otra cosa que *la deformación grotesca de Europa / América.*

- ***La dama del alba*** es una tragedia rural, cuyo tema central es *la muerte como compañera y amiga / la resignación / la venganza.* La obra está ambientada *en Asturias / en Buenos Aires / en una ciudad imaginaria.*

- ***La zapatera prodigiosa*** es una *comedia / farsa simple, donde se describe un espíritu de mujer y se hace, al mismo tiempo y de manera tierna /cruda, un apólogo del alma humana.*

- ***Fuente Ovejuna*** es una comedia *histórica / religiosa,* de honor y de amor, basada en el levantamiento de un pueblo de Andalucía contra los agravios de su señor, el lujurioso y soberbio *príncipe / comendador.*

- ***San Juan*** es una *tragedia / drama* que narra la historia de un buque de carga abarrotado de *judíos / comunistas* que huyen del terror nazi, sin poder desembarcar en ningún puerto.

- ***Pic-Nic*** es *una tragicomedia absurda / un drama* en *el / la* que los protagonistas *anárquico-pacifistas / revolucionarios* perecen por ser incapaces de adaptarse al mundo en el que viven.

- El ***Don Juan Tenorio*** es un drama *religioso-fantástico / histórico* inspirado en *El Burlador de Sevilla* de Tirso de Molina, cuya diferencia fundamental radica en la *salvación /perdición* del libertino *don Juan.*

13. ¿A qué autores o a qué obras hacen referencia los siguientes juicios?

- **Andrés González Blanco:** *Analista sutil y descarnado, crítico implacable, satírico que recuerda a Juvenal, conoce los resortes interiores del teatro como pocos: todos los trucos, martingalas y tranquillos escénicos le son familiares: preparar las situaciones, presentar a los personajes y justificar las mutaciones y los cambios de escena.* ....

- **Gonzalo Torrente Ballester:** *El principio subordinante último de todos los elementos del teatro de* .... *es su significación ética.*

- **Federico Carlos Sainz de Robles:** El teatro de .... está hecho de *poesía, más humor, más humanidad, más irrealidad, jamás dosificada por nadie.*

- **Paco Rico:** *El caballo desbocado, símbolo de las pasiones violentas y el* .... *, símbolo de la represión, son los enigmas que constituyen la premisa de* .... *y disponen la mente de los participantes a la admiración.*

- **Juan Rejano:** *La tragedia* .... *refleja las experiencias dolorosas de todos los perseguidos. Es una síntesis trágica, poética, una imagen fulgurante del mundo actual (1938).*

- **Guillermo de Torre:** .... *es el primer drama multitudinario, una verdadera anticipación del teatro de masas.*

- **Juan Emilio Aragonés:** *Seis hombres provisionales en esta Europa provisional son los protagonistas de* .... , *drama construido sobre trágicas y alucinadas preguntas. El drama de esta Europa desconcertada e incierta en la que todos estamos.*

- **Santos Díez González:** .... *es corregir los casamientos desiguales, que se hacen por avaricia, por eso nos pinta un viejo avaro, celoso y extravagante valiéndose de unos colores tan propios que... al final de la comedia ningún espectador querrá ser como ese viejo.*

- **Aniano Peña:** .... *es un ejemplo de drama efectista realizado con una versificación llena de encabalgamientos, repeticiones y ripios; todo al servicio de un ritmo enfático y rebuscado.*

- **Gonzalo Sobejano:** .... *es a la vez elegía de un mundo caduco y sátira de los desvaríos de la edad.*

- **Vittorio Bodini:** *El lenguaje de* .... *tiene todas las cualidades de la vida: el frío del hielo, el sabor de la fruta, el ardor del fuego, el peso de los metales.*

- **Luce:** *Tu vida: esa es tu mejor obra* ....

14. ¿A qué obras pertenecen los siguientes parlamentos y qué personajes los pronuncian?

¿?. *¿Se toma el fresco, zapaterita?*
Zapaterita. *Exactamente igual que usted.*
¿?. *¡Y siempre sola...! ¡qué lástima!*
Zapaterita: (Agria) *¿Y por qué lástima?*
¿?. *Una mujer como usted con ese pelo, y esa pechera tan hermosísima.*

Don Luis. *¡Por Dios que sois hombre extraño!*
¿Cuántos días empleáis
en cada mujer que amáis?
¿?. *Uno para enamorarlas,*
otro para conseguirlas,
otro para abandonarlas,
dos para sustituirlas
y una hora para olvidarlas.

Voces. *¡Rendíos! ¡Rendíos! ¡Daos prisioneros!*
Voces de las personas que descansan. *¡Chist! ¡Chist! ¡Niños, callaos!*

Voces de chicos. *¡Prisioneros! Vengan las cuerdas. Atadlos.*
¿?. *¡Yo no quiero ser prisionera! ¡Yo no quiero ser prisionera! No vale. No juego.*
Un niño. *¡Aquí no juega nadie! Eres prisionera, quieras o no.*
¿?. *¡No quiero ser prisionera! ¡Mamá! ¡Mamá!*

¿?. *El mundo estaba lleno de injusticia, guerras, y miedo. Los activos olvidaban la contemplación; quienes contemplaban no sabían actuar.*
¿?. *Hoy ya no caemos en aquellos errores.*
....
¿?. *Sólo resta una escena. Sucedió once días después.*
Encarna. *¿Por qué me has llamado?*
¿?. *Quería saber de ti.*
Encarna. *Me han echado.*
¿?. *¿Qué piensas hacer?*
Encarna. *No lo sé.* (Larga pausa.) *Adiós.......*
¿?. *Espera.*

¿?. *Un combate no es nada. Lo peor ya lo has pasado.*
Andrés. *¿Qué es... lo peor?*
¿?. *El campamento. La instrucción. ... Lo peor es eso. Largas marchas sin sentido. Caminos que no van a ninguna parte.*
Andrés. (Lentamente.) *Para mí lo peor es esta larga espera.*

¿?. *¡Ay, ay!*
Juez. *¿Quién mató, villano,*
al señor Comendador?
¿?. *¡Ay, yo lo diré, señor!*
Afloja un poco la mano.
Juez. *¿Quién le mató?*
¿?. *Señor, ... Ovejunica.*

Sra. Tepán. - *Bueno, vamos a comer.*
¿?. *Sí, vamos, que tengo un apetito enorme. A mí este tufillo de pólvora, me abre el apetito...*
Zapo. *¿Qué?... ¿Quiere comer con nosotros?*
¿?. *Pues ...*
Sr. Tepán. *Hemos traído un buen tintorro.*
¿?. *Si es así bueno.*
Sr. Tepán. *Usted haga como si estuviera en su casa. Pídanos lo que quiera.*

¿?. *Mira, Muñoz,*
coge un cordel ...

Muñoz. *¿A qué efecto?*
¿?. *... y ahórcame.*
Muñoz. *No necesita*
ni cordeles ni venenos
quien se casa a los setenta
con muchacha de ojos negros.

El marqués. *¿No habéis conocido ninguna viuda inconsolable?*
¿?. *¡Ninguna! Pero pudiera haberla.*
El marqués. *¿Ni siquiera habéis oído hablar de Artemisa y Maúsolo?*[1]
¿?. *Por mi parte, ni la menor cosa.*

Leandro. *Por todo caudal, nuestra persona. No quisiste que nos desprendiéramos de estos vestidos, que, malvendiéndolos, hubiéramos podido juntar algún dinero.*
¿?. *¡Antes me desprendiera yo de la piel que de un buen vestido! Que nada importa tanto como parecer, según va el mundo, y el vestido es lo que antes parece.*

¿?. *¿La risa? ..Qué cosa extraña. Es un temblor alegre que corre por dentro, como las ardillas por un árbol hueco". Qué dulce fatiga.*
Andrés. *¿No te habías reído nunca?*

¿?. *¿Qué es la vida? Un frenesí./ ¿Qué es la vida? Una ilusión,/ una sombra, una ficción, y el mayor bien es pequeño; que toda la vida es sueño, y los sueños, sueños son.*

15. Primero explica el significado de las siguientes frases y después crea pequeños diálogos, parafraseados o inventados, en los que se pongan en práctica dichas frases:

Ejemplo: *No quiero andar fisgando:* No quiero espiar.
Don Roque: *¿Has oído lo que se dijeron Don Juan e Isabel?*
Muñoz: *No he oído nada, porque no quiero andar fisgando.*

- *No quiero andar fisgando. (El viejo y la niña)*
- *¡Menudo se va a poner! (Pic-Nic)*
- *No hagamos más el coco. (Don Juan Tenorio)*
- *No hacer asiento en ninguna parte. (Los intereses creados)*
- *¡Qué tuno eres! (Luces de bohemia)*
- *Vais a tragar la disciplina del cabo. (Escuadra hacia la muerte)*
- *¡Para ti la perra gorda! (Pic-Nic)*

---

1. Maúsolo, rey de Caria (377-353 a. De J.C.) y esposo de Artemisa, la cual mandó edificar en su honor el famoso monumento fúnebre (mausoleo) en Alicarnaso.

- *¡Mucho ojo con hacer trampa! (La dama del alba)*
- *No creo que sea para tomarlo a broma. (Escuadra hacia la muerte)*
- *Estamos listos. (Don Juan Tenorio)*
- *Muy antiguos en el oficio. (Luces de bohemia)*
- *¿Tú por aquí? –Ya me iba. (El tragaluz)*
- *Me estarán poniendo... en cada casa un traje. (La zapatera prodigiosa)*
- *Pan y tomate para que no te escapes. (Pic-Nic)*
- *Más pregunta un niño que contesta un sabio. (La dama del alba)*
- *A mí no me importa un pito. (Pic- Nic)*
- *En todo va la suerte. (Luces de bohemia).*
- *Pillo, granuja, tunante, canalla. (La zapatera prodigiosa)*
- *¡Harre, que echaréis luego el postigo! (Fuente Ovejuna)*

16. Asocia las siguientes preguntas con sus relativas respuestas correctas:

A) Preguntas:
- ¿Qué entiende Buero Vallejo por *teatro posible?*
- ¿Por qué ha tenido tanto éxito *Fuente Ovejuna?*
- ¿Para qué deben de servir *los preceptos* según Moratín?
- ¿Quién declaró lo siguiente: *"En mis obras tal vez abusé del sermoneo educativo; al reflexionar sobre ellas pasado el tiempo, lo deploro. Mis obras no han ganado mucho con ello y la educación de mis contemporáneos tampoco".*
- *¿Quién es el Hamlet español, según Turgeniev?*
- ¿Qué personaje y en qué obra declaró *"el mundo es una controversia"* y *"España es una deformación grotesca de la civilización europea"?*
- ¿A quiénes se refieren los siguientes apelativos: *"la mejor máscara a pie que cruzaba la calle de Alcalá", "una especie de Aldo Manuzio, mitad valenciano, mitad no sé de donde"* y *"el mítico poeta y dramaturgo granadino"?*

B) Respuestas:
- *Los preceptos deben servir para dirigir al talento, no para esterilizarlo ni oprimirlo / para limitar la excesiva divagación.*
- Porque *Fuente Ovejuna* ha sido interpretada como el mito de la libertad contra la tiranía / porque es muy cómica.
- *El Hamlet español es Don Juan / Max Estrella / Segismundo.*
- Un *"teatro posible"* es *un teatro compatible con las circunstancias históricas / un teatro que no ofenda la moral.*
- *"El mundo es una controversia"* y *"España es una deformación grotesca de la civilización europea"* lo declaró *Zapo* en *"Pic-Nic" / Max Estrella en "Luces de bohemia" / Mario en "El tragaluz".*
- Que abusó del *sermoneo educativo* lo declaró *Calderón / Benavente / Arrabal.*
- Los apelativos *"la mejor máscara a pie que cruzaba la calle de Alcalá", "una especie de Aldo Manuzio, mitad valenciano, mitad no sé de donde"* y *"el mítico poeta y dramaturgo granadino"* se refieren respectivamente a Max Aub, Casona y Valle-Inclán / Moratín, Lope de Vega y Sastre / Valle-Inclán, Max Aub y García Lorca.

17. Completa el perfil biográfico de los autores con los datos que faltan:

- **Lope de Vega** nació en .... el 25 de noviembre de 1....62. De temperamento .... , ... y ...., amó apasionadamente y volcó en los versos sus .... y sufrimientos, transformando en literatura .... A los .... años compuso su primera comedia y a los cuarenta ya tenía escritas 230, hasta alcanzar la cifra de mil quinientas.
  El 27 de agosto de 1635 murió en ...., en esa hermosa .... donde había transcurrido los últimos .... años de su vida.

- **Calderón de la Barca** nació en .... el 17 de enero de 1...00. A los veinte años abandonó los estudios de Humanidades y .... para dedicarse al ....
  Iniciaron entonces sus viajes por Italia y por Flandes y en general esa vida agitada y violenta, poco ...., de la cual apenas dejará .... algún episodio en sus versos. Su primera obra fechada es *Amor, honor y poder* de 1623, pero según su editor a los .... años *ya tenía ilustrados los teatros de España con sus ingeniosas comedias* y a los treinta años era un comediógrafo ....
  El 25 de mayo de 1..81 murió en ....

- **Leandro Fernández de Moratín,** nació en .... el 10 de marzo de 1......60. En 1792 obtuvo una conspicua pensión para recorrer Europa. Durante cinco años viajó por Francia, Inglaterra, Bélgica, Alemania, Suiza e ...., viéndolo todo, sumergiéndose en la vida .... y juzgando con humor, con ironía, con admiración o con desdén cuanto veía.
  A su regreso fue nombrado secretario de la *Interpretación de Lenguas* y miembro de la *Junta de Teatros,* pero la guerra de la .... (1808-1814) dará un cambio brusco a su existencia. En 1814 escribía desde Barcelona: *Sólo pido un puerto seguro donde desarmar la nave y colgar el* ....
  Murió en .... el 21 de junio de 1..28.

- **José Zorrilla y Moral** nació en .... el 21 de febrero de 1..17.
  El 14 de febrero de 1837 en el .... de Fuencarral, ante la tumba de Mariano José Larra, se dio a conocer como .... leyendo unos .... suyos en honor del crítico romántico muerto ....
  La apoteosis de sus triunfos fue la coronación como .... de los poetas nacionales en Granada, en 1889, ante el tripudio y la admiración de más de .... personas.
  El 23 de enero de 1..93 murió en ...., siendo declarado luto ....

- **Jacinto Benavente** nació en .... el 12 de agosto de 1..66 en el seno de una familia .... culta y aficionada al .... A la muerte de su padre abandonó la Universidad para dedicarse a la .... y a la vida bohemia. Espíritu inquieto e independiente, era conocido en las tertulias por su ingenio y su .... Desde 1894 año de la representación de su primera comedia *El nido ajeno* hasta 1954 año de su muerte, Benavente estrenó casi doscientas comedias, que le valieron el nombramiento de *Académico de la* .... en 1912 y el *Premio* .... de Literatura en 1922.

- **Ramón María del Valle-Inclán** nació en Villanueva de Arosa (...................) el 28 de octubre de 1..66. Se matriculó en la facultad de ...., pero a la muerte de su padre abandonó los estudios de Leyes porque no le interesaban nada. En 1892, *apenas cumplió la edad que se llama juventud se embarcó para ...., ciudad que le abrió los ojos y le hizo poeta.* A partir de 1893 vivió en .... donde se convirtió en una de las figuras más .... de las ....
Su vida real se confunde a veces con la de sus .... y al igual que ellos va acentuando con los años su .... y su espíritu .... , hasta *hacer de todo muy seriamente,* como dijo Unamuno, *una gran* ....
Murió el 5 de enero de 1936 en su .... natal.

- **Federico García Lorca** nació el 5 de junio de 1...98 en Fuente Vaqueros (...................). Se matriculó en las Facultades de Derecho y de .... , pero en realidad más que a los estudios universitarios se dedicó a la ...., a la .... y a la pintura.
En la primavera de 1919 se trasladó a .... a la famosa *Residencia de Estudiantes,* donde tuvo ocasión de leer sus obras y de recitar sus poemas ante un público .... y sensible. Alcanzó la notoriedad en 1928 con la publicación del .... , cuyos motivos esenciales son *la pena, el dolor y la* ....
Al año siguiente fue a Nueva York con una beca de estudios y en marzo de 1930, invitado por la Asociación Hispano-Cubana de Cultura, fue a ...., *la Andalucía mundial,* como la llamó el poeta.
A partir de 1932 dirigió el teatro experimental universitario *La* .... de cuya experiencia como director, nacerá su teatro mayor: *Bodas de sangre, Yerma y* ....
En plena actividad creadora, el 19 de agosto de ...., Federico García Lorca moría .... al pie de un .... cerca de su ....

- **Max Aub** nació el 2 de junio de 1903 en ...., de padre español nacido en Alemania y de madre francesa de origen .... Hablaba correctamente el alemán y el ...., pero toda su obra la escribió en .... y .... fue la nacionalidad que eligió a su mayoría de edad. Es conocida la respuesta que solía dar cuando se le preguntaba por su origen: *se es de donde se hace el ....,* es decir, de ....
En 1929 se inscribió al .... y de 1934 a 1936 dirigió el ...., teatro universitario de Valencia, parecido a .... de Lorca y al Teatro Ambulante de .... Siendo agregado Cultural de la Embajada de España en Francia (1937) le encargó a Picasso el .... para la Exposición Universal de París. Estas actividades serán la causa de su peregrinar por .... y campos de .... durante tres años – de 1939 a 1942- hasta que desembarcó en el puerto de Veracruz donde le acogió la ciudad de .... Murió el 22 de julio de 1972 y sus restos reposan en el Panteón español de México.

- **Alejandro Casona** nació el 23 de marzo de 1...03 en Besullo, una pequeña aldea de .... Estudió en la Escuela Superior de .... y a los 25 años se fue como maestro a *Les,* un pueblo del Pirineo aragonés, donde fundó un

.... para niños, *El Pájaro Pinto,* con el que trató de armonizar el arte puro con la ....
En Madrid dirigió de 1931 a 19.... la compañía Teatro ...., pero la Guerra .... interrumpió esa trayectoria. En 1937 se marchó a Francia y en 1939 estableció su residencia en ...., donde escribirá lo mejor de su producción dramática.
En abril de 1962, después de .... años de ausencia, regresó a .... donde, a pesar del éxito que continuaban teniendo sus obras, le esperó la .... de las críticas. Murió en .... el 17 de septiembre de 1965 a sólo 62 años.

- **Alfonso Sastre** nació en .... el 20 de febrero de 1..26. En 1946 se matriculó en la Facultad de Filosofía y Letras, pero no terminó la carrera hasta 1953 porque dedicó la mayor parte de su tiempo a la actividad teatral.
  En 1960 fundó junto con José María de Quinto el *Grupo de Teatro Realista,* con el fin de proporcionarle al público madrileño obras teatrales de alto nivel .... y artístico. En 1962 abandonó prácticamente el teatro para dedicarse a la lucha y a la investigación. Se inscribió al Partido .... y participó activamente en todas las manifestaciones contra la censura y ... ., manifestaciones que le costaron el aislamiento, la .... y la miseria.
  En 1986 recibió el Premio Nacional de Teatro por *La taberna fantástica* y en 1993 el Premio Nacional de Literatura por *Jenofa Juncal,* reconocimientos tardíos a su labor teatral.

- **Fernando Arrabal** nació en .... el 11 de agosto de 1..32. Hizo la escuela elemental en .... y el bachillerato en Madrid.
  En 1962 fundó en París el ...., movimiento vanguardista en la línea del ....
  En los años sesenta era ya un escritor de .... famoso que estrenaba en todo el mundo, a pesar de por entonces en España era casi un desconocido. El reconocimiento oficial le llegará en los años ochenta.

- **Antonio Buero Vallejo** nació en .... el 29 de septiembre de 19..6. Allí transcurrió su infancia y allí hizo el .... En 1934 se trasladó a .... para estudiar en la .... porque su primera inclinación fue la pintura.
  También le gustaba mucho ...., por lo que asistía a cuantos espectáculos tenían lugar en Madrid.
  Pero la Guerra .... interrumpió esa trayectoria. Estuvo en la cárcel seis años. Con muchas dudas y no pocas dificultades .... cuando salió de la cárcel comenzó a escribir alimentándose de sus .... El *Premio Lope de Vega* recibido por *Historia de una escalera* en 1949 le sacó del anonimato y le permitió salir adelante. Diez años después es ya un autor .... que ha escrito su ideario dramático en un ensayo titulado .... A partir de entonces fue denunciando cada vez más abiertamente ...., la opresión y la violencia desde el llamado "exilio ....", escribiendo un *teatro posible* compatible con las ....
  Antonio Buero Vallejo murió en .... el 28 de abril del año ....

18. Indica las analogías y las diferencias entre Lope y Calderón teniendo en cuenta:

- El lugar de nacimiento
- Los estudios realizados
- La participación en las contiendas militares
- La vocación sacerdotal
- El temperamento
- Las obras dramáticas *Fuente Ovejuna* y *La vida es sueño*

19. Compara *El viejo y la niña* (1790) de Leandro Fernández de Moratín con el *Don Juan Tenorio* (1844) de Zorrilla teniendo en cuenta:

- El género dramático de las respectivas obras
- Las unidades de lugar, tiempo y acción
- El predominio de los diálogos o el predominio de la acción

20. Después de haber leído los retratos de Zorrilla y de Benavente indica en qué se parecen física e intelectualmente:

Yo soy un hombrecillo macilento,
de talla escasa, y tan estrecho y magro
que corto, andando, como naipe el viento,
y protegido suyo me consagro;
pues son de delgadez y sutileza
ambas a dos, mis piernas, un milagro.
Sobre ellas van mi cuerpo y mi cabeza
como el diamante al aire; y abundosa,
pelos me prodigó Naturaleza.
(*Los Gigantes:* **José Zorrilla,** Madrid)

Benavente. ...*Tenía el cuerpo menudito, el ánimo fuerte, el entendimiento múltiple, el ingenio agudo, el corazón ancho y el alma grande. Fue primero un Silvano que tañía su flauta en el solo carrizo de un cigarro puro; fue después, enroscado el mostacho, puntiaguda la barba, de olivo el rostro y de azabache los ojos, un antiguo caballero español sin gola y sin espada; ... fue después, mondada la testa cercada de canas, sin guías el bigote, manso, dulce y seráfico como el Poverello de Asís.*
(*Cuadernos Hispanoamericanos, n.* 204, Madrid)

21. Indica las analogías y las diferencias entre la vida de Ramón María del Valle-Inclán y la de Federico García Lorca teniendo en cuenta los siguientes datos:

- El lugar de nacimiento.
- Los estudios realizados.
- El temperamento.
- La estancia en Madrid.
- México / Cuba.

- Director de la Academia de Bellas Artes de Roma / Director del Teatro *La Barraca.*
- El año de la muerte.

22. Aplica estos mismos criterios u otros parecidos para establecer analogías y diferencias entre Max Aub y Casona y entre Sastre y Arrabal.

- El lugar de nacimiento.
- Los estudios realizados.
- Los viajes.
- Los sufrimientos.
- Los reconocimientos oficiales.
- Los temas de sus obras.

23. ¿A quiénes corresponden los siguientes apelativos?

- Fénix de los ingenios ....
- Cantor de las glorias nacionales ....
- Irónico censor de la burguesía ....
- Ordenador y perfeccionador del teatro de Lope ....

24. Atribuye a cada uno de los siguientes autores - Moratín, Lope de Vega, Calderón de la Barca, Valle-Inclán y Benavente- los adjetivos que les corresponden por su temperamento:

- Alegre y comunicativo: ....
- Taciturno y reservado: ....
- Aventurero y soñador: ....
- Burlón e irónico: ....
- Frío y razonador: ....

25. Responde a las siguientes preguntas:

- ¿Quién transformó en literatura su vida?
- ¿Qué sambenito le colgaron a Buero Vallejo?
- ¿Qué novedades aportó Lope de Vega al teatro?
- ¿Dónde encontró refugio Max Aub a partir de 1942?
- ¿Qué residencia eligió Casona para vivir después de la Guerra Civil?
- ¿Por qué quería ser actor Benavente?
- ¿Qué movimiento teatral vanguardista fundó Fernando Arrabal?
- ¿Qué requisitos son necesarios, según Valle-Inclán, para que exista el teatro?
- ¿Dónde murió Moratín?
- ¿Qué pretendía Sastre con el teatro?
- ¿Por qué eligió Alejandro Rodríguez Álvarez, autor de La dama del alba, el seudónimo de Casona?
- ¿A qué isla del Caribe le dio García Lorca el apelativo de Andalucía mundial?

26. Asocia los siguientes artistas con los dramaturgos contemporáneos a ellos afines.

- Ensor
- Hogart
- Peter Brueghel
- Kandinsky
- Ribera

27. Completa las siguientes citas e indica a qué autores pertenecen:

- *Palacio de la .... Yo no desearía otro nombre para un teatro en donde todo fuera evasión de la ....; en donde el espectador, al entrar, como su abrigo en el ...., dejara a la puerta su yo .... para olvidarse ...., de sí mismo.*

- *Y cuando he de escribir una comedia / encierro los preceptos con seis .... / y escribo por el arte que inventaron / los que el vulgar .... pretendieron.*

- *Mi estética actual es transformar con matemática de espejo cóncavo las normas ....*

- *La principal misión del arte en el mundo injusto en que vivimos consiste en ....*

- *La inmensa mayoría de las verdades que nos permiten curar una llaga o acercarnos a la luna se las debemos, en primer lugar, a nuestra maravillosa ....*

- *La tragedia intenta explorar de qué modo las torpezas humanas se disfrazan de ....*

- *Venid a mí; yo canto los ....; / yo soy el trovador de los ....; yo ciño el arpa con vistosas ...., / guirnalda que recojo en mil ....*

- *Suplico al señor capellán mayor y capellanes como a los señores albaceas... dispongan mi entierro, llevándome descubierto, por si mereciese satisfacer en parte las públicas .... de mi mal gastada vida con públicos .... de mi muerte.*

- *El teatro es la poesía que se levanta del libro y se hace ....: Y al hacerse, habla y ...., llora y se ....*

- *Un carácter necesita unirse a otro que le ...., le excite y ponga en movimiento, para que muestre toda la expresión que le es ....*

- *El teatro es una liturgia, un rito, una ...., destinada a purgar las pasiones del alma, a buscar las raíces de nuestra ....*

- *Creo que no tengo derecho a callar lo que vi para escribir lo que ....*

Respuestas a los ejercicios de recapitulación

1. **Presentes de Indicativo y de Imperativo:**

(Personajes: El Comendador, Laurencia y Flores)
C. Esperad vosotras dos.
L. ¿Qué **manda** su señoría?
C. ¿Habla contigo, Pascuala?
C. Con vos **hablo,** hermosa fiera.
¿Mías no **sois?**
C. Entrad, pasad los umbrales;
hombres hay, no **hayáis** temor.
C. ¿Qué **reparan** en no hacer lo que les **digo?**
F. Entrad, pues.
L. No nos **agarre.**
F. Entrad, que sois necias.

2. **Presente de Indicativo del los verbos ofrecer, soñar, padecer, empezar, afanar, pretender, agraviar, ofender, soñar, ser, entender:**

Segismundo:
Sueña el rico en su riqueza
que más cuidados le ***ofrece;***
Sueña *el pobre que* ***padece***
su miseria y su pobreza;
sueña el que a medrar ***empieza,***
sueña el que ***afana*** *y* ***pretende,***
sueña el que ***agravia*** *y* ***ofende;***
y en el mundo en conclusión,
todos ***sueñan*** *lo que* ***son,***
aunque ninguno lo ***entiende.***

3. **Presente de Indicativo y Presente de Subjuntivo:**

Dorina. *¡Ya* ***va*** *Martín galopando camino de la sierra!*
Falín. ***¡Es*** *el mejor jinete a cien leguas!*
Andrés. *Cuando yo* ***sea*** *mayor domaré potros como él.*
Telva. *Cuando* ***seas*** *mayor, Dios dirá. Pero mientras tanto, a la cama, que es tarde. Acostado se* ***crece*** *más deprisa.*
....
Abuelo. *Si* ***va*** *a Compostela* ***puedo*** *indicarle el camino.*
Peregrina. *No* ***hace*** *falta;* ***está*** *señalado en el cielo con polvo de estrellas.*
Andrés. *¿Por qué* ***señalan*** *ese camino las estrellas?*
Peregrina. *Para que no se* ***pierdan*** *los peregrinos que* ***van*** *a Santiago.*
Dorina. *¿Y por qué* ***tienen*** *que ir todos los peregrinos a Santiago?*
Peregrina. *Porque allí* ***está*** *el sepulcro del Apóstol.*

Falín. *¿Y por qué **está** allí el sepulcro del Apóstol?*
Los tres. *¿Por qué?*
Abuelo. *No les **haga** caso. Más **pregunta** un niño que **contesta** un sabio.*

4. **Pretérito Indefinido de los verbos ir, atropellar, escarnecer, burlar, vender, escalar, dejar:**

Don Juan
*Por donde quiera que **fui***
*la razón **atropellé,***
*la virtud **escarnecí,***
*a la justicia **burlé***
*y a las mujeres **vendí,***
*yo los claustros **escalé***
*y en todas partes **dejé***
memoria amarga de mí.

5. **Futuro Simple de los verbos emprender, hacer, ganar, solicitar, dejar, hacer, ser, ser:**

*Sí, Carmina. Aquí sólo hay brutalidad e incomprensión. Si tu cariño no me falta, **emprenderé** muchas cosas. Primero me **haré** aparejador **ganaré** mucho dinero y me **solicitarán** en todas las empresas constructoras... Pero no **dejaré** de estudiar, me **haré** ingeniero. **Seré** el mejor ingeniero del país y tú **serás** mi adorada mujercita.* (Final de Historia de una escalera, 1949, de **Buero Vallejo).**

6. **Presentes (Indicativo y Subjuntivo), Pasado (Pretérito Perfecto y Pretérito Imperfecto) y Futuro:**

Zapo. *Perdonadme. Os tenéis que marchar. **Está** prohibido venir a la guerra si no se **es** soldado.*
Sr. Tepán. *A mí me **importa** un pito. Nosotros no **venimos** al frente para hacer la guerra. Sólo **queremos** pasar un día de campo contigo, aprovechando que **es** domingo.*
Sra. Tepán. *Precisamente **he preparado** una comida muy buena.*
***He hecho** una tortilla de patatas que tanto te **gustan**, unos bocadillos de jamón, vino tinto, ensalada y pasteles.*
Zapo. *Bueno, lo que **queráis,** pero si **viene** el capitán, yo **diré** que no **sabía** nada. ¡Menudo se va a poner!*
*Con lo que le **molesta** a él eso de que **haya** visitas en la guerra. Él nos **repite** siempre: "en la guerra, disciplina y bombas, pero nada de visitas".*
Sr. Tepán. *No te **preocupes,** ya le **diré** yo un par de cosas a ese capitán.*

7. **Presente de Indicativo, Pretérito Pluscuamperfecto de Indicativo y Pretérito Imperfecto de Subjuntivo:**

Un sepulturero. ***Hay** familias que al perder un miembro, por cuidarle de la sepultura, **pagan** uno o dos o medio. **Hay** quien **ofrece** y no **paga.***

Las más de las familias ***pagan*** *los primeros meses. Y lo que es el año, de ciento, una.* ***¡Dura*** *poco la pena!*
El marqués. *¿No* ***habéis conocido*** *ninguna viuda inconsolable?*
Un sepulturero. *¡Ninguna! Pero* ***pudiera*** *haberla.*
El marqués. *¿Ni siquiera* ***habéis oído*** *hablar de Artemisa y Maúsolo?*
Un sepulturero. *Por mi parte, ni la menor cosa.*
Otro sepulturero. ***Vienen*** *a ser tantas las parentelas que* ***concurren*** *a estos lugares, que no* ***es*** *fácil conocerlas a todas.*

8. **Presente de Indicativo, de Subjuntivo y de Imperativo de los verbos ser, estar, haber o tener:**

Javier. *Esa es la verdad.* ***Somos*** *una escuadra de condenados a muerte.*
Andrés. *No, es algo peor, de condenados a esperar la muerte. A los condenados a muerte los matan. Nosotros* ***estamos*** *viviendo.*
Pedro. *Os advierto que* ***hay*** *muchas escuadras como ésta a lo largo del frente. No vayáis a creeros que* ***estamos*** *en una situación especial. Lo que nos pasa no* ***tiene*** *ninguna importancia. No* ***hay*** *nada de qué envanecerse. Esto* ***es*** *lo que llaman una "escuadra de seguridad", un cabo y cinco hombres como otros.*
Andrés. ***Estamos*** *a cinco kilómetros de nuestra vanguardia, solos en este bosque. No creo que* ***sea*** *para tomarlo a broma. A mí me parece un castigo terrible. No* ***tenemos*** *otra misión que hacer que estallar un campo de minas y morir, para que los buenos chicos de la primera línea se enteren y se dispongan a la defensa.*
Pero a nosotros, ¿qué nos importará ya esa defensa? Nosotros ya estaremos muertos.
Pedro. *Ya* ***está*** *bien, ¿no? Pareces un pájaro de mal agüero.*
Andrés.- *Sí, es la verdad, Pedro... Es la verdad... ¿Qué quieres que haga? ¿Qué me ponga a cantar?* ***Es*** *imposible cerrar los ojos. Yo... yo* ***tengo*** *miedo.* ***Ten*** *en cuenta que yo no he entrado en fuego aún. Va a ser la primera vez y la última. No me puedo figurar lo que es un combate. Y ¡****es*** *horrible!*

9. **Las preposiciones adecuadas son las siguientes:**

Vicente. *Escúchame bien! Si tú quieres ahora mismo quedas nombrado mi secretario.* ***Para*** *trabajar aquí conmigo y con ella.* ***Para*** *ti también hay buenas noticias, Es un puesto de gran porvenir.* ***Para*** *empezar calcula algo así como el triple de lo que ganas ahora. ¿Hace?*
Mario. *No, Vicente. Gracias.*
Vicente. ***¿Por qué*** *no?*
Mario. *Yo no valgo* ***para*** *esto...*
Vicente. *¡No puedes, no tienes el derecho de rehusarla!* ***Por*** *tu mujer,* ***por*** *tus hijos, cuando los tengas!*
Vicente. *¡Me parece que no puedo hacer* ***por*** *ti más de lo que hago!*
Mario. *Te lo agradezco de corazón, créeme...Pero no.*

10. Respuestas:

- **Lope** ***rechazó*** las unidades *lugar, tiempo y acción,* ***mezcló*** lo trágico y lo cómico e ***incluyó en*** su teatro las canciones y los bailes.

- **El teatro de Calderón** es ***enigmático y doctrinal.***

- **Moratín** contribuyó con su teatro ***a corregir los vicios y errores conjugando utilidad y deleite.***

- **El teatro de Zorrilla** está en la línea trazada por ***Lope de Vega.*** Es un teatro ***patriótico y providencial.***

- **Benavente** es el maestro indiscutible del drama ***realista*** burgués, ***comedido*** e ingenioso, en el que predomina ***la palabra.***

- **El teatro de Valle-Inclán** es un teatro de ***denuncia, grotesco e irónico,*** en el que conviven la elegía y la sátira. Está emparentado con el ***expresionismo alemán.***

- **Federico García Lorca** concibe el teatro como ***como combinación de gestos, palabras, música y acción.*** El tema central de sus obras es ***el amor*** y el punto de partida de la acción es ***el conflicto.***

- El ***Teatro Mayor*** de Max Aub está en la línea del ***humanismo socialista*** y es sobre todo ***crónica y denuncia.***

- **El teatro de Casona** representa la superación del ***realismo costumbrista*** por el camino de la fantasía y del ensueño. El suyo es un teatro ***poético,*** cuyo objetivo principal es ***conmover y cautivar.***

- **Alfonso Sastre** junto con José María de Quinto fundó en 1960 el G.T.R ***-Grupo teatro realista-*** para proporcionarle al público madrileño obras teatrales ***de alto nivel ideológico*** y artístico.

- **El teatro de Arrabal** refleja ***el caos*** y la confusión de la vida. Es un teatro de ***víctimas, irracional*** y ritual, una mezcla de recuerdos y pesadillas, lleno de desazón e inquietud.

- **Buero Vallejo** escribe sobre todo ***teatro trágico,*** y el símbolo más utilizado por él para indicar las limitaciones del ser humano es ***la ceguera.***

11. Los principales artífices son los siguientes:

- Teatro sentimental, patriótico, providencial, lleno de acción y de misterio, ***en el que*** predomina la libertad creadora sobre las normas y el sentimiento sobre la razón.
- ***José Zorrilla.***

- Teatro burgués, comedido e ingenioso, que encarna las preocupaciones, los anhelos y las desazones de la clase acomodada ***a la cual*** describe, critica, elogia o ironiza en sus obras.
- ***Jacinto Benavente.***

- Teatro épico y lírico, social y existencial, trágico y grotesco, racional y absurdo, ***en el que*** conviven la elegía y la sátira.
- ***Ramón María del Valle-Inclán.***

- Teatro popular lleno de interés, picardía y acción que ***encarna*** el sentimiento monárquico, el concepto del honor, el orgullo nacional y un profundo espíritu religioso.
- ***Lope de Vega.***

- Teatro filosófico, simbólico, escenográfico, lleno de artificios retóricos, *grave y dulce, fingido y verdadero,* en el que reina el principio de la justicia poética, ***según el cual*** una culpa ***conlleva*** siempre un castigo.
- ***Calderón de la Barca.***

- Teatro poético, resultado de la armoniosa combinación de gestos, palabras, música y acción, en el que hay que ***tener en cuenta*** por igual al autor dramático y al director artístico.
- ***Federico García Lorca.***

- Teatro de denuncia, comprometido y testimonial que ***da prioridad*** a los problemas colectivos.
- ***Max Aub.***

- Teatro revolucionario, provocador, social y existencial, cuyo ***objetivo*** principal es agitar, inquietar, despertar las conciencias.
- ***Alfonso Sastre.***

- Teatro ceremonia, irónico, absurdo y surreal, ***lleno de*** desazón e inquietud, ***cuyos temas*** centrales son la soledad y la muerte.
- ***Fernando Arrabal.***

- Teatro poético, simbólico, sugestivo y evocador, ***más espiritual que pasional*** en el que conviven fantasía y realidad.
- ***Alejandro Casona.***

- Teatro realista, fino, discreto, verosímil, que respeta las reglas y ***anhela*** la armonía y la perfección.
- ***Leandro Fernández de Moratín.***

- Teatro realista y simbólico, trágico y esperanzador, lleno de interrogantes, reflejo sincero de su experiencia vital ***durante*** los difíciles años de la guerra y de la posguerra.
- ***Buero Vallejo.***

12. Autores y respuestas:

- ***El viejo y la niña o El casamiento*** desigual es una comedia de carácter, ***cómica, verosímil,*** escrita con un lenguaje ***familiar. Leandro Fernández de Moratín.***

- ***Los intereses creados,*** comedia *de* ***polichinelas*** en dos actos, tres cuadros y un prólogo, *es una farsa guiñolesca, de asunto disparatado, sin realidad alguna* ambientada en el *siglo* ***XVII.*** El título sintetiza el tema central de la obra, la cual refleja los ***defectos*** de los seres humanos. ***Jacinto Benavente.***

- ***Escuadra hacia la muerte,*** alegoría de la condición humana y grito de protesta contra la mentalidad ***militarista,*** es una obra de denuncia en la que los protagonistas intervienen activamente para cambiar la realidad injusta en la que viven, aunque todavía persiste en ellos un cierto ***nihilismo*** y una cierta ***incredulidad*** en la capacidad del hombre de mejorar la sociedad. ***Alfonso Sastre.***

- ***El Tragaluz*** subtitulado ***Experimento*** *en dos partes,* es una obra ***simbólica, trágica*** y esperanzadora, en la que dos investigadores de un siglo futuro, no precisado, analizan y comentan el drama de una familia española de la ***posguerra. Buero Vallejo.***

- ***La vida es sueño*** es un drama ***simbólico*** cuyo tema central *es* ***la vanidad*** *y caducidad de lo humano.* ***Calderón de la Barca.***

- ***Luces de bohemia*** es ***un esperpento*** ambientado en ***Madrid*** que denuncia la prepotencia, la injusticia y la estupidez de un pueblo que no es otra cosa que *la deformación grotesca* ***de Europa. Valle-Inclan.***

- ***La dama del alba*** es una tragedia rural, cuyo tema central es ***la muerte como compañera y amiga.*** La obra está ambientada ***en Asturias. Alejandro Casona.***

- ***La zapatera prodigiosa*** es una ***farsa simple,*** *donde se describe un espíritu de mujer y se hace, al mismo tiempo y de manera* ***tierna,*** *un apólogo del alma humana.* ***Federico García Lorca.***

- ***Fuente Ovejuna*** es una comedia ***histórica,*** de honor y de amor, basada en el levantamiento de un pueblo de Andalucía contra los agravios de su señor, el lujurioso y soberbio ***comendador. Lope de Vega.***

- ***San Juan*** es una ***tragedia*** que narra la historia de un buque de carga abarrotado de ***judíos*** que huyen del terror nazi, sin poder desembarcar en ningún puerto. ***Max Aub.***

- ***Pic-Nic*** es ***una tragicomedia absurda*** en ***la*** que los protagonistas ***anárquico-pacifistas*** perecen por ser incapaces de adaptarse al mundo en el que viven. ***Fernando Arrabal.***

- El ***Don Juan Tenorio*** es un drama ***religioso-fantástico*** inspirado en *El Burlador de Sevilla* de Tirso de Molina, cuya diferencia fundamental radica en la ***salvación*** del libertino *don Juan.* ***José Zorrilla.***

13. Los juicios hacen referencia a los siguientes autores, obras o personajes:

- **Andrés González Blanco:** *Analista sutil y descarnado, crítico implacable, satírico que recuerda a Juvenal, conoce los resortes interiores del teatro como pocos: todos los trucos, martingalas y tranquillos escénicos le son familiares: preparar las situaciones, presentar a los personajes y justificar las mutaciones y los cambios de escena.* ***Benavente.***

- **Gonzalo Torrente Ballester:** *El principio subordinante último de todos los elementos del teatro de* ***Buero Vallejo*** *es su significación ética.*

- **Federico Carlos Sainz de Robles:** El teatro de ***Casona*** está hecho de *poesía, más humor, más humanidad, más irrealidad, jamás dosificada por nadie.*

- **Paco Rico:** *El caballo desbocado, símbolo de las pasiones violentas y el* ***Segismundo encadenado*** *, símbolo de la represión, son los enigmas que constituyen la premisa del* ***drama calderoniano*** *y disponen la mente de los participantes a la admiración.* ***La vida es sueño.***

- **Juan Rejano:** *La tragedia* ***San Juan*** *refleja las experiencias dolorosas de todos los perseguidos. Es una síntesis trágica, poética, una imagen fulgurante del mundo actual (1938).*

- **Guillermo de Torre:** ***Fuente Ovejuna*** *es el primer drama multitudinario, una verdadera anticipación del teatro de masas.*

- **Juan Emilio Aragonés:** *Seis hombres provisionales en esta Europa provisional son los protagonistas de* ***Escuadra hacia la muerte,*** *drama construido sobre trágicas y alucinadas preguntas. El drama de esta Europa desconcertada e incierta en la que todos estamos.*

- **Santos Díez González:** ***Su objetivo*** *es corregir los casamientos desiguales, que se hacen por avaricia, por eso nos pinta un viejo avaro, celoso y extravagante valiéndose de unos colores tan propios que... al final de la comedia ningún espectador querrá ser como ese viejo.* ***El viejo y la niña.***

- **Aniano Peña:** ***Don Juan Tenorio*** *es un ejemplo de drama efectista realizado con una versificación llena de encabalgamientos, repeticiones y ripios; todo al servicio de un ritmo enfático y rebuscado.*

- **Gonzalo Sobejano:** ***Luces de Bohemia*** *es a la vez elegía de un mundo caduco y sátira de los desvaríos de la edad.*

- **Vittorio Bodini:** *El lenguaje de* ***Federico García Lorca*** *tiene todas las cualidades de la vida: el frío del hielo, el sabor de la fruta, el ardor del fuego, el peso de los metales.*

- **Luce:** *Tu vida: esa es tu mejor obra.* ***Fernando Arrabal.***

14. Personajes y obras:

La Zapatera prodigiosa

Mozo. *¿Se toma el fresco, zapaterita?*
Zapaterita. *Exactamente igual que usted.*
Mozo. *¡Y siempre sola...! ¡qué lástima!*
Zapaterita: (Agria) *¿Y por qué lástima?*
Mozo. *Una mujer como usted con ese pelo, y esa pechera tan hermosísima.*

Don Juan Tenorio

Don Luis. *¡Por Dios que sois hombre extraño!*
¿Cuántos días empleáis
en cada mujer que amáis?
Don Juan. *Uno para enamorarlas,*
otro para conseguirlas,
otro para abandonarlas,
dos para sustituirlas
y una hora para olvidarlas.

San Juan

Voces. *¡Rendíos! ¡Rendíos! ¡Daos prisioneros!*
Voces de las personas que descansan. *¡Chist! ¡Chist! ¡Niños, callaos!*
Voces de chicos. *¡Prisioneros! Vengan las cuerdas. Atadlos.*
Niña. *¡Yo no quiero ser prisionera! ¡Yo no quiero ser prisionera! No vale. No juego.*
Un niño. *¡Aquí no juega nadie! Eres prisionera, quieras o no.*
Niña. *¡No quiero ser prisionera! ¡Mamá! ¡Mamá!*

El Tragaluz

Ella. *El mundo estaba lleno de injusticia, guerras, y miedo. Los activos olvidaban la contemplación; quienes contemplaban no sabían actuar.*
Él. *Hoy ya no caemos en aquellos errores.*
....
Ella. *Sólo resta una escena. Sucedió once días después.*
Encarna. *¿Por qué me has llamado?*
Mario. *Quería saber de ti.*
Encarna. *Me han echado.*
Mario. *¿Qué piensas hacer?*
Encarna. *No lo sé.* (Larga pausa.) *Adiós.......*
Mario. *Espera.*

Escuadra hacia la muerte

Pedro. *Un combate no es nada. Lo peor ya lo has pasado.*
Andrés. *¿Qué es... lo peor?*
Pedro. *El campamento. La instrucción. ... Lo peor es eso. Largas marchas sin sentido. Caminos que no van a ninguna parte.*
Andrés. (Lentamente.) *Para mí lo peor es esta larga espera.*

Fuente Ovejuna

Mengo. *¡Ay, ay!*
Juez. *¿Quién mató, villano,*
al señor Comendador?
Mengo. *¡Ay, yo lo diré, señor!*
Afloja un poco la mano.
Juez. *¿Quién le mató?*
Mengo. *Señor, ... Ovejunica.*

Pic-Nic

Sra. Tepán. - *Bueno, vamos a comer.*
Sr. Tepán. *Sí, vamos, que tengo un apetito enorme. A mí este tufillo de pólvora, me abre el apetito...*
Zapo. *¿Qué?... ¿Quiere comer con nosotros?*
Sr. Tepán. *Pues ...*
Sr. Tepán. *Hemos traído un buen tintorro.*
Sr. Tepán. *Si es así bueno.*
Sr. Tepán. *Usted haga como si estuviera en su casa. Pídanos lo que quiera.*

El viejo y la niña

Don Roque. *Mira, Muñoz,*
coge un cordel ...
Muñoz. *¿A qué efecto?*
Don Roque. *... y ahórcame.*
Muñoz. *No necesita*
ni cordeles ni venenos
quien se casa a los setenta
con muchacha de ojos negros.

Luces de Bohemia

El marqués. *¿No habéis conocido ninguna viuda inconsolable?*

Un sepulturero. *¡Ninguna! Pero pudiera haberla.*
El marqués. *¿Ni siquiera habéis oído hablar de Artemisa y Maúsolo?*[1]
Un sepulturero. *Por mi parte, ni la menor cosa.*

Los intereses creados

Leandro. *Por todo caudal, nuestra persona. No quisiste que nos desprendiéramos de estos vestidos, que, malvendiéndolos, hubiéramos podido juntar algún dinero.*
Crispín. *¡Antes me desprendiera yo de la piel que de un buen vestido! Que nada importa tanto como parecer, según va el mundo, y el vestido es lo que antes parece.*

La dama del alba

La peregrina. *¿La risa? ..Qué cosa extraña. Es un temblor alegre que corre por dentro, como las ardillas por un árbol hueco". Qué dulce fatiga.*
Andrés. *¿No te habías reído nunca?*

La vida es sueño

Segismundo. *¿Qué es la vida? Un frenesí./ ¿Qué es la vida? Una ilusión,/ una sombra, una ficción, y el mayor bien es pequeño; que toda la vida es sueño, y los sueños, sueños son.*

15. Explicación del significado de las frases y ejemplos de diálogos parafraseados:

- *No quiero andar fisgando.* **No quiero espiar** *(El viejo y la niña)*

Don Roque: *¿Has oído lo que se dijeron Don Juan e Isabel?*
Muñoz: *No he oído nada, porque no quiero andar fisgando.*

- *¡Menudo se va a poner!.* **Se enfadará mucho** *(Pic-Nic)*

Bueno, vamos a comer que tengo un apetito enorme.
Como queráis, pero si viene el capitán ¡menudo se va a poner! Él no soporta que venga nadie a hacernos visitas.

- *No hagamos más el coco.* **No digamos más tonterías** *(Don Juan Tenorio)*

¿Sois don Juan?
Puede ser
¿Y vos don Luis?
Tal vez
Pues no hagamos más el coco.

---

1. Maúsolo, rey de Caria (377-353 a. De J.C.) y esposo de Artemisa, la cual mandó edificar en su honor el famoso monumento fúnebre (mausoleo) en Alicarnaso.

- *No hacer asiento en ninguna parte.* **No parar en ningún sitio** (Los intereses creados)

Yo quisiera detenerme en esta ciudad algún tiempo.
Yo no, porque mi pasión es no hacer asiento en ningún sitio.

- *¡Qué tuno eres!* **¡Qué fresco eres!** (Luces de bohemia)

¡Levántate, hombre!
No tengo ganas
¡Qué tuno eres!

- *Vais a tragar la disciplina del cabo.* **¡Ya veréis** (Escuadra hacia la muerte)

Os voy a educar yo.
Vais a tragar la disciplina del cabo.

- *¡Para ti la perra gorda!* **¡Bueno, como quieras!** (Pic-Nic)

Los trajes de los enemigos eran azules
Eran verdes
Eran azules
Bueno, para ti la perra gorda.

- *¡Mucho ojo con hacer trampa!* **Sin hacer trampa, ¡eh!** (La dama del alba)

Jugamos a "Serrín, serrán, maderitos de San Juan..."
De acuerdo, pero mucho ojo con hacer trampa.

- *No creo que sea para tomarlo a broma.* **Es algo muy serio** (Escuadra hacia la muerte)

Somos una escuadra de condenados a muerte.
Ya está bien de hacer de pájaro de mal agüero.
No creo que sea para tomarlo a broma estar condenados a morir.

- *Estamos listos.* **Estamos preparados** (Don Juan Tenorio)

Bueno, vamos a lo importante
Estamos listos
Estamos.

- *Muy antiguos en el oficio.* **Hacer un trabajo desde hace mucho tiempo** (Luces de bohemia)

Yo he visto probablemente más entierros que ustedes
Tal vez
Si no sois muy antiguos en el oficio, seguro.

- *¿Tú por aquí? –Ya me iba.* **Estaba marchándome ahora mismo** (El tragaluz)

¿Qué tal? ¿Cómo tú por aquí?
Ya me iba.

- *Me estarán poniendo... en cada casa un traje.* **Estarán hablando mal de mi** (La zapatera prodigiosa)

¿Qué dirán de mí los que van al Rosario?
Me estarán poniendo verde, me estarán haciendo un traje.

- *Pan y tomate para que no te escapes.* ***En ti quedé*** *(Pic-Nic)*

¿Jugamos a guardias y ladrones?
Venga.
Eres prisionero
Pan y tomate para que no te escapes.

- *Más pregunta un niño que contesta un sabio. (La dama del alba)*

¿Por qué?
Porque sí.
Pero, por qué .....?
No les haga caso. Más pregunta un niño que contesta un sabio.

- *A mí no me importa un pito.* ***A mí no me importa nada*** *(Pic- Nic)*

Si lo sabe el capitán seguro que se enfada.
A mí no me importa un pito.

- *En todo va la suerte.* **La suerte cuenta mucho** (Luces de bohemia).

A veces la vida es muy dura.
En todo va la suerte. Eso lo primero.

- *Pillo, granuja, tunante, canalla.* **astuto, bribón, pícaro, ruin** (La zapatera prodigiosa)

Por tu culpa he sufrido muchísimo. ¡Pillo, granuja!
¡No te enfades mujercita de mi corazón!

- *¡Harre, que echaréis luego el postigo!* ***¡Venga! que pronto cerraréis la puerta*** *(Fuente Ovejuna)*

Entrad sólo un minuto.
No podemos
Entrad que echaréis luego el postigo.

16. Preguntas y respuestas:

- ¿Qué entiende Buero Vallejo por *teatro posible?*

Un teatro compatible con las circunstancias históricas.

- ¿Por qué ha tenido tanto éxito *Fuente Ovejuna?*

Porque ha sido interpretada como el mito de la libertad contra la tiranía.

- ¿Para qué deben de servir *los preceptos* según Moratín?

Para dirigir al talento, no para esterilizarlo ni oprimirlo.

- ¿Quién declaró lo siguiente: *"En mis obras tal vez abusé del sermoneo educativo; al reflexionar sobre ellas pasado el tiempo, lo deploro. Mis obras no han ganado mucho con ello y la educación de mis contemporáneos tampoco".*

Que abusó del sermoneo educativo lo declaró Benavente.

- *¿Quién es el Hamlet español, según Turgeniev?*

El Hamlet español es Segismundo.

- ¿Qué personaje y en qué obra declaró *"el mundo es una controversia"* y *"España es una deformación grotesca de la civilización europea"?*

Que "el mundo es una controversia" y que "España es una deformación grotesca de la civilización europea"lo declaró Max Estrella en Luces de bohemia.

- ¿A quiénes se refieren los siguientes apelativos: *"la mejor máscara a pie que cruzaba la calle de Alcalá", "una especie de Aldo Manuzio, mitad valenciano, mitad no sé de donde"* y *"el mítico poeta y dramaturgo granadino"?*

Se refieren respectivamente a Valle-Inclán, a Max Aub y a García Lorca.

17. Perfil de los autores con los datos que faltaban:

- **Lope de Vega** nació en ***Madrid*** el 25 de noviembre de 1**5**62. De temperamento ***pasional, alegre*** y ***comunicativo,*** amó apasionadamente y volcó en los versos sus ***amores*** y sufrimientos, transformando en literatura ***su vida.*** A los ***trece*** años compuso su primera comedia y a los cuarenta ya tenía escritas 230, hasta alcanzar la cifra de mil quinientas. El 27 de agosto de 1635 murió en ***Madrid,*** en esa hermosa ***Babilonia*** donde había transcurrido los últimos ***veinte*** años de su vida.

- **Calderón de la Barca** nació en ***Madrid*** el 17 de enero de 1**6**00. A los veinte años abandonó los estudios de Humanidades y ***Teología*** para dedicarse al ***teatro.*** Iniciaron entonces sus viajes por Italia y por Flandes y en general esa vida agitada y violenta, poco ***ejemplar,*** de la cual apenas dejará ***entrever*** algún episodio en sus versos. Su primera obra fechada es *Amor, honor y poder* de 1623, pero según su editor a los ***diecinueve*** años *ya tenía ilustrados los teatros de España con sus ingeniosas comedias* y a los treinta años era un comediógrafo ***famoso.***
El 25 de mayo de 1**6**81 murió en ***Madrid.***

- **Leandro Fernández de Moratín,** nació en ***Madrid*** el 10 de marzo de 1**7**60.
En 1792 obtuvo una conspicua pensión para recorrer Europa. Durante cinco años viajó por Francia, Inglaterra, Bélgica, Alemania, Suiza e ***Italia,*** viéndolo todo, sumergiéndose en la vida ***cotidiana*** y juzgando con humor, con ironía, con admiración o con desdén cuanto veía.
A su regreso fue nombrado secretario de la *Interpretación de Lenguas* y miembro de la *Junta de Teatros,* pero la guerra de la ***Independencia*** (1808-1814) dará un cambio brusco a su existencia. En 1814 escribía desde Barcelona: *Sólo pido un puerto seguro donde desarmar la nave y colgar el* ***timón.***
Murió en ***París*** el 21 de junio de 1**8**28.

- **José Zorrilla y Moral** nació en ***Valladolid*** el 21 de febrero de 1**8**17.
El 14 de febrero de 1837 en el ***cementerio*** de Fuencarral, ante la tumba de Mariano José Larra, se dio a conocer como ***poeta*** leyendo unos ***versos*** suyos en honor del crítico romántico muerto ***suicida.***

La apoteosis de sus triunfos fue la coronación como ***príncipe*** de los poetas nacionales en Granada, en 1889, ante el tripudio y la admiración de más de ***quince mil*** personas.
El 23 de enero de 1893 murió en ***Madrid,*** siendo declarado luto ***nacional.***

- **Jacinto Benavente** nació en ***Madrid*** el 12 de agosto de 1866 en el seno de una familia ***burgués*** culta y aficionada al ***teatro.*** A la muerte de su padre abandonó la Universidad para dedicarse a la ***literatura*** y a la vida bohemia.
  Espíritu inquieto e independiente, era conocido en las tertulias por su ingenio y su ***mordacidad.*** Desde 1894 año de la representación de su primera comedia *El nido ajeno* hasta 1954 año de su muerte, Benavente estrenó casi doscientas comedias, que le valieron el nombramiento de *Académico de la* **Lengua** en 1912 y el *Premio* ***Nóbel*** de Literatura en 1922.

- **Ramón María del Valle-Inclán** nació en Villanueva de Arosa (***Galicia***) el 28 de octubre de 1866. Se matriculó en la facultad de ***Derecho,*** pero a la muerte de su padre abandonó los estudios de Leyes porque no le interesaban nada. En 1892, *apenas cumplió la edad que se llama juventud se embarcó para* ***México,*** *ciudad que le abrió los ojos y le hizo poeta.* A partir de 1893 vivió en ***Madrid*** donde se convirtió en una de las figuras más ***pintorescas*** de las ***tertulias.***
  Su vida real se confunde a veces con la de sus ***personajes*** y al igual que ellos va acentuando con los años su ***inconformismo*** y su espíritu ***crítico,*** hasta *hacer de todo muy seriamente,* como dijo Unamuno, *una gran* ***farsa.***
  Murió el 5 de enero de 1936 en su ***Galicia*** natal.

- **Federico García Lorca** nació el 5 de junio de 1898 en Fuente Vaqueros (***Granada***).
  Se matriculó en las Facultades de Derecho y de ***Filosofía,*** pero en realidad más que a los estudios universitarios se dedicó a la ***poesía,*** a la ***música*** y a la pintura.
  En la primavera de 1919 se trasladó a ***Madrid*** a la famosa *Residencia de Estudiantes,* donde tuvo ocasión de leer sus obras y de recitar sus poemas ante un público ***culto*** y sensible. Alcanzó la notoriedad en 1928 con la publicación del ***Romancero gitano,*** cuyos motivos esenciales son *la pena, el dolor y la* ***muerte.***
  Al año siguiente fue a Nueva York con una beca de estudios y en marzo de 1930, invitado por la Asociación Hispano-Cubana de Cultura, fue a ***Cuba,*** *la Andalucía mundial,* como la llamó el poeta.
  A partir de 1932 dirigió el teatro experimental universitario *La* ***Barraca*** de cuya experiencia como director, nacerá su teatro mayor: *Bodas de sangre, Yerma y* ***La casa de Bernarda Alba.***
  En plena actividad creadora, el 19 de agosto de ***1936,*** Federico García Lorca moría ***asesinado*** al pie de un ***olivo*** cerca de su ***tierra natal.***

- **Max Aub** nació el 2 de junio de 1903 en ***París,*** de padre español nacido en Alemania y de madre francesa de origen ***alemán.*** Hablaba correctamente el alemán y el ***francés,*** pero toda su obra la escribió en ***español*** y ***española*** fue la nacionalidad que eligió a su mayoría de edad. Es conocida la respuesta que solía dar cuando se le preguntaba por su origen: *se es de donde se hace el* ***bachillerato,*** es decir, de ***Valencia.***

En 1929 se inscribió al ***PSOE*** y de 1934 a 1936 dirigió el ***Búho,*** teatro universitario de Valencia, parecido a ***La Barraca*** de Lorca y al Teatro Ambulante de ***Casona.*** Siendo agregado Cultural de la Embajada de España en Francia (1937) le encargó a Picasso el ***Guernica*** para la Exposición Universal de París. Estas actividades serán la causa de su peregrinar por ***cárceles*** y campos de ***concentración*** durante tres años – de 1939 a 1942- hasta que desembarcó en el puerto de Veracruz donde le acogió la ciudad de ***México.*** Murió el 22 de julio de 1972 y sus restos reposan en el Panteón español de México.

- **Alejandro Casona** nació el 23 de marzo de 1903 en Besullo, una pequeña aldea de ***Asturias.*** Estudió en la Escuela Superior de ***Magisterio*** y a los 25 años se fue como maestro a *Les,* un pueblo del Pirineo aragonés, donde fundó un ***teatro*** para niños, *El Pájaro Pinto,* con el que trató de armonizar el arte puro con la ***pedagogía.*** En Madrid dirigió de 1931 a 19***36*** la compañía Teatro ***Ambulante,*** pero la Guerra ***Civil*** interrumpió esa trayectoria. En 1937 se marchó a Francia y en 1939 estableció su residencia en ***Buenos Aires,*** donde escribirá lo mejor de su producción dramática. En abril de 1962, después de ***veinticinco*** años de ausencia, regresó a ***Madrid*** donde, a pesar del éxito que continuaban teniendo sus obras, le esperó la ***amargura*** de las críticas. Murió en ***Madrid*** el 17 de septiembre de 1965 a sólo 62 años.

- **Alfonso Sastre** nació en ***Madrid*** el 20 de febrero de 1926. En 1946 se matriculó en la Facultad de Filosofía y Letras, pero no terminó la carrera hasta 1953 porque dedicó la mayor parte de su tiempo a la actividad teatral.
  En 1960 fundó junto con José María de Quinto el *Grupo de Teatro Realista,* con el fin de proporcionarle al público madrileño obras teatrales de alto nivel ***ideológico*** y artístico. En 1962 abandonó prácticamente el teatro para dedicarse a la lucha y a la investigación. Se inscribió al Partido ***Comunista*** y participó activamente en todas las manifestaciones contra la censura y ***la represión,*** manifestaciones que le costaron el aislamiento, la ***cárcel*** y la miseria.
  En 1986 recibió el Premio Nacional de Teatro por *La taberna fantástica* y en 1993 el Premio Nacional de Literatura por *Jenofa Juncal,* reconocimientos tardíos a su labor teatral.

- **Fernando Arrabal** nació en ***Melilla*** el 11 de agosto de 1932. Hizo la escuela elemental en ***Ciudad Rodrigo*** y el bachillerato en Madrid.
  En 1962 fundó en París el ***movimiento Pánico,*** movimiento vanguardista en la línea del ***surrealismo.***
  En los años sesenta era ya un escritor de ***vanguardia*** famoso que estrenaba en todo el mundo, a pesar de por entonces en España era casi un desconocido. El reconocimiento oficial le llegará en los años ochenta.

- **Antonio Buero Vallejo** nació en ***Guadalajara*** el 29 de septiembre de 1996. Allí transcurrió su infancia y allí hizo el ***bachillerato.*** En 1934 se trasladó a ***Madrid*** para estudiar en la ***Escuela de Bellas Artes*** porque su primera inclinación fue la pintura. También le gustaba mucho ***teatro,*** por lo que asistía a cuantos espectáculos tenían lugar en Madrid.
  Pero la Guerra ***Civil*** interrumpió esa trayectoria. Estuvo en la cárcel seis años. Con muchas dudas y no pocas dificultades ***económicas,*** cuando salió de la cárcel comen-

zó a escribir alimentándose de sus ***experiencias.*** El *Premio Lope de Vega* recibido por *Historia de una escalera* en 1949 le sacó del anonimato y le permitió salir adelante. Diez años después es ya un autor ***consagrado*** que ha escrito su ideario dramático en un ensayo titulado ***La tragedia.*** A partir de entonces fue denunciando cada vez más abiertamente ***la injusticia,*** la opresión y la violencia desde el llamado "exilio ***interior***", escribiendo un *teatro posible* compatible con las ***circunstancias históricas.***
Antonio Buero Vallejo murió en ***Madrid*** el 28 de abril del año ***2000.***

18. Analogías y diferencias entre Lope y Calderón:

Tanto **Lope de Vega** como **Calderón de la Barca** nacieron en Madrid, los dos estudiaron Humanidades, los dos participaron en contiendas militares - en la expedición de la *Armada Invencible* (1588) Lope y en la *Guerra de Cataluña* (1640-41) Calderón- y los dos se ordenaron sacerdote más o menos a los cincuenta años.
Pero mientras Lope tenía un temperamento pasional, alegre y comunicativo, Calderón era frío y razonador, por lo que el uno versó en los versos sus amores y sufrimientos, mientras que Calderón apenas dejó entrever algún episodio de su vida en su obra.
Por lo que se refiere a las obras dramáticas la de Lope tiene como protagonista al pueblo entero, a *Fuente Ovejuna,* mientras que el protagonista de *La vida es sueño* es *Segismundo* héroe de grandeza clásica que destaca fuertemente en el conjunto.

19. Comparación entre *El viejo y la niña* (1790) de Leandro Fernández de Moratín y el *Don Juan Tenorio* (1844) de Zorrilla:

El viejo y la niña, considerada por la crítica como ejemplo de racionalidad y de buen gusto, es una comedia de carácter, fina, discreta y verosímil, que respeta las reglas y anhela la armonía y la perfección.
El Don Juan Tenorio es exactamente lo contrario, es decir, es un drama religioso-fantástico, lleno de acción y de misterio en el que predomina la libertad creadora sobre las normas y el sentimiento sobre la razón.
Estas dos obras son ejemplos significativos de sus respectivas épocas, *El viejo y la niña* del racionalismo del siglo XVIII y *Don Juan Tenorio* del romanticismo del siglo XIX.

20. Zorrilla y de Benavente se parecen física e intelectualmente en:

Zorrilla y Benavente se parecen en la delgadez y en la inteligencia.

21. Analogías y diferencias entre Ramón María del Valle-Inclán y Federico García Lorca:

Valle-Inclán nació en el norte de España y **Federico García Lorca** nació en el sur. Los dos estudiaron Derecho sin demasiado interés, los dos fueron soñadores y rebeldes, los dos se fueron a vivir a Madrid durante algunos años y los dos estuvieron en Hispanoamérica, Valle-Inclán en México y García Lorca en Cuba, quedando ambos prendidos de esas naciones. En los últimos años de sus respectivas vidas el uno dirigió en Roma la *Academia de Bellas Artes,* mientras que Lorca dirigió el teatro ambulante *La Barraca* por los pueblos de España.
Los dos murieron el mismo año, el fatídico 1936, cuando inició la Guerra Civil española.

22. Analogías y diferencias entre Max Aub y Casona y entre Sastre y Arrabal.

Max Aub y **Casona** nacieron el mismo año, el uno en París y el otro en una aldea de Asturias. Los dos han dirigido durante la época de la República compañías teatrales - el *Búho* y el *Teatro Ambulante* respectivamente- y los dos han conocido el exilio después de la Guerra Civil. -Max Aub se refugió en México y Casona en Buenos Aires-. Pero mientras Max peregrinó por cárceles y campos de concentración, Casona conoció sólo la amargura de las críticas cuando regresó a España. Ésta es probablemente la razón por la que el teatro de Max es sobre todo crónica y denuncia de los horrores de la guerra, mientras que el teatro de Casona es pura fantasía y ficción.

Alfonso Sastre y **Fernando Arrabal** eran hijos de militares, el uno franquista y el otro republicano. Los dos sufrieron las consecuencias de la Guerra Civil, por lo que, a pesar de ser muy pequeños entonces (Alfonso tenía diez años y Fernando cuatro) sus primeras obras teatrales, de carácter más bien existencial, están marcadas por esa experiencia dolorosa. Durante los años sesenta los dos han intentado cambiar la sociedad con el teatro -el uno con el Grupo *Teatro Realista* y el otro con la fundación del *Movimiento Pánico*- y con la participación activa en la lucha contra toda injusticia.
En los años ochenta probablemente debido a la misma crisis, el optimismo activista de ambos ha cedido el paso al escepticismo pesimista.

23. ¿A quiénes corresponden los siguientes apelativos?

- Fénix de los ingenios ***a Lope***.
- Cantor de las glorias nacionales ***a Zorrilla.***
- Irónico censor de la burguesía ***a Benavente.***
- Ordenador y perfeccionador del teatro de Lope ***a Calderón.***

24. Atribuye a cada uno de los siguientes autores - Moratín, Lope de Vega, Calderón de la Barca, Valle-Inclán y Benavente- los adjetivos que les corresponden por su temperamento:

- Alegre y comunicativo: ***Lope.***
- Taciturno y reservado: ***Moratín.***
- Aventurero y soñador: ***Valle-Inclán.***
- Burlón e irónico: ***Benavente.***
- Frío y razonador: ***Calderón de la Barca.***

25. Respuestas:

- ¿Quién transformó en literatura su vida? ***Lope.***
- ¿Qué sambenito le colgaron a Buero Vallejo? ***El de pesimista y predicador.***
- ¿Qué novedades aportó Lope de Vega al teatro? ***Rompió con las reglas de las tres unidades.***
- ¿Dónde encontró refugio Max Aub a partir de 1942? ***En México.***
- ¿Qué residencia eligió Casona para vivir después de la Guerra Civil? ***Eligió Argentina.***
- ¿Por qué quería ser actor Benavente? ***Para vivir muchas vidas.***

- ¿Qué movimiento teatral vanguardista fundó Fernando Arrabal? ***El movimiento Pánico.***
- ¿Qué requisitos son necesarios, según Valle-Inclán, para que exista el teatro? ***Se necesita un pueblo imbuido de comunes ideales.***
- ¿Dónde murió Moratín? ***En París.***
- ¿Qué pretendía Sastre con el teatro? ***Pretendría despertar las conciencias.***
- ¿Por qué eligió Alejandro Rodríguez Álvarez, autor de La dama del alba, el seudónimo de Casona? ***Porque la casa donde nació, por ser la más grande del pueblo, la llamaban La Casona.***
- ¿A qué isla del Caribe le dio García Lorca el apelativo de Andalucía mundial? ***A Cuba.***

26. Asocia los siguientes artistas con los dramaturgos a ellos afines.

- Ensor - **Valle-Inclán.**
- Hogart - **Moratín.**
- Peter Brueghel - **Lope de Vega.**
- Kandinsky - **García Lorca.**
- Ribera - **Calderón de la Barca.**

27. Citas con sus respectivos autores:

- *Palacio de la **ilusión.** Yo no desearía otro nombre para un teatro en donde todo fuera evasión de la **realidad;** en donde el espectador, al entrar, como su abrigo en el **guardarropa,** dejara a la puerta su yo **cotidiano** para olvidarse **su vida,** de sí mismo. **Jacinto Benavente.***

- *Y cuando he de escribir una comedia / encierro los preceptos con seis **llaves** / y escribo por el arte que inventaron / los que el vulgar **aplauso** pretendieron. **Lope de Vega.***

- *Mi estética actual es transformar con matemática de espejo cóncavo las normas **clásicas. Valle-Inclán.***

- *La principal misión del arte en el mundo injusto en que vivimos consiste en **transformarlo. Alfonso Sastre.***

- *La inmensa mayoría de las verdades que nos permiten curar una llaga o acercarnos a la luna se las debemos, en primer lugar, a nuestra maravillosa **fantasía. Alejandro Casona.***

- *La tragedia intenta explorar de qué modo las torpezas humanas se disfrazan de **destino. Buero Vallejo.***

- *Venid a mí; yo canto los **amores;** / yo soy el trovador de los **festines;** yo ciño el arpa con vistosas **flores,** / guirnalda que recojo en mil **jardines. José Zorrilla.***

- *Suplico al señor capellán mayor y capellanes como a los señores albaceas... dispongan mi entierro, llevándome descubierto, por si mereciese satisfacer en parte las públicas **vanidades** de mi mal gastada vida con públicos **desengaños** de mi muerte. **Calderón de la Barca.***

- *El teatro es la poesía que se levanta del libro y se hace* ***humana:*** *Y al hacerse, habla y* ***grita,*** *llora y se* ***desespera. Federico García Lorca.***

- *Un carácter necesita unirse a otro que le* ***apoye,*** *le excite y ponga en movimiento, para que muestre toda la expresión que le es* ***propia. Leandro Fernández de Moratín.***

- *El teatro es una liturgia, un rito, una* ***ceremonia,*** *destinada a purgar las pasiones del alma, a buscar las raíces de nuestra* ***angustia. Fernando Arrabal.***

- *Creo que no tengo derecho a callar lo que vi para escribir lo que* ***imagino. Max Aub.***

Veinticinco figuras retóricas con ejemplos

1. **Anáfora: Repetición de una o varias palabras al inicio de frases contiguas.**
   Ejemplos:
   - *Yo a las cabañas bajé, / yo a los palacios subí, / yo los claustros escalé / (Don Juan Tenorio).*
   - *Me llevaron todavía niño a ... Valencia. Allí me asomé al mundo, allí me casé, allí tengo a mi mujer, a mis hijos.* (Max Aub)

2. **Antítesis: Contraposición de ideas.**
   Ejemplos:
   - *Yo velo cuando tu duermes.*
   - *Inmóvil bulto soy de fuego y yelo*[1]*.*

3. **Antonomasia: Aplicación de un nombre común a un nombre propio o de un nombre propio a un término genérico.**
   Ejemplos:
   - *La manzana* (nombre común): Nueva York
   - *Mecenas* (nombre propio): Un mecenas; Cicerón: un cicerón

   Los nombres propios famosos pueden convertirse en ejemplos por antonomasia.
   Ejemplos: **Otelo,** *el celoso por antonomasia;* **Einstein** *el genio.*

4. **Aliteración: Reiteración intensiva de un sonido.**
   Ejemplos:
   - *La risa ¡Qué cosa extraña! Es un temblor alegre que corre por dentro, como las ardillas por un árbol hueco.* (Alejandro Casona, La dama del Alba).
   - *Que toda la vida es sueño y los sueños sueños son.* (Calderón de la Barca).

5. **Calambur: Repetición de palabras, distintas entre sí, pero cuyos significados se perciben como iguales.**
   Ejemplos:
   - *A penas llega cuando llega apenas* - dice Rosaura al inicio de *La vida es sueño.*-
   - *Si el Rey no muere el reino muere.*

6. **Clímax: Gradación ascendente o descendente.**
   Ejemplo:
   - *En tierra, en humo, en polvo, en nada.* (Soneto de Quevedo).
   - *Benavente fue después ... manso, dulce y seráfico como el Poverello de Asís.*

7. **Comparación: Comparación reversible.**
   Ejemplos:
   - *Fuente Ovejuna en el siglo XIX fue interpretada como el mito de la libertad contra la tiranía.*

---

1. **Yelo:** forma arcaica. Actualmente hielo.

- *Sobre ellas* (las piernas) *van mi cuerpo y mi cabeza como diamante al aire.* (José Zorrilla).

8. **Dilogía: Término con dos sentidos dentro de un mismo enunciado.**
   Ejemplo:
   - *Un padre siempre es un padre.*

9. **Equívoco: Palabra o frase con doble sentido.**
   Ejemplo:
   - *¡Cómo quieres que vaya de noche a verte si el perro de tu padre sale a morderme!*

   El equívoco está en saber quien sale a morderle: el perro o el padre.

10. **Eufemismo: Atenuación real.**
    Ejemplo:
    - *Pasó a mejor vida.*

11. **Hipérbaton: Alteración del orden lógico de las palabras.**
    Ejemplo:
    - *Son de delgadez y sutileza ambas a dos, mis piernas, un milagro.* (Zorrilla).

12. **Hipérbole: Exageración.**
    Ejemplo:
    - *Alto y gordo como un monte. (Pascual Duarte* de Camilo José Cela).

13. **Interrogación retórica: Pregunta que no espera contestación.**
    Ejemplos:
    - ¿Dónde halló piedad un infelice? (Calderón de la Barca, *La vida es sueño)*
    - ¿Quién de mi edad escribió en 1942 igual que en 1935? (Max Aub)

14. **Ironía: Enfatiza algo mediante la expresión de su contrario.**
    Ejemplo:
    - *Nunca faltan almas caritativas en los pueblos de tan corto personal. (Pascual Duarte* de C.J.C.).

15. **Lítote: Atenuación aparente del enunciado expresándolo de forma indirecta, generalmente negativa.**
    Ejemplo:
    - *No es lo que se dice un genio.*

16. **Metáfora[2]: Figura retórica por excelencia, consiste en trasladar a un vocablo el significado de otro con el que tiene una relación de semejanza.** *Comparación abreviada, como la define la retórica clásica, la metáfora es fusión de conceptos, convergencia de imágenes y concentra en una expresión varios sentidos: enigmática voz, oscuramente clara y tácitamente expresiva.*

2. Ver Bice Mortara, Manuale di Retorica, Bompiani, 1995, pág. 160-167

Ejemplos:

- *Palacio de la ilusión. Yo no desearía otro nombre para un teatro*...(J. Benavente).
- *El mundo es una controversia* (Valle-Inclán, *Luces de bohemia).*
- *México, continente de los remedios y segundas vidas* -así llamó el poeta Jorge Guillén a Hispanoamérica-.
- *Yo no necesito tiempo/ para saber cómo eres:/ conocerse es el relámpago.* (Pedro Salinas, *La voz a ti debida)*

17. Metonimia: Cambio de nombre con el que tiene una relación de contigüidad.

Ejemplo:

- *Cuando intento pronunciar palabras tan sencillas como somnífero, tónica, zapatillas, bicicleta, tarjeta de crédito o cigarro me salen espontáneamente... Valium, Schwppes, Adidas, BH, Visa, Montecristo. Soy irremediablemente metonímico.* (Juan Cueto, El País Semanal).

18. Paradoja: Contradicción aparente.

Ejemplo:

- *Valle-Inclán fue acentuando con los años su anticonformismo y su espíritu crítico hasta hacer de todo muy seriamente una gran farsa.*

19. Paronomasia: Juego de sonidos gracias a su semejanza fónica.

Ejemplo:

- *Calderón es el genio que ha tenido más ingenio.* (Goethe).

20. Perífrasis: Expresión de una idea mediante un rodeo.

Ejemplos:

- *Zorrilla alcanzó una de las cosas que, según don Quijote, más debe de dar contento a un hombre virtuoso y eminente, o sea la de verse, viviendo, andar con buen nombre por las lenguas de las gentes impreso y en estampa.* -Es decir alcanzó la fama-.
- *Café con espejos multiplicadores llenos de interés folletinesco* (Valle-Inclán).

21. Preterición: Dice lo que afirma no decir.

Ejemplo:

- *No quiero llegar a otras menudencias, conviene a saber, de la falta de camisas y no sobra de zapatos...*

22. Prosopopeya: Personificación.

Ejemplo:

- *Mal Polonia recibes / a un extranjero.* (Calderón de la Barca, *La vida es sueño).*

23. Reticencia: Silencio elocuente: omite algo que se sobrentiende fácilmente.

Ejemplos:

- *... Si las paredes hablaran ...*
- *Mujer voluble, terca, falsa, golosa, y ... basta, musa mía.*

24. Símil: Comparación irreversible.

Ejemplo:

- *El reino de los cielos es semejante a un tesoro escondido en un campo ...* (Mateo 13: 44-45).

25. Sinécdoque: Indica la parte por el todo o viceversa.

Ejemplo:

- *No había un alma.*

Son también ejemplos de sinécdoque *la torre Eiffel* para indicar París; *la cúpula se San Pedro* para Roma; *la Puerta de Alcalá* para Madrid.

Representación gráfica

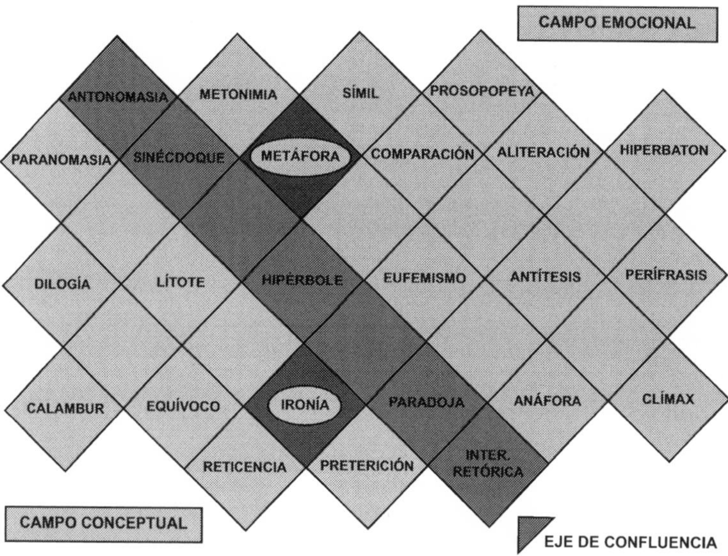

¿Qué se deduce de este gráfico?[3]

- Que la **metáfora** y la **ironía** son los dos ejes principales en torno a los cuales gira el lenguaje retórico.

- Que el lenguaje *emocional,* cuya figura principal es la **metáfora,** se extiende en *aliteraciones, antítesis, anáforas y clímax,* mientras que el lenguaje conceptual, cuya figura principal es la **ironía,** es sintético, por lo que *la dilogía, el equívoco y la reticencia* reinan soberanos.

3. **Gráfico,** *Acercamiento al texto literario,* Español, Lengua y Cultura, Zanichelli, Segunda edición, pág. 256

- Que no hay una separación tajante entre el **campo emocional** y el **campo conceptual,** sino que existe entre los dos campos un **eje de confluencia** en el que las figuras pueden ser tanto emocionales como conceptuales según el contexto y la situación.

Dramaturgos y pintores asociados por afinidad

LOPE DE VEGA

1. **Peter Brueghel,** (Breda 1528 -1569 Bruselas) tenía una sorprendente capacidad de observación, por lo que sus cuadros son de gran riqueza anecdótica. Por su especial inclinación por los temas populares y campesinos le pusieron el sobrenombre de *"el Brueghel de los campesinos".*

CALDERÓN DE LA BARCA

2. **José de Ribera** (Játiva, Valencia, 1591 - Nápoles 1652) pintor, grabador y dibujante valenciano afincado en Nápoles, conocido por esa razón como el Españoleto, era un artista sorprendentemente humano. Fue un magistral retratista de los desamparados, los torturados y los personajes de la mitología clásica, además de pintor de crucifixiones, cristos, vírgenes y ángeles.

LEANDRO FERNÁNDEZ DE MORATÍN

3. **William Hogart** (Londres, 1697 - 1764) critica en sus cuadros el estilo de vida y los gustos de su época, ironizándolo todo con la representación de objetos grotescos. *El matrimonio a la moda* del 1743 - 45 es una clara ridiculización del matrimonio de conveniencia en uso en la alta sociedad de su época. William Hogart, *La mañana, escenas de un matrimonio a la moda,* 1745, National Gallery, Londres.

JOSÉ ZORRILLA

4. **Eugéne Delacroix (1798 - 1863)** es el principal exponente del romanticismo francés. Su famosa obra *La muerte de Sardanápalo* (1827) representa el suicidio colectivo del rey de Nínive y sus concubinas para no caer en manos de las tropas enemigas. Representa en realidad la locura del hombre romántico frente a la racionalidad del espíritu neoclasicista.

JACINTO BENAVENTE

5. **Raoul Dufy** (Le Havre, 1877 – Forcalquier, 1953) de sensibilidad imaginaria, manifiesta su estilo personal en la elección de los colores vibrantes, de contornos precisos, para representar a las señoras elegantes que en los años veinte frecuentaban los salones a la moda. Todo ello con una vena de ironía, pero sin llegar a la caricatura. El descubrimiento del Mediterráneo, de los hipódromos, de las salas de concierto, fue contemporáneo al descubrimiento de una manera de narrar telegráfica y rítmica de simplicidad sólo aparente. Dufy, *La recepción oficial,* 1942, París, Gallería Louis Carré.

VALLE-INCLÁN

6. **James Ensor** (Ostende, 1860 – 1949) tiene una visión del mundo dominada por el absurdo, en el que la irracionalidad y la estupidez juegan un papel importante. Con esta arte suya tan subjetiva e irreal, Ensor ocupa un lugar preponderante en el seno del simbolismo europeo anticipando considerablemente el Expresionismo y el Surrealismo. Sus cuadros tienen una fuerte vena satírica y un amargo humorismo. James Ensor, *Esqueletos que se disputan un ahorcado,* 1891, Anversa, Koninklijk.

FEDERICO GARCÍA LORCA

7. **Vasillj Kandinskij** (Moscú, 1866 – París, 1944) conocido universalmente como el padre del abstractismo lírico, Kandinskij era un idealista ligado al pasado simbolista, que reconocía plena autonomía a los *signos* y a los *colores -el verdadero artista debe expresar sólo emociones íntimas y sentimientos-*. En 1926 publicó un libro titulado *Punto, Línea, Superficie,* cuyo título puede ser considerado como la síntesis de las reglas que presidían su creatividad. En esa época se interesó también por la escenografía teatral.

MAX AUB

8. **Max Bekman** (Lipsia1884 – Nueva York 1950) en el año 1937 a causa de las persecuciones nazis tuvo que abandonar Alemania, para refugiarse primero en Ámsterdam y después en Estados Unidos, pero ya desde 1917 se orientó su pintura hacia un crudo verismo para documentar fielmente el trágico clima del conflicto. Max Bekman, *Salida,* 1932-35, Museo de Arte Moderno, Nueva York. Famoso tríptico, inspirado en los acontecimientos de la Alemania nazi, horror y brutalidad se contraponen a paz y serenidad.

ALEJANDRO CASONA

9. **Henri Matisse** (Le Chateau Cambrésis, 1869 - Cimiez, 1954): *Lo que sueño es un arte de equilibrio, de tranquilidad, sin asunto inquietante o preocupante, que sea para todo trabajador o intelectual, un lenitivo, un calmante cerebral, algo análogo a un buen sillón en que descanse de sus fatigas físicas.* (Citado por Azcárate en *Historia del arte,* Anaya, Madrid, 1979, Pág. 804) Henri Matisse, *Retrato de Madame Matisse,* 1913, Ermitage, San Pietroburgo.

ALFONSO SASTRE

10. **Fernand Léger** (Argentan -Normandía-1881- Gif-sur-Yvette -Ile-de-France- 1955) en sus obras parte siempre de una noción impuesta por sus vivencias personales como, por ejemplo, el cuadro del *Soldado con pipa,* pintado durante un permiso cuando hacía el servicio militar.

FERNANDO ARRABAL

11. **René Magritte** (Lessines, 1898 – Bruxelles, 1967) combinando de modo extraño lo insólito y lo cotidiano, lo erótico y lo macabro, se forjó un estilo propio, estilo conseguido también mediante la *violación sistemática de los límites entre la realidad y la apariencia.* (J. M. de Azcárate, A. E. Pérez Sánchez, J.A. Ramírez Domínguez, *Historia del arte,* Anaya, 1979, Pág. 834) René Magritte, *El doble secreto,* 1928, Museo de Arte Moderno del Centro G. Pompidou.

BUERO VALLEJO

12. **Jean Dubuffet** (Le Havre, 1901 - 1985 París). Acuñó el término ART BRUT para el arte producido por artistas que trabajan al margen de las normas, como el arte de los enfermos mentales, de los criminales y de los niños. Se aproximó al surrealismo y al expresionismo. Pretendía crear un arte tan libre de las preocupaciones intelectuales como el ART BRUT. *Grand Jazz Band* (New Orleans), 1944, MOMA, Nueva York.

Nota biográfica

Mercedes Pellitero Fernández, española, residente en Roma, es *Licenciada en Filosofía y Letras* por la Universidad Complutense de Madrid, licenciatura convalidada en la Universidad de Bari con una tesis sobre *El Gatopardo* de Giuseppe Tomasi di Lampedusa. En 1975 se licenció en *Sociología* en la Universidad La Sapienza de Roma con una tesis sobre *La mujer en España antes del 1975* y en 1978 en *Lengua y Literatura Española* en la misma Universidad con una tesis sobre *El Adjetivo* en *La voz a ti debida* de Pedro Salinas. Es Agregada de *Lengua y Civilización Española* y de *Lengua y Literatura Italiana.*

Experto de Lengua y Literatura Española en los ***Corsi Abilitanti ordinario e Speciale*** para profesores de español.

Relator sobre ***Il sistema scolastico in Spagna*** en el Curso ***"Il cittadino europeo nella dimensione sociale"*** en 1991.

Directora y docente del curso de *Lengua y Cultura Española* realizado en Roma en el año académico 1999/2000.

Ha sido Profesora de Español en numerosos liceos italianos, en la LUISS (Libera Università degli Studi Sociali) y en la Universidad *San Pio V de Roma.*

Ha publicado junto con Bárbara Jaume e Carmen Blanco *Español, Lengua y Cultura* con la editorial Zanichelli de Boloña.

58745294R00154

Made in the USA
Middletown, DE
08 August 2019